CE QUE JE CROIS

CARLOS FUENTES

CE QUE JE CROIS

Traduit de l'espagnol
par
JEAN-CLAUDE MASSON

BERNARD GRASSET
PARIS

L'édition originale de cet ouvrage a été publiée par Seix Barral (Biblioteca Breve), à Barcelone, sous le titre :

EN ESTO CREO

In memoriam
Carlos Fuentes Lemus
1973-1999

Amitié

Ce que nous ne possédons pas, nous le trouvons dans la personne de l'ami. Je crois dans ce présent de l'amitié et je la cultive depuis mon enfance. En quoi je ne diffère pas de la majeure partie des êtres humains. L'amitié est le premier ciment entre la famille et le monde. Le foyer, heureux ou non, est l'école de notre sagesse originelle, mais l'amitié en est l'épreuve. Ce que nous recevons de la famille, nous le confirmons dans l'amitié. Les variations, divergences ou similitudes entre les parents et les amis déterminent les directions contradictoires de nos vies. Même si nous aimons notre foyer, nous passons tous par ce moment inquiet, ou instable, de l'abandon (quand bien même nous l'aimons et y demeurons). L'abandon du foyer n'a que l'amitié pour récompense. Mais il y a plus : sans l'amitié, le foyer s'écroulerait. L'amitié ne dispute pas à la famille les débuts de la vie. Elle les confirme, les affermit, les prolonge. L'amitié fraie le chemin aux sentiments qui ne peuvent croître qu'au-dehors. Enfermés dans la maison familiale, ils se dessécheraient comme plantes sans eau. Les portes grandes ouvertes, nous découvrons des formes d'amour qui unissent le monde et le foyer. Ces formes ont pour nom l'amitié.

Comme je crois dans cette valeur initiatique de l'amitié, mon attention est retenue par le cynisme philosophique qui l'accompagne d'un nuage noir. Oscar Wilde manie son redoutable don du paradoxe pour dire de Bernard Shaw qu'il n'a pas un seul ennemi au monde, certes, mais que pas un de ses amis ne l'aime. Pour Byron, l'amitié, tristement, n'est que l'amour sans ailes. Et si l'amitié peut se convertir en amour, il est certain que celui-ci se transforme rarement en amitié. La sagesse populaire affirme qu'il convient de recevoir l'ami avec joie – et de le reconduire en vitesse. S'il devient votre hôte, après trois jours, comme les cadavres, il empeste.

Je crois qu'il y a plus de douleur que de cynisme dans les amitiés perdues. Le souvenir des sentiments découverts et partagés. Le socle de l'espérance que bâtit la jeunesse en complicité avec l'ami. La joie de la bande, du clan, du *gang*, de l'*équipe**, de la fratrie ou des copains. Les liens que l'on tisse. Apprenons à dominer l'orgueil d'être jeune. Un jour nous ne le serons plus et nous aurons besoin, plus que jamais, des amis.

Deux âges ouvrent et ferment l'expérience de l'amitié. Le premier est l'âge tendre et mon « disque dur » fait défiler des noms, des visages, des faits et gestes de condisciples. Mais ce dont je me souviens ne contrebalance guère ce que j'ai oublié. En même temps, comment ne pas célébrer le fait que, soixante ans plus tard, j'aie maintenu des liens avec mes premiers amis

---

* Les mots ou passages en italique et suivis d'un astérisque sont en français dans le texte. (N.d.T.)

d'enfance – une enfance errante, de famille de diplomates, une pérégrination qui ne se prête pas à la continuité ? Je corresponds encore avec Hans Berliner, un enfant juif allemand qui arriva dans mon école primaire à Washington. Il fuyait la terreur nazie et fit bientôt l'objet de la cruauté infantile devant la différence. Il était brun, grand pour son âge, mais, comme les petits Européens de l'époque, il portait des culottes courtes. Pour les enfants nord-américains, il n'était pas *regular*, c'est-à-dire indifférenciable d'eux-mêmes. Moi, j'ai perdu ma popularité initiale quand le président Cárdenas a nationalisé le pétrole en 1938 et que je suis passé – ce ne fut pas la dernière fois dans ma vie – pour un communiste acharné. Ainsi, l'exclusion nous a unis, Hans et moi, jusqu'à ce jour. Puis la géographie nous a séparés, mais, à Santiago du Chili, j'ai bientôt découvert les joies de l'équipe – des copains et des potes – avec des jeunes qui préféraient la lecture et la discussion aux rudes sports crottés jusqu'aux genoux de notre école anglaise, The Grange, bâtie au pied des Andes et dirigée par des capitaines britanniques, persuadés que la victoire de Waterloo s'était jouée sur les terrains d'Eton. Je me souviens de tous les noms, de tous les visages – Page, Saavedra, Quesnay, Marín –, mais surtout de Torretti, Roberto, mon compagnon littéraire ; ensemble, nous avons composé, comme deux matadors affrontant le même taureau, notre premier roman. Il a disparu dans les malles testamentaires de la mère de Roberto, mais nous avons continué à nous écrire et, aujourd'hui encore, nous poursuivons nos conversations de vive voix à Oaxaca ou à Porto Rico, et notre dialogue écrit entre le Mexique et le Chili. C'est un philosophe peu commun et son amitié me ramène toujours à ces années de jeunesse à l'école anglaise, à nos aventures de mousquetaires dans la résidence de l'ambassade du Mexique et à d'autres souvenirs plus lointains ou plus douloureux. C'est aussi là-bas que j'ai connu José Donoso, mon aîné, future gloire des lettres chiliennes. Je ne sais s'il s'en souvient. Et j'ai connu, dans une école antérieure, la douleur d'un ami intime disparu à douze ans, me laissant désolé devant la première mort d'un petit homme de mon âge. Aussi désolé que par le destin d'un autre enfant, atteint de difformité physique, objet de quolibets et de coups, et que j'eus l'audace de défendre, découvrant ainsi une autre dimension de l'amitié : la solidarité. Et de songer qu'au lendemain de l'affreux coup d'État de l'abominable Pinochet, ce garçon, devenu un homme, a été torturé dans les camps de la mort du sud de son pays, n'accroît pas seulement mon horreur face à la cruauté des hommes, mais ma tendresse et ma compassion devant la réalité même de ce que nous traitons ici : l'amitié.

Car tous, à un degré ou à un autre, nous avons trahi l'amitié, ou elle nous a trahis. Les groupes se démembrent, les bandes se débandent, et les amis intimes de jeunesse peuvent devenir les fantômes les plus lointains, les plus indifférents de l'âge adulte. C'est que rien ne se prête mieux à la trahison. Si nous dressions la liste des amis perdus, les notes en marge diraient la haine, la rivalité, mais aussi des époques distinctes et d'épiques distances. Elles diraient la mort. Pourquoi les avons-nous abandonnés ? Pourquoi nous ont-ils abandonnés ? À bien y regarder, il y a peu d'amitié au monde. Surtout entre pairs. William Blake l'a dit d'éminente façon : Ton amitié me fait trop mal. De grâce, sois donc mon ennemi. Car si l'amitié, à l'origine, est disponibilité, générosité, ouverture à l'autre, elle ne manque pas d'être, en même temps, rejet secret, insinuant, de cette intimité perçue comme dépendance. Wordsworth, quant à lui, évoque les « heures primitives » de la vie, quand nous éprouvons ce paradoxe qui nous jette sur le chemin du destin tout en nous protégeant de ses accidents. Parfois, ils ne manquent pas d'humour. Ainsi, Singer Sargent déclarait que, chaque fois qu'il exécutait un portrait, il perdait un ami. Et le chancelier britannique Canning donnait à l'amitié un tour diplomatique : Sauve-moi de l'ami sincère, disait-il. C'est clair : en diplomatie comme en politique, se fier à l'amitié, c'est risquer l'erreur. Car le pouvoir concentre les lois qui détruisent l'amitié à coup sûr. Trahison. Repentir. Désertion. L'usage de l'abus sème le champ de cadavres. Tranchées abandonnées par l'indifférence de la force. Et par la tentation de l'humour cruel. Malraux à Genet : *Que pensez-vous vraiment de moi ?* Genet : *Je ne vous aime pas assez pour vous le dire**.

Ces leçons ne sont pas inutiles. Les terres les plus incultes fleurissent parfois pour nous montrer que, dans les questions d'amitié, il faut savoir se ranger à la sagesse de l'Ecclésiaste et reconnaître que même les blessures de l'ami peuvent être des blessures fidèles. Que nous pouvons nous exposer à lui dire pourquoi nous ne l'aimons pas. C'est une satisfaction qu'il ne faut jamais consentir à l'ennemi. Mais le plus terrible, dans la perte de l'amitié, c'est le deuil de ces jours auxquels l'ami donna un sens. Perdre un ami, c'est alors, littéralement, une perte de temps. Espérances démesurées, jalousie devant le triomphe d'autrui. Il est temps de revenir à l'amitié en sachant qu'elle exige des soins quotidiens pour porter ses fruits merveilleux. Fonder des sympathies, jouir d'affinités. Nous faire don d'un peu de sérénité les uns aux autres. Nous astreindre à une discipline enjouée pour maintenir les liens. Pour découvrir avec l'ami les grandeurs du monde et le plaisir de partager les heures. Et rire avec l'ami. Vivre l'amitié comme une invitation permanente à accepter, à être accepté. Et réclamer au fond de soi la possibilité d'une amitié parfaite, à l'abri de tout attentat. Vivre dans la compagnie des amis sans laisser de place à la honte pour le lendemain, sans médire des absents. Défendre l'amitié contre les envies, les jalousies, les craintes. Et se mettre d'accord de n'être pas d'accord – *agree to disagree*. Les divergences doivent accroître l'amitié et le respect mutuel. La fréquentation intelligente entre amis ne souffre guère l'ambition, l'intolérance ou la mesquinerie. L'amitié est une modestie digne, elle est imagination et générosité.

Et parfois, pourquoi pas ? elle est tout le contraire. Orgueil. Passivité. Avarice de l'affection.

Si le dialogue est une des fêtes de l'amitié, le silence peut l'être, lui aussi. Ce fut une des leçons de mon amitié avec Luis Buñuel. Au début, je croyais que les pauses au cours de nos conversations – en général fort animées – étaient en quelque sorte de ma faute, comme un reproche qu'il m'adressait. J'ai mis longtemps à comprendre que se taire ensemble était pour lui une forme supérieure de l'amitié. Que c'était du respect. De la *révérence*. De la réflexion, contrairement au pur bavardage. Car nous ne devenons pas, instantanément, des perruches... mais nous serons, momentanément, philosophes. Après tout, ces deux stoïciens, Sénèque et Manolete, ne venaient-ils pas de Cordoue ?

Cette expérience de l'amitié comme silence de réflexion et de respect me conduit à cette frontière inévitable entre la vie en commun et la vie solitaire. Car si l'amitié est également ce qui les réunit, le moi doit lui réclamer de la solitude. C'est naturel : nous exigeons pour nous-mêmes la passion, l'intelligence ou l'amour que nous reconnaissons dans le regard de l'ami. Les sympathies, les mouvements de rapprochement, ont une limite : moi-même. Je reviens à moi, à ma désolation, certes, mais aussi à mon propre pouvoir. Je me souviens avec nostalgie de la petite enfance partagée avec les amis. Qu'il est difficile de maintenir ces liens à l'âge adulte ! Je repasse en mémoire les moments de rupture, avec leur douleur inévitable. Les heures ne sont plus les mêmes. Les chemins ont bifurqué. Mais je ne puis refuser cette aumône que le moi demande, au bout du compte, à la fortune de l'amitié. Car, ne savions-nous pas, secrètement, depuis le début, qu'un jour nous éprouverions devant l'ami le besoin de rénover notre existence ? Ne savions-nous pas depuis toujours, avec une profonde inquiétude, avec honte peut-être, que nous étions porteurs d'une imperfection, d'un défaut que nous ne pouvions ni révéler ni partager avec l'ami le plus cher ?

Alors, paradoxalement, nous livrons cette imperfection au monde et notre honte à la société, dans l'espoir d'être sauvés par une autre forme d'amitié, celle d'appartenir à la vie en commun. L'artiste, par définition, apprend très vite à supporter la solitude au nom de son œuvre. Plus généralement, c'est l'amitié elle-même qui nous force non seulement à reconnaître nos limites, mais à comprendre que nous les partageons. Thoreau disait qu'il avait trois chaises chez lui : l'une pour la solitude, l'autre pour l'amitié, la troisième pour la société. Savoir être seul est l'indispensable contrepartie, enrichissante, du temps partagé avec les amis.

La solitude n'est pas la seule contrepartie de l'amitié ; la mort l'est aussi. Si je me souviens fidèlement des plus lointains amis de l'enfance, j'ai une pensée toute particulière pour les aînés, déjà partis, qui furent aussi mes maîtres. Ma génération se rappelle avec une *vénération* toute latine deux grandes figures de notre jeunesse : le Mexicain Alfonso Reyes et l'Espagnol Manuel Pedroso. Deux sages qui, du reste, étaient amis. Leur enseignement intellectuel allait de pair avec l'apprentissage de la cordialité. Ils n'attendaient pas, comme les faux mages, de l'idolâtrie sans l'ombre d'une contradiction. Au contraire, ils espéraient – sollicitaient – la reconquête de leur propre jeunesse en échange de notre conquête du savoir et de leur longue expérience. Avec Reyes – petit, tout en rondeurs – et avec Pedroso – grand et anguleux –, nous découvrions que l'amitié signifie perdurer dans la vieillesse, dans le temps. Qu'il reste toujours quelque chose à découvrir. Que l'amitié se récolte parce qu'elle se cultive. Que nul ne se fait des amis sans se faire d'ennemis, mais que le pire ennemi n'aura jamais la taille d'un ami. Que l'amitié est une forme de discrétion : elle n'admet pas la médisance (qui médit de qui la dit), ni le ragot qui salit tout ce qu'il touche. L'amitié est confiance (il est plus honteux de se méfier des amis que de les tromper, écrivait La Rochefoucauld). L'amitié, pour être au plus près, nous apprend le chemin du respect et d'une sage distance. Ce qui ne lui interdit pas d'aimer ou de détester les mêmes choses.

Ainsi, les époques de la vie se mesurent à l'aune des affinités que nous conservons et cultivons. On oublie des amis très lointains. On abandonne des amis de jeunesse qui n'ont pas grandi au même rythme. On cherche des amis plus jeunes pour retrouver une vitalité qui, physiquement, s'éloigne. Ou bien nous cherchons des amis de toujours, et découvrons que nous n'avons plus rien à dire. On assiste à la décadence de vieilles amitiés, que nous ne reconnaissons plus, ou qui ne nous reconnaissent plus. Mais quand l'âge éloigne, c'est parce qu'il nous attend. Au crépuscule on voit briller les lumières de la prime jeunesse. Au milieu d'une brume lointaine, nous retrouvons les affinités, nous repartons à la découverte, nous recouvrons notre jeunesse, à nouveau nous sommes la bande, nous formons le cercle, le clan, le gang, la fratrie. À nouveau nous récoltons les passions. Et nous regardons avec nostalgie s'éloigner les vieilles heures de l'amitié, comme si elles n'avaient jamais été...

Amour

Au Yucatán, on ne voit jamais l'eau. Elle coule sous une fragile couche de terre et de pierre calcaire. Parfois, cette délicate peau yucatèque est percée d'yeux liquides – des puits appelés *cenotes*, sacralisés par les Mayas – qui attestent l'existence de ce mystérieux flux souterrain. Je crois que l'amour est comme ces cours d'eau cachés, comme les sources imprévues du Yucatán. Nos vies ressemblent parfois à d'infinis abîmes qui n'auraient pas de fin si, dans le lit même du vide, ne coulait un fleuve, tantôt paisible et navigable, tantôt large ou étroit, parfois tumultueux mais qui, dans son étreinte, nous empêche de disparaître à jamais dans l'immensité du néant.

Si l'amour est ce fleuve qui coule et maintient en vie, cela ne veut pas dire que ses attributs les plus appréciés – le bien, la beauté, l'affection, la solidarité, la mémoire, la compagnie, le désir, la passion, l'intimité, la générosité, la volonté même d'aimer et d'être aimé – excluent forcément tout ce qui semble le nier : le mal. Dans la vie politique, on peut être convaincu d'agir par amour pour un peuple tout en le conduisant à sa perte, en incitant à la haine, de l'intérieur comme de l'extérieur. Je ne doute pas, par exemple, de l'amour que vouait Hitler à l'Allemagne. Mais avec *Mein Kampf* il fit savoir qu'aimer l'Allemagne était indissociable de la haine pour tout ce qui, aux yeux du chancelier, s'opposait à elle. Ainsi, un amour nourri par l'exécration des autres a conduit à une politique du mal sans comparaison dans l'histoire. Et dès le début Hitler ne cacha pas que, pour procurer le Bien, il pratiquerait le Mal. Il le déclara haut et fort, contrairement à Staline qui s'enveloppa dans le drapeau d'une idéologie occidentale humaniste – le marxisme – pour perpétrer un crime atroce, mais qui n'osait pas dire son nom. L'amour hitlérien du mal a conduit à une apocalypse wagnérienne dans Berlin en flammes. L'amour stalinien du mal s'est traduit par le lent effondrement d'un Kremlin de sable délavé, assailli par les vagues successives de l'histoire que la dictature du prolétariat prétendait incarner. Le nazisme s'est écroulé comme un épouvantable dragon blessé ; le communisme soviétique s'est traîné vers la mort comme un ver malade. Fáfner et Oblomov [1].

Le marquis de Sade, lui aussi, propose un amour du mal qui sollicite le plaisir des sens pour fonder la souffrance du corps et sa disparition. L'amour sadique, clame le marquis, est un mal pour la victime, mais un bien suprême pour le bourreau. Avec une réserve de taille : Sade n'a jamais prétendu mettre en pratique sa vision monstrueuse du mal comme bien. Ce n'était pas un politicien, mais un écrivain, presque toujours incar-

---

1. Chez Wagner, dans *L'Or du Rhin*, par exemple, Fáfner incarne la forme la plus vile et la plus stupide de la convoitise matérielle ; Oblomov, le personnage du roman de Gontcharov, est le type même de l'apathique et du velléitaire. (N.d.T.)

céré, neutralisé – sauf au royaume de l'imagination. Là, il était le roi de *sa* création. Et il nous avertit : « Je suis un libertin, non un délinquant ou un assassin. »

Le mal présenté comme amour peut revêtir d'autres formes. C'est vouloir, par exemple, imposer notre loi à l'autre « pour son bien », c'est-à-dire par amour d'une personne que nous détournons de son propre destin, que nous dépouillons de sa liberté. C'est un thème constant de la littérature, mais pour moi nul auteur ne l'a traité avec plus de lucidité qu'un homme qui a passionné ma jeunesse : François Mauriac.

Thérèse Desqueyroux, *Le Désert de l'amour*, *Le Nœud de vipères*, *Le Baiser au lépreux*, *Le Mal** sont les romans d'un bien perverti, dénaturé, qui brise ou abaisse la capacité d'aimer manipulée par la religion, l'argent et, surtout, la convention sociale et le pharisaïsme. Au comble de ce drame des bonnes intentions qui pavent les enfers, Thérèse Desqueyroux tue au nom d'une antique faute, pour racheter l'*ubris* familiale au prix de sa vie. Ainsi, au nom de l'amour qui leur est dû comme institutions, la société, la famille, l'honneur entraînent l'esclavage érotique et le crime passionnel de l'héroïne.

L'éloge de l'amour comme réalité ou aspiration suprême de l'être humain ne peut ni ne doit dissimuler la fraternité du mal, bien que, par essence, il le surpasse dans la plupart des cas. Mais il ne le vaincra jamais totalement. L'amour a besoin d'un voile de doute contre le mal qui le guette. Et pourtant, non seulement ce nuage mais la rage même de tous les cieux se dissipent dans le plaisir, la tendresse, la passion, fût-elle aveugle, le bonheur, fût-il passager, de l'amour tel que nous le vivons, hommes et femmes. La plus vive passion amoureuse peut dégénérer en habitude, voire en irritation. Un couple commence à se connaître précisément parce qu'il... se méconnaît. Tout est surprise et, sans cet ingrédient, l'amour peut se languir. Parfois, il aspire à retrouver l'étonnement initial, mais il finit par comprendre que, la seconde fois, l'étonnement n'est plus que nostalgie. S'accommoder de l'habitude peut être perçu par certains comme un lourd fardeau – un désert final et fastidieux, dont la seule oasis est la mort, la télévision ou la chambre à part. Mais combien de couples n'ont-ils pas aussi découvert, au sein même de l'habitude, l'amour le plus sûr, le plus durable, cette compagnie sans faille, cet appui, cette protection qui sont d'autres noms de l'amour ? Et n'est-ce pas un autre désert, brûlant le jour mais glacé la nuit, que celui de la passion sans trêve, mortifiante à mesure que les protagonistes de l'amour romantique ont choisi la mort jeune et passionnée à son apogée, au lieu d'une passion qui se fane dans la grisaille de la quotidienneté ? Roméo et Juliette auraient-ils pu vieillir ensemble ? Peut-être. Mais le jeune Werther ne pourrait finir ses jours en regardant Big Brother à la télévision comme unique forme de participation compensatoire à des passions moins pantouflardes que les siennes.

L'amour aspire à la plénitude du plaisir, aussi longtemps que possible. Quand le désir fleurit au-dedans et s'innerve, se prolonge dans les mains, les doigts, les cuisses, la ceinture, chair tendue et chair ouverte, les caresses et le pouls qui s'emballe, l'univers de la peau aimante, le couple tout entier à la rencontre du monde, aux mots qui se disent en silence, au baptême secret de toutes choses. Quand nous ne pensons à rien pour que cela jamais ne s'achève. Ou quand nous pensons à tout pour ne pas penser à cela et donner toute sa liberté – sa longue brièveté – au plaisir charnel, quand nous donnons raison à saint Augustin, oui, l'amour est *more bestiarum*, mais à ceci près : seuls les êtres humains (complications mises à part) font l'amour face à face. Pour l'animal, pas d'exceptions ; pour nous, l'exception est la règle.

Quand le bonheur de l'amour est-il le plus entier ? Dans l'acte même ou dans sa préfiguration, dans le fait d'imaginer ce que pourrait être la prochaine union ? Joie lassée du souvenir, puis à nouveau en plein désir, accru par l'amour, d'un nouvel acte d'amour : plénitude. Ce plaisir de l'amour ne laisse pas de nous étonner. Comment l'être tout entier peut-il, sans dissipation ni abandon, se perdre dans la chair, dans le regard de l'être aimé, et, en même temps, perdre tout sens du monde extérieur à cet amour ? Comment est-ce possible ? Comment se paie cet amour, cette jouissance, cette illusion ?

Les prix que le monde fait payer à l'amour sont multiples et divers. Mais, comme au théâtre ou dans les stades, toutes les places ne sont pas les mêmes. Le regard est le « billet » indispensable de l'amour. C'est par les yeux qu'il se glisse, dit le proverbe. Et en vérité, quand nous aimons, le monde entier fuit notre regard. Nous n'avons d'yeux que pour l'autre. Un soir, à Buenos Aires, j'ai découvert – non sans pudeur ni émotion, ni honte – une autre dimension du regard amoureux : son absence. Notre amie Luisa Valenzuela nous avait conduits, ma femme et moi, dans un lieu où l'on dansait le tango, sur l'interminable avenue Rivadavia. Une vraie salle de danse, sans touristes ni jeux de lumières, les aveuglants *strobelights*. Une salle de quartier populaire, avec son orchestre : piano, violon, bandonéon. Comme dans les fêtes familiales, les gens s'asseyaient sur des chaises alignées contre le mur.

Couples de tous les âges et de toutes les tailles. Et une reine de la piste. Une jeune fille aveugle, portant lunettes noires et une robe à fleurs. Une Delia Garcés[1] réincarnée. C'était la danseuse la plus sollicitée. Elle laissait sa canne blanche sur la chaise et partait danser sans rien voir, mais en étant vue. Elle dansait à merveille. Elle restituait au tango la définition que lui donnait Santos Discépolo : « C'est une pensée triste qui se danse. » Une forme étrange et belle d'amour sur laquelle on peut danser, simultanément, dans la lumière et dans le noir. Oui, dans un demi-jour[2].

Le « crépuscule intérieur » nous apprend encore, avec le temps, que l'on peut aimer les imperfections de l'autre. Non pas bien que l'on soit imparfait, mais parce que nous le sommes. Parce qu'une certaine défaillance, un défaut personnel, nous rend plus émouvants aux yeux de l'être aimé, et non parce qu'il nous ferait croire en notre supériorité : les Grecs châtiaient l'*ubris* comme une tragique offense, moins à l'égard des dieux que des limites humaines. Ainsi, pouvoir admettre nos propres manques, c'est vraiment nous rendre égaux. Et cela diffère d'une autre forme d'amour, qui est la volonté d'aimer. Forme ambiguë, qui peut ondoyer avec les bannières de la solidarité, mais aussi s'entacher de profit personnel, cacher une astuce ou cette amitié par intérêt que décrivait Aristote. Il convient de les distinguer clairement, car la première procède de la générosité, la seconde de l'égoïsme.

« Un parfait égoïsme à deux » est la formule, bien

1. Comédienne argentine, qui tourna notamment avec Buñuel. (N.d.T.)
2. Cf. le tango « A media luz ».

française, dont usait Sacha Guitry pour définir l'amour, donnant un tour ironique à l'intimité même. L'égoïsme partagé implique, d'une part, d'accepter, de tolérer discrètement les multiples misères dont « hérite la chair », pour citer Hamlet. À l'inverse, l'égoïsme au sens strict – la solitude radicale, avare – ne sépare pas seulement de l'autre, mais de soi-même. Il ne manquera jamais quelqu'un, bien sûr, pour dire que, malgré tout, le meilleur moment de l'amour est la séparation, la solitude, le souvenir, la nostalgie... Certes, ce serait préférable à la mélancolie d'un amour qui n'eut jamais lieu par indifférence ou manque de temps. « Le temps manqua. Le temps manqua pour le dernier mot. Le temps manqua pour se dire tant de choses de l'amour. »

Volonté ou habitude, générosité ou imperfection, plénitude et beauté, séparation, intimité : l'amour, acte humain, paie, comme tout ce qui est humain, le prix de la finitude. Si nous faisons de l'amour la mesure la plus certaine, le plaisir le plus sûr de nos vies, c'est parce que, étant tel et pour être tel, il doit se rêver sans limites du fait qu'il est, fatalement, limité. En même temps, les amants savent bien (même s'ils s'aveuglent passionnément, s'ils se refusent à l'admettre) que leur amour aura un terme, sinon dans cette vie, du moins dans cette mort qui est, selon Bataille, l'empire de l'érotisme réel : « La continuité de l'amour le plus intense dans l'absence mortelle de l'être aimé ». Comme Cathy et Heathcliff dans *Les Hauts de Hurlevent*. Comme Pedro Páramo et Susana San Juan dans le roman de Rulfo. Mais, dans l'existence même, sommes-nous pleinement satisfaits par le plus absolu, le plus grand des amours ? N'est-il pas vrai que nous désirons toujours plus ? Si nous étions infinis, nous serions Dieu, a dit le poète. Mais nous voulons, pour le moins, aimer infiniment... C'est ce qui nous rapproche de la divinité. Notre regard d'adieu, notre regard de Dieu.

Plaise au ciel que le lecteur de ces pages découvre les formes diverses de l'amour au fil des chapitres de mon alphabet personnel. Il en est une que je voudrais détacher, afin de la garder toujours à l'esprit. C'est la qualité de l'écoute, de l'attention. De l'amour comme attention à l'autre. S'ouvrir à l'attention. Car l'attention extrême est la faculté créatrice et l'amour est sa condition.

Agnes Heller, philosophe d'origine hongroise, dit que l'éthique est une question de responsabilité personnelle, cette responsabilité que nous prenons au nom d'une autre personne ; notre réponse à l'appel de l'autre. Toute éthique culmine dans une morale de la responsabilité : nous sommes moralement responsables de nous-mêmes et des autres. Et pourtant, comment une seule personne peut-elle se porter responsable de toutes ? C'est l'interrogation centrale des romans de Dostoïevski.

Comment embrasser toute l'expérience d'une humanité souffrante, humiliée, opprimée ? Telle fut la question que Dostoïevski, dans son désespoir de jeunesse, adressa au plus grand critique russe de son temps, Vissarion Grégoriévitch Biélinsky. Sa réponse fut d'une justesse époustouflante : Commence donc avec un seul être humain. Le plus proche de toi. Prends avec amour la main du dernier homme ou de la dernière femme que tu as vu, et dans ses yeux tu verras se refléter tous les besoins, tous les espoirs et tout l'amour du monde.

Balzac

Je crois en Balzac. Avec Cervantès et Faulkner, c'est le romancier qui m'a le plus marqué. Comme tout grand écrivain, il présente de nombreuses facettes. Aucun auteur, peut-être, n'a donné plus que lui toute sa place à la réalité sociale (« *Moi, j'aurai porté toute une société dans ma tête** »), mais en faisant se dresser un fantôme qui est aussi un avertissement : le récit fantastique. Oui : réaliste *et* fantastique. Car son réel inclut la réalité de l'imaginaire. Ses personnages sont des ambitieux, des parvenus, mais aussi des humiliés, des vaincus. Leur obsession est l'argent, mais aussi la terreur ou le rêve. Leurs passions sont personnelles et collectives. Les études de mœurs *(Le Père Goriot, Les Illusions perdues, Eugénie Grandet*)* sont les sœurs des études philosophiques *(Louis Lambert, Séraphîta, La Recherche de l'Absolu*)*.

« Le romancier de l'énergie et de la volonté », comme l'appelait Baudelaire, est aussi l'observateur d'un duel permanent avec la terreur. L'extraordinaire énergie dépensée par les arrivistes balzaciens trouve ses récompenses, bien sûr, le rang, la fortune, la gloire; mais elle a aussi son ardoise noire : dissipation, déchéance, perte, reddition... *La Peau de chagrin** – la peau d'onagre – est le symbole balzacien du monde des objets. C'est l'objet suprême, la chose-en-soi, la possession capable de s'accroître à volonté.

Le prix de tout cela, c'est que, à mesure que nous désirons et que notre désir est satisfait, la peau nous dé-possède de notre propre vie et nous donne, en échange, la possession finale, éternelle, de la Mort.

La possession des choses est le thème central du Balzac social. Mais la perte des choses est le sujet central du Balzac mythique. Et le mythe est celui de Tantale, condamné pour toujours à ne pas atteindre les fruits à portée de sa main. « Ombre déliée, froide et exsangue, que ta propre soif martyrise », écrivait Quevedo, tantalisé. Balzac est à la fois en deçà et au-delà du mythe. En deçà, c'est l'activité sociale. Raphaël de Valentin, le personnage qui acquiert la peau de chagrin comme un cadeau empoisonné, est un joueur. Son pari est que la vie et la mort sont les deux seuls chiffres dignes d'être misés au casino du monde. La roulette de la vie et de la mort donne et reprend tout ce que nous possédons. Et, dans le monde social de Balzac, dis-moi ce que tu as, je te dirai qui tu es.

La Peau de chagrin est comme un grand opéra. Le premier acte se déroule dans un casino, là où les choses se gagnent ou se perdent, en termes d'argent. Mais, au deuxième acte, dans la maison de prêt, Raphaël est sauvé de la ruine grâce au talisman. Et le troisième acte est la longue orgie de la propriété et de la mort, où le protagoniste gagne tout et perd tout par la vertu de l'objet magique qu'il possède et qui le possède.

Le génie de Balzac est à l'intersection du temps et de l'espace de ses romans : dans leur tension. Ainsi la peau de chagrin est-elle l'espace symbolique de la narration.

Raphaël désire l'espace-objet qui va se réduisant à chacun de ses désirs. Et le temps s'épuise avec l'espace. La volonté du héros sera donc anéantie par l'accomplissement de ses désirs. Il y a peu de moments romanesques d'une plus grande terreur et d'une plus grande absurdité que celui de la question posée par le serviteur Jonathas : « Encore des asperges, monsieur ? », et qui fait s'écrier Raphaël, terrorisé : « Mais tu veux donc me tuer ? »

Dans ce roman désespéré, espace et temps, possession et dépossession, vie et mort se fondent finalement dans la passion érotique. Chez Balzac, le sexe est pratiquement invisible. Certes, Raphaël désire la courtisane Fedora, mais il préfère la peau de chagrin à la chair d'Éros. Le désir sexuel pourrait détruire la peau – et la vie – de Raphaël. La peau de chagrin serait alors, en termes freudiens, « la preuve du triomphe sur la castration ». Elle a encore la qualité fétichiste d'être ignorée de tous, et donc permise. Nul n'interdit à Raphaël de posséder cette peau car le prix de cet objet est inconnu. Autrement dit, personne n'interdit à Raphaël d'être propriétaire de sa propre mort.

La surprise érotique du livre de Balzac vient de ce que la plénitude sexuelle est réservée à l'héroïne modèle de pureté, Pauline. Cette femme virginale du mélodrame populiste est celle qui dissimule et exige le don physique le plus complet. En la désirant, Raphaël épuise son destin, volatilise la peau de chagrin et meurt – scène finale atroce – en mordant le sein de Pauline. Car c'est elle, la douce Pauline, non la cruelle Fedora, qui tue Raphaël en ne lui permettant pas de vivre sans la désirer – ou, plutôt, de mourir sans la désirer. Il en coûte d'arracher le cadavre du sein de Pauline, que mord le héros comme une bête féroce.

Il est deux autres œuvres du Balzac visionnaire que je trouve particulièrement inquiétantes. Dans *Séraphîta*, le/la protagoniste, tantôt homme, tantôt femme, ou mi-homme mi-femme, fait de l'ambiguïté sexuelle l'objet inaccessible et, par conséquent, convoité sans fin (et en vain) par le désir. Celui de Wilfrid pour Séraphîta est aussi impossible que celui de Minna pour Séraphitüs. C'est que Wilfrid, en désirant la femme appelée Séraphîta, court le risque d'étreindre Séraphitüs, tout comme Minna risque d'enlacer le corps de Séraphîta. À nouveau, le mythe de Tantale éclaire l'iconographie fantastique de Balzac et donne raison à Mme Potocka, une des maîtresses éclairées et correspondantes de l'écrivain, quand elle notait que Séraphîta n'est pas une « créature », mais une « création ». Comment Wilfrid ou Minna pourraient-ils la posséder sans comprendre qu'ils approchent, non pas un homme ou une femme, mais une création qui exige, de chaque amant, qu'il s'unisse sans réserve à un mouvement de l'âme où nous jouons tous – personnages et lecteurs – notre vie ? C'est toute la différence entre *Séraphîta* et le très beau roman ingénu de Virginia Woolf, *Orlando*, magnifique jeu des métamorphoses incessantes du temps et du sexe. Mais Woolf ne nous engage pas plus qu'elle ne se compromet. Orlando traverse les temps en solitaire. Séraphîta exige que nous soyons quelque chose que nous ne voulons pas, tout en désirant ardemment être Lui ou Elle. Elle nous oblige à quitter la vie pour la posséder au-delà du désir. Elle exige le tribut de notre érotisme.

Louis Lambert, le roman le plus autobiographique de Balzac, recèle une autre anticipation surprenante. Le brillant jeune Louis est « un martyr de la pensée », au dire de l'auteur lui-même. Flaubert s'est trompé en lisant cette histoire comme le récit d'un cauchemar et en y voyant une histoire de fou. Ou bien il faudrait évoquer la folie de Nietzsche, car Lambert, cloîtré dans la pénombre d'une chambre, sans proférer jamais le moindre mot, n'est pas un aliéné. Il a été vaincu par la rapidité de sa pensée. Ses pensées sont beaucoup plus rapides que les mots. Si rapides qu'il ne peut les traduire. La pensée anéantit le penseur. *Louis Lambert* est une extraordinaire préfiguration de Nietzsche.

La littérature peut-elle mettre la mort en déroute ? C'est la question insidieuse de Balzac, et elle accompagne Lucien de Rubempré comme Eugène de Rastignac dans leur ascension sociale, ou le père Goriot, ce moderne Lear, victime de la cruelle vanité de ses filles ingrates, ou la cousine Bette, ourdissant la sinistre trame qui, par la vengeance, la libérera de l'humiliation, ou encore ce grand prestidigitateur de *La Comédie humaine*, Vautrin alias l'abbé Herrera alias Collin ou Trompe-la-Mort, manipulant tous les destins pour cesser d'avoir un destin propre, cet insupportable fardeau. Ils sont tous accompagnés par un spectre. Mais nul autant que le colonel Chabert, quand il se présente au domicile de sa compagne remariée (car elle le croyait disparu) : « Je suis le colonel Chabert, mort à Eylau. »

Dans une réponse à la duchesse d'Abrantes qui lui reprochait de ne pas lui rendre visite plus souvent à la campagne, Balzac écrivait : « Ne m'en veuillez pas trop. Je travaille nuit et jour. Étonnez-vous d'une seule chose : que je ne sois pas encore mort. »

La peau d'onagre se réduit, mais le roman grandit. Balzac a nommé la Mort. Il a vu que la possession donne la vie pour la reprendre ensuite. Mais s'il l'a fait, c'est dans la mesure où il a su identifier sa vaste fresque avec une structure verbale qui donne un contenu et assure une pérennité à tout ce qui s'y refuse, c'est-à-dire la fugacité de la vie et de la possession.

Beauté

Socrate se savait laid et cherchait « la beauté intérieure ». Je crois qu'il n'est pas de meilleure disposition pour juger du « beau » que celle-ci : demander au corps d'être le guide vers l'âme et, à l'âme, de nous permettre d'appréhender l'harmonie possible entre le corps et l'esprit. La façon dont sont liés l'âme et le corps est une question implicite dans notre vie. Sont-ils inséparables, n'y a-t-il que la névrose ou la mort pour les diviser, l'âme survit-elle au corps ou meurent-ils enlacés l'un à l'autre ?

La laideur est le corps sans forme. L'artiste s'efforce de réunir tout ce qui est épars. Peu importe le thème : douleur, mort, naissance, révolution, pouvoir, orgueil, vanité, songe, mémoire ou volonté, peu importe ce qui anime le corps pour lui donner forme, alors il cesse d'être laid et Socrate a raison. La beauté n'appartient qu'à celui qui comprend, non à celui qui prend. La beauté n'est rien d'autre que la vérité de chacun d'entre nous. La vérité comme la beauté des corps, mais aussi des jeux, des rêves, de la solidarité, de l'attention que nous portons aux êtres et aux choses, du gîte et du couvert, du poème et du chant, du souvenir et de l'imagination, la beauté de la nature, de la mort et du mystère du jour et de la nuit.

Dans *Les Années avec Laura Díaz*, j'ai mis ces paroles sur les lèvres d'une Frida Kahlo imaginaire, blessée, saignant sur un lit d'hôpital : « Tu peux me regarder sans pudeur... dire que je suis horrible, que tu n'oses pas me montrer le miroir, qu'à tes yeux aujourd'hui je ne suis pas belle, en ce jour et en ce lieu je ne suis plus jolie, et je ne te répondrai pas avec des mots, je te demande en revanche des couleurs et du papier et je transforme l'horreur de mon corps blessé et je fais de mon sang versé ma vérité, ma beauté, car tu le sais bien, mon amie à moi, ma semblable, ma sœur, hein que tu le sais ?, nous connaître nous-mêmes nous rend beaux en identifiant nos désirs. Quand elle désire, une femme est toujours belle... »

Et quand elle est désirée ? L'érotisme de la représentation plastique réside dans l'illusion de la permanence de la chair. Comme toute chose à notre époque, l'érotisme plastique a été accéléré. Pendant des siècles, un tableau, un médaillon ont dû pallier l'absence de l'être aimé. La photographie a précipité l'illusion de la présence. Mais seule l'image cinématographique nous donne, à la fois, l'évocation et l'immédiateté. Elle est comme elle était alors, mais aussi comme aujourd'hui, pour toujours.

C'est son image, mais également sa voix, ses mouvements, sa jeunesse et sa beauté impérissables. La mort, marâtre d'Éros, est vaincue et justifiée, tout à la fois, par la réunion avec l'autre qui n'est plus à nos côtés, brisant le grand pacte de la passion : toujours unis, jusqu'à la mort, toi et moi inséparables.

Mais il existe aussi – il a toujours existé – une beauté de l'horrible.

Le terrible et magnifique avertissement de la poésie baroque espagnole est que l'âme « laissera son corps, dit Quevedo, mais non son souci ; cendres seront, mais sensées ; poussière seront, mais poussière amoureuse ». Prévoir la mort du corps ne le prive pas de sa présence, au contraire, cela l'augmente encore, mais ne nous dispense pas de présenter le corps à l'âme et l'âme au corps en nous demandant : « Sommes-nous un seul ? Sommes-nous en harmonie ? ».

L'harmonie du corps et de l'âme dépend-elle de l'idéal de beauté que diverses cultures et différentes époques ont valorisé ? Rubens préférait les grosses, et Modigliani aimait les femmes plus minces ; l'idéal limpide de Botticelli n'est pas l'anti-idéal malsain d'Egon Schiele. Et pourtant, notre choix de la beauté dépend de l'idée que nous en avons. Pourquoi un corps est-il beau à nos yeux, et un autre non ? Il nous plaît parce qu'il ressemble à notre idéal. Un merveilleux modèle de la mode actuelle à Paris aurait passé pour phtisique aux yeux du XIXe siècle. Cindy Crawford serait une moribonde parmi les beautés bien en chair du harem de Delacroix.

Dernièrement, la romancière chilienne Marcela Serrano attribuait à la femme moderne la capacité de changer de peau comme les serpents, s'affranchissant ainsi de nombreuses fatalités et de servitudes immémoriales. Ce symbole de la peau neuve me ramène à la dissociation ou à l'harmonie entre corps et âme. Pourquoi parlons-nous d'âmes belles et de corps laids ou, à l'inverse, de beaux corps et d'âmes noires ? La dysharmonie existe, sans aucun doute. Ce qui ne manque jamais est la *forme* que l'harmonie comme la discordance peuvent et doivent assumer. Que représentait vraiment pour les Aztèques la déesse Coatlicue, décapitée, inhumaine ? Peut-être une divinité exige-t-elle, justement, de l'inhumanité. Mais les superbes actrices sur les écrans ne sont-elles pas aussi lointaines que la Coatlicue, ou encore « ces femmes qui passent sur la Cinquième Avenue, si près de mes yeux, si loin de ma vie », comme l'écrivait le poète mexicain Tablada ?

Un artiste sait qu'il n'y a pas de beauté sans forme, mais aussi que la forme de la beauté dépend d'un idéal culturel. L'artiste transcende – partiellement, momentanément – le dilemme, en ajoutant un facteur : il n'est pas de beauté sans regard. Quoi de plus naturel si l'artiste privilégie le regard ? Pourtant, un grand artiste n'invite pas seulement à regarder, mais à imaginer. La forme féminine comme forme de beauté est également un objet de sensualité olfactive (l'*« odor di femmina »* de Don Giovanni), de sensualité auditive (Goya, Buñuel et Beethoven, sourds, doivent imaginer la voix des corps) et, en somme, de sensualité imaginative. (Songeons à Proust jaloux comme Catulle, à Roméo et à Don Quichotte séparés de Juliette et de Dulcinée, à Samsa métamorphosé en insecte : tous *imaginent* un autre corps perdu ou désiré.)

L'art de la beauté visuelle serait bien pauvre s'il excluait le prolongement du regard dans le toucher, l'ouïe, l'odorat, ou le *gostoso*, comme on dit en portugais. C'est que nous, êtres humains, nous désirons un plaisir infini, qui touche tous nos sens. Et cela ne suffit pas encore. Nous souhaitons toujours plus, une chose que peut-être nous ne pourrions pas même concevoir, mais que nos sens et notre imagination cherchent sans fin, exigent, façonnent aveuglément. « Oh intelligence, solitude en flammes, qui conçoit tout sans le créer » : cette profonde intuition de José Gorostiza dans le plus grand poème mexicain du XXe siècle[1] exprime le dilemme de notre résidence sur la terre[2] : Désirer une satisfaction infinie, mais qui soit tout à la fois temporelle, ici et maintenant.

La beauté offre son corps non pas pour dire que nous devons nous contenter de ce que propose le monde, ni pour borner notre désir et exiger une conformité quelconque, mais pour nous faire le don d'une présence, un corps ici et maintenant, sans sacrifier aucune possibilité, aucun de ses *peut-être*, aucun de ses *jamais*. Dans l'art, pour qui sait regarder, convergent l'idéal du corps et sa négation, l'harmonie du corps et de l'âme, mais aussi leur possible désaccord, la présence du corps et son inévitable absence; son plaisir, mais aussi sa douleur.

1. Voir José Gorostiza, *Mort sans fin*, trad. C. Couffon, Paris, La Différence, 1991. (N.d.T.)

2. Allusion au grand livre de la veine surréaliste de Neruda, *Résidence sur la terre*, trad. G. Suarès, Paris, Gallimard, 1969. (N.d.T.)

Buñuel

En 1950, j'étais étudiant à l'université de Genève et je fréquentais un ciné-club. Au début de l'année, j'ai vu pour la première fois *Un chien andalou*. Le présentateur nous a expliqué que son auteur, Luis Buñuel, était un cinéaste maudit, mort pendant la guerre d'Espagne. J'ai levé la main pour rectifier : Buñuel était bien vivant, il était au Mexique et venait de tourner *Los Olvidados*, qui serait bientôt présenté à Cannes.

Los Olvidados fut projeté à Cannes en dépit des objections soulevées par des fonctionnaires chagrins et chauvins du gouvernement mexicain, qui estimaient que ce film « dénigrait le Mexique ». Octavio Paz, alors deuxième secrétaire de l'ambassade du Mexique à Paris, refusa de se ranger à la désapprobation officielle et distribua lui-même, à l'entrée du palais des Festivals, un essai pénétrant sur le cinéma de Buñuel, qui reçut le prix de la Critique. Le cinéaste espagnol n'oublia jamais ce geste courageux et généreux [1].

J'ai connu Buñuel pendant le tournage de *Nazarín*,

1. Voir le dossier réunissant les textes d'Octavio Paz sur cet épisode, publié dans *Le Monde* le 12 mai 2000. (N.d.T.)

dans la ville mexicaine de Cuautla. Parmi les acteurs figurait ma première compagne, Rita Macedo, aux côtés de Marga López et d'un extraordinaire Francisco Rabal qui donnait au personnage du roman de Galdós une aura de douce miséricorde et d'absence mystique qui sous-tendait magnifiquement sa rage et sa douleur finale. L'essence de la secrète religiosité de Buñuel est tout entière dans *Nazarín*. Sa fameuse réplique, « Grâce à Dieu je suis athée », n'est pas seulement une *boutade**, mais un masque nécessaire chez un créateur comme lui, qui incarna comme personne la phrase troublante que Pascal prêta au Christ : « Tu ne me chercherais pas si tu ne m'avais déjà trouvé. » À cet égard, Buñuel fut représentatif d'un courant intellectuel parmi les plus sérieux et inclassables du XXe siècle : le tempérament religieux non confessionnel, dont témoignent – à différents degrés – Camus, Mauriac et Graham Greene, ou, au cinéma, Ingmar Bergman, protestant malgré lui, et Luis Buñuel, athée par la grâce de Dieu.

Qui, mieux que celui-ci, a lutté plus vaillamment avec le drame de la conscience chrétienne dans *Nazarín* et *Viridiana* ? Mais qui, mieux que lui, a rendu compte – au vitriol – des déformations de la foi institutionnalisée et du pouvoir usurpé au nom du Christ, dans *L'Âge d'or*, *Simon du désert* ou *La Voie lactée* ? Ce dernier film, centré sur les hérésies, nous rappelle que l'étymologie du terme « hérétique » est « celui qui choisit ». Une très courte et très belle scène de *Tristana* montre la protagoniste indécise... devant deux pois chiches parfaitement identiques. Parfois, celui qui choisit, c'est Buñuel lui-même, et de façon tranchante : « Mon horreur de la science et de la technologie me conduira de nouveau à la détestable croyance en

Dieu », dit un personnage du *Fantôme de la liberté*. Et Buñuel me glisse à l'oreille : « Celui-là, c'est moi. »

Le patriotisme, le chauvinisme, les idéologies politiques faisaient partie de tout ce que Buñuel ne supportait pas. En revanche, il avait coutume de nuancer ses positions libertaires. Pour lui, l'anarchisme était une idée aussi merveilleuse qu'impraticable. Son seul siège était dans la pensée. Comme idée, faire sauter le musée du Louvre était splendide. En réalité, c'était affreux. Buñuel le sage distinguait très bien la liberté de l'imagination des restrictions du réel.

Très proche du surréalisme, cependant, il croyait dans un monde libéré, simultanément, par l'art et la révolution. À mesure que celle-ci succomba à la terreur politique, Buñuel, de manière inattendue, ancra le surréalisme dans la tradition littéraire espagnole. Curieusement, le surréalisme français demeura toujours une idée, articulée à merveille par André Breton, dans une langue aussi classique que celle de Saint-Simon (le duc). En revanche, l'Espagnol Buñuel et l'Allemand Max Ernst ont trouvé dans leurs propres racines culturelles le langage de l'inconscient, du rêve et de la libération surréaliste. Ce furent les contes de fées et les légendes germaniques pour Ernst ; pour Buñuel, le roman picaresque, *La Célestine* de Rojas, Cervantès, Goya, Valle-Inclán...

Profondément nourri de culture espagnole, Buñuel a libéré son regard par le biais d'une technique remarquable. Ses films abondent en plans moyens et généraux, parfois gris et monotones, et qui révèlent soudain, en gros plan, le détail convulsif : la tête de mort inscrite sur la tête de l'insecte, le sang qui jaillit entre les cuisses d'une femme, le crucifix cachant un poignard, les bottines érotiques de la femme de chambre, l'œil entaillé quand un nuage coupe la face de la lune... Cette dialectique entre le monde et ses minutieux secrets permet à Buñuel de créer des scènes culminantes, épiphanies cinématographiques où, quelquefois, la passion montre sa face animale, grotesque (le catholique qui sommeillait en Buñuel voyait dans la relation sexuelle les « mœurs bestiales » dont parle saint Augustin, même s'il admettait que « l'amour sans sexe est comme un œuf sans sel »), mais où l'instinct, d'autres fois, est la condition de la poésie. Brutalité ridicule de la passion chez les amants qui roulent par terre dans *L'Âge d'or*. Tendresse onirique incomparable au moment où les naufragés sociaux capturés par *L'Ange exterminateur* se dépouillent de leur angoisse, de leurs prétentions, de leur jargon, de leurs pièges, pour fraterniser dans la nuit et se livrer à la beauté sans égale du rêve...

Tout comme il attaquait le pharisaïsme sous les oripeaux d'une fausse dévotion religieuse, Buñuel a violemment dénoncé l'aliénation et la fausseté de la vie moderne, non seulement dans la bourgeoisie, mais dans les classes dépossédées. Cela dit, les aventures drolatiques et équivoques d'un groupe de bourgeois, aux charmes discrets, qui n'arrivent plus à s'asseoir pour manger, contrastent avec l'implacable cruauté des enfants abandonnés dans les bidonvilles de Mexico. C'est que Buñuel refusait au pauvre toute vertu intrinsèque du fait de sa pauvreté, tout comme il niait qu'il y eût des vices consubstantiels au riche. La capacité de nuire à nos semblables transcendait pour lui toutes les barrières sociales. Le misérable aveugle ou le redoutable « Jaibo » dans *Los Olvidados* sont aussi cruels que le pervers Fernando Rey, sacrifiant Viridiana ou Tristana, mais sacrifié à son tour par la double Méduse féminine, les deux visages de Conchita dans la dernière œuvre du cinéaste, *Cet obscur objet du désir*.

Chez Buñuel, héros et héroïne forment un binôme : Robinson Crusoé, Nazarín, Belle de jour, la Femme de chambre de Jeanne Moreau. Ces hommes et ces femmes livrent bataille dans la solitude et l'incompréhension, mais tous, au bout du compte, sont sauvés par la solidarité. Tout seul sur son île, Robinson pousse un cri pour que l'écho des montagnes lui tienne compagnie. Et c'est Vendredi qui lui offre la sienne, le sauvant d'un destin pire encore que la solitude : être le maître d'un esclave. Nazarín découvre que sa solitaire imitation de Jésus-Christ ne consiste pas à pratiquer la charité, mais à accepter celle des autres. Viridiana abandonne ses malheureuses tentatives de charité pour se soumettre au trio espagnol du joueur, de l'entremetteuse et de la sainte, et, partant de là, pour retrouver son humanité chrétienne. Mais c'est dans l'intime harmonie, prodigieuse, entre la vision personnelle et la vision de la caméra que Buñuel trouve l'image la plus explicite de son art et de son monde. Dans *Belle de jour*, Catherine Deneuve parvient à la réalisation de ses désirs érotiques dans un bordel. Toutefois, les quatre murs de la maison close se dissolvent constamment sous le regard de l'actrice, un regard qui n'est jamais frontal, mais latéral, hors du cadre de l'écran : regard libérateur, perçant les murs du lupanar, mais aussi le mur du cinéma, pour nous rendre à l'espace extérieur, *aux autres*. C'est encore ce qu'illustre le regard ironique, souverain, de Jeanne Moreau dans *Le Journal d'une femme de chambre*, d'après Mirbeau. Interprétant son meilleur rôle, la grande comédienne regarde toutes choses avec une distance ironique – le fétichisme de la chaussure chez un vieillard, les conventions de la demeure cossue, la brutalité d'un domestique – jusqu'à les lier dans une gerbe sociale et politique : ce que Jeanne Moreau regarde n'est rien de moins que la montée du fascisme en Europe.

De cet homme chaleureux, de cet ami incomparable qu'était Luis Buñuel, maître d'un humour inimitable, je me rappelle avec beaucoup de tendresse, comme un des privilèges de ma vie, les heures passées à Mexico, à Paris ou à Venise, découvrant cette forme de l'amitié qui consiste à savoir être ensemble sans rien dire, pour assimiler, approfondir les mots échangés, le tout avec un verre de *buñueloni* à la main. Recette : « Sur la glace très dure je verse d'abord quelques gouttes de Noilly-Prat et une demi-cuillerée à café d'angostura. J'agite le tout, puis je vide. Je ne garde que la glace, qui porte la trace légère des deux parfums, et je verse alors le gin pur. C'est tout, mais il n'existe rien au-delà [1]. »

1. Voir Luis Buñuel, *Mon dernier soupir*, Paris, Laffont, 1982. (N.d.T.)

Cinéma

De tous les arts du XXe siècle, aucun plus que le cinématographe n'est apparu comme une nouveauté aussi représentative de son époque. Peinture, architecture, sculpture, musique : tous les arts descendent du passé, tous lui rendent tribut et le renouvellent. Seul le cinéma est à ce jour une exclusivité du XXe siècle. Ses dettes esthétiques et littéraires sont immenses. Mais la présence même de l'image filmée, la création qu'elle inspire et la mythologie qu'elle sécrète sont peut-être les traces les plus profondes de l'identité de notre temps.

J'ai toujours pensé que certains grands écrivains auraient pu vivre en d'autres temps sans rien perdre de leur actualité. À cet égard, Proust me semble le meilleur exemple. Situé au XVIIIe ou au XIXe siècle, le narrateur de Combray n'aurait pas été moins significatif. Et Laclos, cet homme du XVIIIe siècle, est un grand écrivain du XXe. En revanche, en l'absence de certains auteurs, nous ne pourrions comprendre « notre temps ». Certes, ils sont universels, et on continuera de les lire, mais ils portent leur temps comme un sceau indélébile. C'est le cas de Dickens et de Balzac pour le XIXe siècle. Et Kafka est un auteur indispensable du XXe. Nous ne comprendrions pas notre époque sans *Le Procès*, *La Métamorphose*, *Le Château*, *L'Amérique*.

Par sa nouveauté même, le cinéma est sujet à de constantes transformations qui font vieillir en peu de temps les nouveautés de la veille. Et Buñuel se plaignait de la dépendance technique du septième art. Les progrès sont si rapides qu'ils rendent bientôt obsolète le support de la majorité des films. Vaincre le temps de l'instantané avec des images pérennes est le défi du cinéaste, et, puisque nous évoquions Buñuel, les images d'*Un chien andalou* ou de *L'Âge d'or* restent bien vivantes même si les techniques se sont améliorées.

Je cite ces deux films du cinéma muet car, avec le parlant, s'ouvre un véritable abîme. Le cinématographe sans paroles a gagné des sommets de beauté et d'éloquence que l'ère sonore n'a jamais égalés. N'est-ce pas un constat qui plaide encore pour Montaigne : « *Tandis que tu as gardé silence, tu as paru quelque grande chose** » ? Une bonne part du cinéma comique – Chaplin, Keaton, Harold Lloyd, Laurel et Hardy – dépend de la pure visualité, indispensable aux gags. Le son l'a ruiné, altéré ou transformé. Il a ruiné Keaton et Lloyd. Il a porté préjudice au Gros et au Maigre, et il a transformé Chaplin, qui nous a donné deux chefs-d'œuvre du cinéma comique parlant : *Le Dictateur* et *Monsieur Verdoux*.

Mais la plastique narrative de *La Passion de Jeanne d'Arc* (Dreyer), du *Cuirassé Potemkine* (Eisenstein), de *La Boîte de Pandore* (Pabst), du *Vent* (Sjöström), du *Lys brisé* (Griffith), de *La Foule* (Vidor) et, finalement, de *L'Aurore* (Murnau), peut-être le plus beau film du cinéma muet, a été brutalement interrompue par la nouveauté (insipide) d'Al Jolson chantant *Mammy* et par toute une série de mélodrames théâtraux, statiques, qui n'eurent jamais pour vertu que leur bande-son. Les plus remarquables apports de Hollywood au « cinéma de genre » – westerns, films de gangsters, de dénonciation sociale, sans oublier la *screwball comedy* ou comédie folle, ni l'érotisme sublime des ballets ritualisés de Rogers et Astaire – ne peuvent se comparer à la véritable révolution technique, narrative et visuelle déclenchée par Orson Welles avec *Citizen Kane*. Ici, pour la première fois, le foyer des premiers et des seconds plans est aussi net, le son et l'image s'intègrent, le temps et l'espace entrent en scène, biographie et cinématographie se fondent.

Les expérimentations sonores de Rouben Mamoulian rendent à la caméra sa mobilité. Extravagance musicale, d'une liberté totale, chez Busby Berkeley. Usage impressionnant du cinéma documentaire chez Flaherty. Direction d'acteurs strictement adaptée au cinéma – non comme au théâtre – chez George Cukor. En revanche, la théâtralité délibérée des *Enfants du paradis*, de Marcel Carné, ainsi que la misère urbaine incarnée par Gabin, Arletty ou Michel Simon, signent l'acte de naissance de nombreux genres nouveaux. Et si la comédie parlée n'est jamais aussi éloquente que la muette (Cantinflas n'est pas Chaplin, Abbot et Costello ne sont pas Laurel et Hardy), on voit apparaître un dialogue purement cinématographique, dans l'alliance éblouissante de la parole et de l'action chez Lubitsch et Hawks, ou dans le jeu d'acteurs comme Cary Grant et James Cagney, Bette Davis et Barbara Stanwyck : les meilleurs.

Créer un style personnel à partir de la norme générique, malgré la contrainte des « stars » et les exigences commerciales des « studios », voilà ce qui assure un rang supérieur à une poignée de véritables créateurs d'art cinématographique.

L'espace d'un instant miraculeux, par la grâce de son *style,* Orson Welles est parvenu à concilier les possibilités du cinéma parlant, la biographie d'un homme et la dynamique d'une société dans laquelle tout avoir équivaut à tout perdre. *Citizen Kane* est peut-être le meilleur film du siècle. Mais il me semble indissociable d'un ensemble d'œuvres qui témoignent de la grandeur, de la servitude et de la dissipation de ce que l'on appelle *The American Dream*, « le rêve américain ». *Singing in the Rain* de Stanley Donen et Gene Kelly est sans doute la plus pure, la plus délicieuse incarnation à l'écran de l'optimisme nord-américain. Gene Kelly et l'adorable et combien désirable Cyd Charisse illustrent le néocartésianisme des États-Unis : « Je danse donc je suis. » Mais *Taxi Driver* de Martin Scorsese nous dévoile l'autre face : le cauchemar américain, la violence gratuite, désespérée car tout est là, devant soi, et ce tout ne signifie rien. Orson Welles ambitionnait; Gene Kelly célébrait; Robert De Niro mutile.

D'autres versions personnelles de la beauté cinématographique nous viennent de cultures moins sûres d'elles-mêmes que celle des États-Unis. Ainsi, Jean Renoir fut un condensé de l'esprit français : chez lui, l'ironie nous éclaire, nous sauve des illusions de la raison et des désillusions de la fatalité. Une intelligence sensible et attentive à tous les êtres nous éloigne d'un manichéisme trop facile. Ainsi, Pierre Fresnay et Erich von Stroheim se comprennent parce qu'ils sont égaux, tandis que Jean Gabin et Marcel Dalio s'entendent malgré tout ce qui les sépare.

La Grande Illusion dispute à *Citizen Kane* les lauriers du XXe siècle. (Certains plaideraient en faveur d'un autre film de Renoir, *La Règle du jeu.*) Mais ils ne sont pas très loin d'un certain nombre de cinéastes qui furent capables, au-delà de la grande imagination politique de Welles et de Renoir, de traduire en images une préoccupation spirituelle, un tempérament religieux sans une foi confessionnelle : Buñuel, catholique malgré lui, Bergman, protestant à son corps défendant, sans oublier Robert Bresson, janséniste de tout cœur. Et serait-ce médire d'Alfred Hitchcock que d'affirmer que la peur – son grand thème – est la meilleure dramatisation moderne de la Chute, de l'éloignement de Dieu ? Voilà le véritable suspense du réalisateur anglais. Où est Dieu ? Pourquoi nous a-t-il laissés aussi seuls dans un monde semé de pièges et d'embûches ? Quel frisson !

À titre d'exception, le cinéma a su être synonyme de haute poésie; ainsi dans *L'Atalante* de Jean Vigo ou *La Nuit du chasseur* de Laughton. Plus fréquemment, il a su marier le commentaire social à la narration dramatique. C'est notamment le grand apport italien de Rossellini, De Sica ou Visconti. Le septième art a également excellé dans la création de sombres atmosphères – le *cinéma noir** aux États-Unis – ou, au contraire, d'une luminosité diaphane : où trouver plus de lumière, intérieure et extérieure, que dans *Le Magicien d'Oz* ? Mais si les lois du genre n'ont pas manqué de peser sur de grands réalisateurs comme John Ford ou Kurosawa, deux Orientaux ont su rendre au cinéma la suprême liberté créative malgré tous les impératifs : le Japonais Kenji Mizoguchi, auteur d'un de mes films préférés, *Ugetsu Monogatari*, et l'Indien Satyajit Ray, avec sa trilogie.

Enfin, comment ne pas évoquer l'amour et la fascination pour les visages au cinéma ? Comme j'assistais avec Buñuel à la projection de la *Jeanne d'Arc* de Dreyer, l'Espagnol me confia son amour du *facies*, la figure cinématographique. Il n'existe qu'une Falconetti, c'est sûr et certain, et c'est pourquoi la Pucelle de Dreyer ne tourna qu'une seule fois.

Mais, répétées ou uniques – poussière amoureuse –, que seraient nos vies d'habitants du XXe siècle sans la beauté, le plaisir, la passion que nous ont donnés pour toujours Greta Garbo et Marlene Dietrich, Louise Brooks et Audrey Hepburn, Gene Tierney et Ava Gardner ?

Je suis également fasciné par les références au regard dans les dialogues mêmes. Deux exemples suffiront : Bogart à Bergman, dans *Casablanca* : « À la revoyure, poupée » ; et Gabin à Morgan, dans *Quai des brumes* : « T'as d'beaux yeux, tu sais ? »

Tel fut sans doute le plus grand miracle du cinéma : vaincre la mort. Le visage de Garbo dans la scène finale de *La Reine Christine*, celui de Louise Brooks et sa coiffure en aile de corbeau dans *Loulou*, celui de Marlene entre les gazes et les filtres baroques de *Shanghai Express* ou de *L'Impératrice rouge*, María Félix éveillée par une sérénade dans *Enamorada*, Dolores del Río voyant sa propre mort dans celle de Pedro Armendáriz *(Flor silvestre)*, Marilyn descendant les escaliers adamantins ou résistant aux vapeurs estivales de New York entre ses cuisses blanches et sa blanche jupe dans *Sept ans de réflexion*. Ces femmes sont l'ultime réalité absolue du cinéma : aucune d'elles n'a pris une ride, aucune n'est jamais morte, la salle obscure a triomphé de la vieillesse et de la mort.

Aucune théorie, aucun triomphe artistique ne surpasse cette simple réalité ou ne peut la remplacer. Car c'est la nôtre, celle de notre amour le plus intime, mais le mieux partagé, par la magie du cinéma.

Dieu

— Nietzsche a dit : « Dieu est mort. »

— Dieu a patienté et, un jour, dans un sanatorium de Weimar, il a murmuré : « Nietzsche est mort. »

— Était-elle humaine, trop humaine, la voix de Nietzsche ? Car il nous donne à entendre une grande contradiction. Si Dieu est mort, d'une certaine façon, c'est qu'il a vécu.

— Mais, quand donc a-t-il commencé à vivre ? Et qu'y eut-il d'abord, Dieu ou l'Univers ? L'œuf ou la poule ? Si nous admettons que l'Univers est infini, Dieu doit être plus infini que l'infini, ce qui est une absurdité.

— Alors, imagine-toi que Dieu et l'Univers coexistent depuis toujours.

— Voilà qui met la Raison en déroute, mais, tout bien considéré, qui contribue à la Foi. La Science et la Technologie se réconcilient. Dieu et l'Univers n'ont ni principe ni fin. En revanche, si nous acceptons la théorie du « big bang », l'explosion originelle se confond-elle avec le *fiat lux* divin ?

— Voudrais-tu dire par là que Dieu habitait l'Univers avant le « big bang » et que, un beau matin, pour se distraire, il a ordonné la grande explosion universelle, tout en sachant que ce monde finirait, non pas dans un autre éclatement, mais dans un dernier sanglot ? « *Not with a bang, but a whimper.* » Car Dieu, qui sait tout, connaissait aussi *La Terre vaine* de T. S. Eliot.

— Pardonne-moi, mais je doute beaucoup que Dieu lise de la littérature. Pour quoi faire ? Il sait tout d'avance.

— C'est l'objet de notre dispute. Soyons plus méthodiques. Supposons que l'obscurité précède la Divinité. Convenons – comme le dit la Bible – que la lumière jaillisse de Dieu quand il apparaît. Mais, qu'y avait-il avant ? Quelle est cette obscurité antérieure au logos divin ? Est-elle seulement imaginable ?

— Je te répondrais volontiers que, si nous acceptons l'existence de Dieu, nous devons admettre qu'il ait soumis le Néant.

— Mais si Lui-même était Tout, pouvait-il y avoir un Rien ? Dieu et le Néant coexistaient-ils, comme d'absurdes jumeaux, ou plutôt ne confondons-nous pas le Néant avec l'absence du monde et de l'homme ?

— Tu t'approches dangereusement d'un argument qui nous laisse sans arguments : Dieu est la créature de l'homme, et non l'inverse. Mais si Dieu n'existe que par le désir, la pensée ou l'imagination de l'homme, alors il n'a pas d'existence propre.

— Bien qu'il puisse mener la meilleure des existences comme produit du désir et de l'imagination des humains.

— Ce n'est pas de cela que nous discutons pour l'instant. Nous essayons d'imaginer un Dieu solitaire qui, pour une raison que nous ignorons, décide de créer un être à son image et à sa ressemblance : l'Homme.

— Mais pourquoi ? Si Dieu est Dieu, il n'a besoin ni du monde ni de l'homme. Il existe en soi. Il se suffit à lui-même. Pourquoi créer ce qui n'est pas nécessaire ? Voilà le hic.

— Peut-être Dieu a-t-il créé le monde parce qu'il se sentait seul, parce qu'il a éprouvé un jour l'horreur du vide.

— Alors nous serions les créatures d'un Dieu baroque qui réagit, comme Góngora ou Le Bernin, devant l'*horror vacui* ?

— Je te propose une autre image : un Dieu passant l'Éternité à se demander ce qui serait arrivé s'il n'avait pas créé le monde.

— On peut aussi imaginer un Dieu traversant l'Éternité sans se soucier le moins du monde de nous faire la grâce de nous créer, en introduisant au passage un intrus dans sa création.

— Le fait est qu'il y eut un *fiat lux* divin, et que le Monde et l'Homme furent créés. Nous pouvons nous demander si Dieu nous a façonnés, mais nous ne pouvons douter de notre existence, de notre vie, de notre essence et de notre mort. La question serait plutôt de savoir si notre existence est en relation avec Dieu, si nous sommes ou non ses créatures et, dans l'affirmative, quelle place nous occupons dans le plan de la création.

— Bon : à l'origine, la Bible nous présente Dieu comme un pur organisateur. D'un côté, la mer et ses petits poissons, de l'autre la terre, mais sans café ni cacao, sans tomates ni maïs ni patates [1]. Les animaux

1. En dehors du café, l'auteur présente ici les principales cultures originaires de l'Amérique précolombienne. Il leur ajoute plus loin l'oiseau mythique, sacré, des Indiens : le quetzal. (N.d.T.)

sont à leur place et, comme nous le montre l'histoire de Noé, ils vivent en couples. Mais il n'y a pas encore de buffles, pas d'iguanes ni de quetzals. Très bien. Dieu est comme le gérant d'un grand jardin zoologique américain. Manager du plus grand aquarium précolombien. Protecteur d'Éole, empereur des tempêtes, souverain de la révolution des astres.

— Mais sans Ehécatl, le dieu aztèque du vent, l'Éole du Nouveau Monde...

— Attends. Nous y viendrons. Laisse-moi poursuivre, tu me coupes tout le temps.

— Je suis comme le Diable ?

— Non, mon ami. Tout juste l'avocat du Diable. Je continue.

— Allons-y.

— La donnée essentielle de la création humaine est que Dieu nous a faits à son image et à sa ressemblance. Et la pomme de discorde apparaît aussitôt, comme le nez sur la figure. S'il nous a créés sur son propre modèle et s'il savait tout d'avance, pourquoi nous avoir façonnés à l'image et à la ressemblance du Mal ? Pourquoi a-t-il inclus dans notre image celle du Diable ? Est-ce que l'image de Dieu, depuis toujours, contenait celle du Démon ?

— Moi, je crois qu'Adam s'en est douté dès le début. Milton a eu une profonde intuition dans son *Paradis perdu*. Il nous montre Adam trépignant de rage contre la Création et interpellant Dieu : Pourquoi m'as-tu créé ? Pourquoi ne pas me laisser dans cette glaise ? Pourquoi m'as-tu fait « homme » ?

— À l'inverse, tu peux imaginer une autre tentation, celle de Dieu dans le jardin d'Éden. La tentation de vivre éternellement aux côtés d'Adam et Ève, comme un papa gâteau, dorloté par ses petits. Imagine ensuite ceux-ci, plus sages que Dieu, péchant et s'expulsant eux-mêmes du Paradis, rien que pour en chasser Dieu. Dans le giron du Créateur pour les siècles des siècles, Adam et Ève auraient-ils été des êtres humains ? Ils n'auraient eu ni relations sexuelles ni descendance. Ils auraient frustré le dessein de Dieu. L'Immortel ne peut vivre entouré d'autres Immortels. Il est Unique. Dieu s'est trompé lui-même en inventant le Paradis ; Adam et Ève lui ont fait l'insigne faveur de le détromper. « Est-ce que je t'ai demandé, à toi le Faiseur, de faire de moi un Homme ? T'ai-je sollicité, pour que tu m'arraches à l'obscurité ? » Adam devine combien la tâche de l'homme sera rude ; c'est pourquoi, selon Milton, il préférerait l'obscurité de la glaise.

— N'empêche que cette promotion à la lumière est une des plus belles définitions de la Création, de toute création. Mais la lumière n'existe que par contraste avec le noir. Penses-tu que Dieu s'est repenti de la Création, parce qu'il ne pouvait supporter l'immortalité d'Adam ?

— Voudrais-tu insinuer que Dieu est coresponsable des horreurs commises par les hommes ?

— Je veux dire que le Bien parfait ne dure qu'une seconde, tandis que le Mal occupe à jamais l'espace de « l'Éden subverti [1] ».

— Laisse-moi faire un distinguo. Le Mal sait qu'il est le Mal, mais il connaît le Bien et c'est là son avantage. Car le Bien parfait, absolu, total, ne connaît pas le Mal ; il peut donc en être victime.

— Dieu, après la Chute, s'est converti lui-même en arbitre de ces questions. Un arbitre de boxe.

---

1. Citation du poète moderniste mexicain Ramón López Velarde (1888-1921). (N.d.T.)

— Non, il a donné finalement ce pouvoir à l'Église. Mais nous en parlerons plus tard, avec Jésus en personne. Pour l'instant, je veux simplement suggérer que, si le monde naît de l'essence divine, le Mal est inconcevable. Si le Mal naît du Bien, nous tombons dans l'absurde. Il convenait donc : primo, d'imputer aux créatures de Dieu, Adam et Ève, un Mal qui n'aurait jamais pu effleurer l'esprit de Dieu dans le plan de la Création ; secundo, de nous rappeler que le Diable fait également partie de l'Éternité ; tertio, de nous consoler en démontrant que la liberté humaine est un don de Dieu, comme le prouve la conduite d'Adam et Ève, preuve de l'infinie bonté divine.

— Voudrais-tu dire que Dieu est capable de supporter le Mal et que le Mal est un acte libre, le fruit de la liberté ?

— Non, mais peut-être Dieu a-t-il négocié avec le Diable en espérant que la victoire finale de la liberté *pour le bien* lui rendrait les atouts prêtés au Démon pour expliquer l'existence du Mal... Peut-être la liberté *pour le Mal* est-elle un compromis entre le Diable et le bon Dieu.

— Mais alors Dieu, sans le vouloir, s'est fait le complice du Mal. Car, je te le répète, le Mal peut aussi concevoir le Bien. Tandis que celui-ci ne peut rien concevoir hors de lui-même, surtout pas ce qui le nie. C'est là sa force et sa faiblesse.

— Et moi je te dirai que Dieu, bien sûr, connaît le Bien et le Mal, mais qu'il les connaît comme un ensemble. C'est dans l'homme que Bien et Mal se séparent. Et nous n'avons ni la force ni le droit de les réunir, car ce faisant nous serions Dieu, et le Créateur ne le tolérerait plus.

— « Plus », disais-tu. Ton adverbe insinue-t-il

qu'après la Chute le pouvoir de percevoir le Bien et le Mal comme unité a été enlevé à l'homme par Dieu, qui voulait se le réserver à lui seul ?

— Non, ce n'est pas Dieu qui intervient à ce niveau-là, c'est l'Histoire.

— Qui commence dans le jardin, avec Adam et Ève.

— Non. L'Histoire, je crois que c'est Caïn qui la fonde. Abel est une promesse du paradis retrouvé, pour continuer avec Milton. Caïn est le second père – et non Abel –, et son patriarcat se fonde dans le crime. Si Dieu, *malgré** Nietzsche, n'est pas mort, c'est parce que le meurtre de Caïn nous rend insupportable le fait de vivre l'Histoire comme crime, comme fratricide, comme iniquité. Et nous tournons les yeux vers Dieu pour qu'il rachète, non pas le péché – inexistant – d'Adam et Ève, donneurs de vie et de plaisir, mais le crime fratricide de Caïn : la guerre civile.

— Caïn serait donc la réapparition du Diable, non plus dans la Création, mais dans l'Histoire ?

— Je n'en suis pas sûr. Peut-être le Monde, à partir de la Chute, n'est-il plus de la responsabilité de Dieu. Il devient le jardin vénéneux d'un Démon qui est le spectateur hilare de la souffrance humaine. Le monde devient le théâtre du Diable déguisé en Dieu, un Dieu *privatif* (comme l'alpha), qui prive donc, qui dépouille.

— Ce Dieu *particulier* est le Diable ?

— Oui, à condition que Dieu, secrètement, dans son for intérieur, se sente satisfait, *smug*, dirait-on en anglais. Mais pourquoi Dieu, au lieu de détruire un monde qui l'a trahi en tous points, décide-t-il de lui donner une seconde chance ? C'est l'histoire de Noé, sauvé du Déluge.

— Il le fait, me semble-t-il, parce que sans l'homme

Dieu mourrait. Je ne dis pas avec l'homme, comprends-moi bien, mais sans lui.

— Si le monde prend fin, Dieu devient impossible ?

— Pour lui-même, peut-être pas. Mais à coup sûr pour les êtres humains. Voilà pourquoi, avant de tuer Dieu, il faudra que les hommes se soient tués eux-mêmes.

— Alors Dieu serait la grande invention humaine, car elle nous délivre de la seconde : l'Histoire.

— Ne pourrait-il se faire, à la place, que Dieu s'accommode au fait que l'homme se livre au Mal parce qu'il est à l'image et à la ressemblance de Dieu, et que celui-ci est à la fois Bien et Mal ?

— C'est une idée qui mettrait à l'épreuve les limites de la Foi et qui finirait par donner raison à Origène : la grâce de Dieu est si grande qu'elle pardonnera, au bout du compte, le Démon lui-même. Car si Dieu ne peut pardonner à Lucifer, c'est un Dieu mutilé, hypocrite.

— Origène a fini par se châtrer pour témoigner de sa foi, sans se douter que la persécution de Dèce le libérerait de la vie.

— Origène met à l'épreuve les limites de la Foi. Mais la Foi ne peut être qu'illimitée, puisqu'elle consiste à croire dans l'incroyable. « C'est certain parce que c'est absurde », dira Tertullien.

— Dieu estime-t-il aussi que croire en lui est une absurdité ?

— Je ne répondrai pas car je donnerais raison à Tertullien. Dieu est Dieu parce qu'il ne se laisse jamais voir. C'est pourquoi il exige la Foi.

— Même s'il parle par la bouche des enfants, des saints et des fous.

— C'est probable. Mais un Dieu visible, quotidien, assis tous les jours à la même table au café du Commerce, ne serait pas Dieu.

— Ce serait Jésus.

— Mais c'est une autre histoire.

— Voir à la lettre « J ».

— Mais dis-moi une chose : lequel des deux est supérieur, celui qui croit ou celui qui le voudrait ?

— Je crois que le doute n'affaiblit pas Dieu, mais qu'il nous fortifie. Certains théologiens comme Hans Kung pensent que le monde moderne et ses supporters sont responsables de la perte de la foi. Pour beaucoup, croire en Dieu est devenu anachronique. Comme de croire, avant Copernic, que le Soleil tournait autour de la Terre.

— Est-ce que douter nous fortifie comme individus ou comme croyants ?

— Dans ton roman *La Campagne d'Amérique*, tu mets ces propos sur les lèvres du curé guérillero, le père Anselmo Quintana : « Lui, on ne le trompe pas, on ne Lui raconte pas des histoires, Dieu est l'être suprême qui sait tout, y compris ce que nous imaginons à Son égard, Il nous devance toujours et, d'abord, en nous imaginant nous-mêmes ; et si nous croyons qu'il dépend de nous de croire ou non en Lui, Il est encore en avance car Il sait la façon de nous dire qu'Il continuera de croire en nous, quoi qu'il arrive, quand bien même nous irions jusqu'à l'abandonner, le renier... Moi, Jésus m'a dit : Anselmo, mon fils, ne sois pas un chrétien commode, fais-lui une vie d'enfer à l'Église, car elle adore les catholiques bien tranquilles. Moi, en revanche, j'adore les chrétiens enragés comme toi ; tu ne gagnerais rien en étant un bonhomme sans problèmes, un simple croyant, un homme de foi qui jamais ne se doute que la foi est absurde et que c'est pourquoi elle est foi, et non raison... S'il te plaît, sois toujours un problème... Ne les laisse pas entrer dans ton âme sans payer les droits de douane spirituelle : ne laisse passer aucun gouvernant, aucun État séculier, aucune philosophie, aucun pouvoir militaire ou économique, garde bien tes complications, tes embrouilles, tes réserves, ta maudite imagination... »

— Cela, c'est un appel à la foi comme liberté et comme responsabilité. Comment la concilier avec ce triomphe de l'Homme proclamé par Büchner dans *La Mort de Danton* : « Jamais plus on ne pourra accuser Dieu, car Dieu n'existe pas. La liberté rebelle a occupé tout l'espace du monde » ?

— Il faudrait se demander ce que nous avons fait de notre liberté rebelle...

— Nous avons créé la science, pénétré les secrets de la matière, amélioré les conditions de vie de millions d'êtres, éradiqué des maladies qui ravageaient l'humanité, prolongé la durée de l'existence, éclairé les consciences.

— Et nous avons torturé, massacré des millions d'êtres humains, dans des guerres innombrables pour la suprématie politique ou économique, guidés par l'irrationnel et par la haine, le préjugé, le cynisme du militarisme industriel, l'ambition des grandes puissances face à la misère des impuissants. N'avons-nous pas le droit de crier : « Dieu, qu'avons-nous fait de notre liberté rebelle ? »

— Il te sera répondu par l'effroyable silence de l'incommensurable vide sidéral. Alors, tu te résignes ?

— Non. Je préfère continuer à douter, à m'interroger, à dialoguer avec toi, avec moi, avec nous trois...

— Toujours trois, comme dit le poème de José Gorostiza, *Mort sans fin*. « Toi et moi, assiégés dans notre épiderme, tout remplis de nous-mêmes [1]... » Qui est le troisième : le semblable ? Dieu ? L'autre ?

— Supposons que c'est Dieu. Et recommençons à douter, à chercher. Dieu est-il coresponsable des erreurs humaines ? A-t-il besoin de l'échec des hommes comme preuve de son pouvoir ? A-t-il besoin de notre échec pour se prouver (s'éprouver) ? Est-il coresponsable des horreurs qui sont le fruit de notre liberté, au même titre que la gloire que nous a consentie cette même liberté ? Dieu sait-il ou non par avance comment se termine la partie ? Est-il le grand *croupier** – *The Great Nobodaddy up Above* de William Blake – qui sait où va s'arrêter la roulette ?

— Oui, imaginons que Dieu connaisse le futur. Mais sait-il ce qu'il pensera lui-même à l'avenir ?

— Veux-tu dire que notre liberté peut affecter l'image que Dieu se fait de lui-même, et la façon dont il agira ?

— Je te répondrai par une autre question. Peut-on aimer Dieu sans le connaître ? Oui, nous disent le mystique et le saint. Peut-on connaître Dieu sans l'aimer ? Oui, nous répond l'artiste. Prenons l'exemple de saint Jean de la Croix. Le verbe de Dieu est inconnu. Le verbe de l'homme est connu. Créer Dieu avec des mots est le grand honneur de l'humanité. Nous ne saurons jamais quand, où et pourquoi Dieu créa l'homme. En revanche, nous savons bien que Jean de la Croix créa Dieu : « Oh flamme de l'amour vive / toi qui tendrement blesses / mon âme au plus profond. » Il créa également le monde sans Dieu : « En moi déjà plus

1. Cf. l'incipit de *Mort sans fin* de Gorostiza *(op. cit.)* : « Rempli de moi, assiégé dans mon épiderme / par un dieu insaisissable qui m'étouffe »... (N.d.T.)

ne vis / et sans Dieu vivre ne puis / car si je reste sans Lui ni moi / que sera donc ce vivre-là ? » Anselme et Thomas d'Aquin n'ont pas apporté de meilleure preuve de l'existence de Dieu.

— Crois-tu que Dieu l'aura constaté ? Moi, j'ai l'impression que Dieu n'aime pas la littérature, car celle-ci lui ravit le Ciel comme l'Enfer. C'est pourquoi Dieu n'écrit jamais. Il en confie le soin à ses « nègres », ses *ghost writers*. Dieu n'écrit pas : il dit. C'est un orateur, un proférateur.

— Alors, nous devons écouter les voix qui parlent pour Dieu...

— Par exemple ?

— Jean de la Croix, à nouveau : « Je vis sans vivre en moi / et de telle façon j'espère / que je meurs de ne pas mourir. »

— C'est beau, mais funèbre. Tu n'as rien de plus vivant ?

— Simone Weil : Dieu n'a créé que l'amour et les moyens d'aimer. Partant, Dieu existe car mon amour – dit la femme – n'est pas illusoire. C'est pourquoi Simone Weil se sentait maîtresse de son libre arbitre en croyant en Dieu. C'est de sa liberté que dépend son acceptation ou son rejet de Dieu.

— Répétons la phrase de Pascal : « Tu ne me chercherais pas si tu ne m'avais déjà trouvé... »

— Oui, mais il débouche sur un *Console-toi**, et l'idée de consolation me révolte.

— Ne disais-tu pas croire en la foi rebelle, la foi inconsolable ?

— La gloire de Dieu est la créature humaine. Acceptons-le, mais que le fait d'y croire ne nous vaille ni châtiment ni récompense... Que cela nous identifie, tout simplement.

— Reconnais que nous vivons sur une terre blessée.

— Seule l'action des hommes, un jour, fermera ces blessures.

— Tu veux dire que la création est inachevée.

— Oui. Et c'est l'interstice par lequel, inévitablement, Dieu se glisse dans le monde. Si Dieu nous a faits à son image et à sa ressemblance, peut-il contenir le mal de notre condition ? Je réponds que oui. Nous sommes aussi le reflet de la part mauvaise – ou inaccomplie – de Dieu. Nous œuvrons pour *compléter* Dieu.

— Pour compléter Dieu ? Je sens que tu te rapproches de la foi au sens où ne pas croire en Dieu – puisque nous œuvrons pour le compléter – diminuerait notre propre possibilité humaine. Ne pas croire en Dieu reviendrait à fermer notre horizon. Serait-ce lâche de ne pas croire ?

— Suppose que Dieu soit à la fois sujet et objet. Sa vitalité est subjective. Mais objectivement, pour toi et pour moi, il n'est et ne peut être que le miroir de l'âme. Une œuvre, donc, humaine.

— Tu ne crois pas en la vie éternelle ?

— Si elle existe, nous recevrons en y entrant un ordre du jour inconnu jusqu'ici. Nous ne connaissons pas l'agenda du firmament.

— De nouvelles instructions ?

— En effet. S'il est une vie éternelle, laissons Dieu s'occuper des détails.

— Aujourd'hui, nous brûlons les cadavres. Comment pouvons-nous croire en la résurrection de la chair ?

— Pense, mon ami, à l'équivalence du corps plutôt qu'à sa résurrection. Pense au renouveau de l'âme plutôt qu'à sa survie.

— Conclusion : tu crois en Dieu ?
— Conclusion : croit-il en moi ?
— Écoute, je m'en tiendrai au pari de Pascal. Je crois en Dieu car, s'il existe, je sors gagnant ; s'il n'existe pas, je n'ai rien à y perdre.

Éducation

L'éducation est devenue la base de la productivité. Le XXIe siècle s'ouvre sur une évidence : la croissance économique dépend de la qualité de l'information, et celle-ci de la qualité de l'éducation. Le lieu de prédilection de la modernité économique est occupé par les créateurs et producteurs d'information, plus encore que de produits matériels. Cinéma, télévision, cassettes, CD-ROM : les industries de télécommunication et d'équipements informatiques sont aujourd'hui au centre de l'économie globalisée. Les riches d'autrefois produisaient de l'acier (Carnegie, Krupp, Manchester). Les riches de nos jours produisent des équipements électroniques (Bill Gates, Sony, Silicon Valley). Un coup d'œil sur les chiffres nous le confirme aussitôt. L'abîme de pauvreté dans les pays dits du « tiers-monde » se traduit en niveaux décroissants d'éducation. Il y a dans le monde 900 millions d'adultes illettrés, 130 millions d'enfants sans école et 100 millions d'enfants qui abandonnent leurs études au cours des premières années. Les nations du Sud comptent 60 % de la population scolaire à l'échelle mondiale, mais en disposant à peine de 12 % du budget global. Au

Mexique, la scolarité moyenne est de six ans et demi. En Argentine, elle est de neuf ans, contre douze ans au Canada. Seuls 28 % des jeunes entre seize et dix-huit ans reçoivent une instruction secondaire et préparatoire au Mexique, et 14 % d'étudiants entre dix-neuf et vingt-quatre ans accèdent à l'université. Enfin, on compte seulement 2 % de maîtrises et 0,1 % de doctorats. Le tiers-monde représente à peine 6 % des scientifiques, dont 1 % de Latino-Américains ; 95 % des savants appartiennent au premier monde.

Le droit à l'éducation, selon Nadine Gordimer, est un droit de l'homme aussi fondamental que le droit à l'air ou à l'eau. Le monde dépense chaque année huit cents milliards de dollars en armement, mais ne parvient pas à trouver les six milliards nécessaires pour donner enfin une école à tous les enfants de la planète en 2010. « Il suffirait d'un pour cent de baisse des dépenses militaires pour asseoir tous les enfants devant un tableau » (estimation de l'UNESCO et de la Banque mondiale). Un avion de chasse dans un pays latino-américain coûte autant que 80 millions de manuels scolaires.

Le fondement de l'inégalité en Amérique latine est l'exclusion du système éducatif. La stabilité politique, les avancées démocratiques et le bien-être économique ne pourront être soutenus si la population n'accède pas davantage à l'éducation. Peut-on parler de développement quand une personne sur deux qui commence l'enseignement primaire parvient à le terminer ? Peut-il y avoir développement quand le salaire annuel d'un maître d'école dans notre sous-continent est de 4 000 dollars, alors que son collègue allemand ou japonais en gagne 50 000 ?

Quelques solutions. Renforcer la continuité de

l'enseignement, combler une lacune dramatique entre l'enseignement primaire et l'apprentissage de la technologie et de l'informatique. Accroître les effectifs du corps enseignant. On ne peut exiger des instituteurs chaque fois plus de travail et de responsabilité, en rognant leurs salaires et en leur refusant des instruments de travail plus adaptés. L'avenir de l'Amérique latine s'éclaire chaque fois qu'un maître reçoit une meilleure formation, améliore son statut et jouit d'une meilleure place dans la société. De surcroît, dans le processus plus rapide mais toujours difficile de démocratisation dans nos pays, l'enseignant n'a pas seulement le droit de tout citoyen de prendre part à la vie politique ; il est encore tenu d'élargir dans sa classe le concept de politisation, bien au-delà du militantisme des partis, en passant du concept de pouvoir *sur* les gens à celui du pouvoir *avec* les gens. Aujourd'hui, l'élargissement de la démocratie à l'école consiste à étudier ce qu'est le pouvoir, comment il se distribue entre des individus, des groupes et des communautés. Mais aussi : comment se répartissent les ressources de pays riches, peuplés de millions de pauvres. Et encore : comprendre que l'action citoyenne ne se limite pas aux partis politiques, qu'elle peut s'exercer en profondeur à travers la classe sociale, la lutte des femmes, le comité de quartier, l'appartenance à une ethnie ou une association.

Le capitalisme a triomphé du féodalisme parce qu'il a multiplié les chances d'accéder à la citoyenneté, à commencer par l'éducation. Les capitalistes latino-américains doivent contribuer à la création de banques nationales pour l'éducation, avec des fonds et une administration mixtes, réunissant les entreprises, l'État et la société civile ; investir dans la formation, en consentant des prêts, en multipliant donations et bourses, aussi bien dans les écoles rurales et artisanales que dans les instituts de haute technologie. Et, bien sûr, à l'université.

Je crois dans l'université. L'université ne sépare pas, elle unit. Elle connaît et reconnaît, au lieu d'ignorer ou d'oublier. En elle se donnent rendez-vous ce qui a survécu, ce qui est vivant et ce qui, dans la culture, est encore à naître. Mais, pour que vive la culture, il faut un espace critique où l'on s'efforce de comprendre l'autre, non de le vaincre – et moins encore de le supprimer : université et totalitarisme sont incompatibles. Pour que vive la culture, nous avons besoin d'espaces universitaires où priment la réflexion, la recherche et la critique, ces remparts contre l'intolérance, la mystification, la violence.

À l'université, nous avons tous raison, mais nul n'a raison par la force et nul n'a la force d'une raison seule et unique.

Enfin, à l'université nous apprenons que notre pensée et notre action peuvent fraterniser. Sciences et humanités. Logique univoque et poétique plurivoque. Ces deux arbres ne peuvent-ils fleurir ensemble dans l'enceinte des facultés ?

Cependant, l'université n'est qu'un stade – le plus élevé, certes – d'un processus éducatif qui commence à l'école primaire et ne se termine jamais : c'est l'éducation permanente. Je le répète : il n'est pas de progrès sans connaissance, ni de connaissance sans éducation. C'est pourquoi celle-ci est une priorité de toutes les nations du monde, qu'elles soient développées ou en voie de développement.

N'oublions pas que la culture précède la nation et ses institutions. Si rudimentaire soit-elle, la culture est antérieure aux formes d'organisation sociale, en même temps qu'elle les requiert. Depuis l'aube de l'histoire, diverses formes de coopération et de division du travail ont accompagné le développement des techniques, la diffusion des connaissances et les conflits nés des frictions entre langues, coutumes et territoires, entre la générosité maternelle, qui embrasse également tous ses enfants, et la nécessité paternelle qui les sépare, désigne des aînés, divise la terre, lègue les biens, institue des pouvoirs et instaure le devoir de défendre, de préserver, d'accroître le patrimoine et d'éloigner l'autre, le démon, la catastrophe naturelle, le dieu hostile et la mort, considérée comme crime originel, meurtre divin.

Tout au long de ce processus naissent et s'élaborent des façons d'être, de manger, de marcher, de s'asseoir, d'aimer, de communiquer, de s'habiller, de chanter et de danser. Des façons de rêver, aussi. Tout cela conforme jour après jour une culture, en créant ce que José Ortega y Gasset appelait une constellation de questions auxquelles nous répondons par une constellation de réponses. Tel est le processus de la culture : un ensemble de questions et de réponses. Et le philosophe espagnol ajoutait : comme de nombreuses réponses sont possibles, il s'ensuit que de nombreuses cultures existent et ont existé. Ce qui n'a jamais existé, en revanche, c'est une culture absolue, qui offre une réponse satisfaisante à toutes les questions. C'est pourquoi la culture et l'université, autour d'un même axe, aspirent à la fois à ancrer leurs racines et à prendre leur envol, à s'appuyer sur le terroir et à gravir le firmament universel.

Commençons donc par nous enraciner dans notre sol, mexicain et latino-américain.

Et soyons francs : notre remarquable continuité culturelle n'a jamais coïncidé pleinement avec une continuité politique et économique comparable.

Une nation, nous rappelle Isaiah Berlin, se construit à partir de ses blessures. Blessée par le monde et par elle-même – Conquête, colonisation, révolutions, impérialisme –, l'Amérique latine, malgré ses vicissitudes, est parvenue à créer des nations qui, pour l'essentiel, maintiennent les frontières des guerres d'indépendance, voire de l'administration coloniale : nous ne sommes pas les Balkans. Ne perdons ni notre identité nationale ni notre fraternité latino-américaine, en partageant une position internationale généreuse, sans chauvinisme ni xénophobie.

Dans ce but, il faut consolider l'identification de la nation avec la culture. La nation est forte si elle s'incarne dans sa culture; elle est faible si elle arbore simplement une idéologie. Ma question est la suivante : l'éducation peut-elle servir de pont entre la richesse culturelle et les besoins politiques et économiques de l'Amérique latine ? Entendons-nous bien : il ne s'agit pas de présenter l'éducation comme la potion magique, à la manière de la religion à l'époque coloniale (« Résignez-vous »), des constitutions au lendemain de l'indépendance (« Légiférez »), des États dans la première moitié du XXe siècle (« Nationalisez »), ou de l'entreprise dans la seconde moitié (« Privatisez »). Il s'agit plutôt d'assurer une place et des fonctions précises au processus éducatif dans le secteur public comme dans le privé, sans diaboliser personne, mais en les subordonnant tous deux aux nécessités globales exprimées par le troisième secteur : la société civile.

La sagesse classique nous enseigne que la véritable unité naît de la diversité. Et l'expérience contemporaine nous montre que le respect des différences fortifie un pays, tandis que leur négation l'affaiblit. Enfin, la mémoire historique nous confirme que le croisement des races et des cultures est à l'origine des grandes nations modernes. Il ne peut y avoir d'éducation latino-américaine sans le souci de nos particularités nationales et régionales. C'est de notre diversité respectée que naîtra une respectable unité.

L'éducation doit s'appuyer sur un projet public. Autrement, l'explosion de la demande peut conduire à une sorte de sous-marché, de médiocre qualité pour les populations, mais très rentable pour les fournisseurs. Il faut donc défendre l'enseignement public. Mais un tel projet nécessite le concours du secteur privé. Répétons-le : une meilleure production est indissociable d'une meilleure formation, condition indispensable à l'élévation du niveau de vie.

Mais cela nécessite encore, je m'empresse de l'ajouter, l'appui du troisième secteur, qui compte une bonne part du capital humain. Alors que tant de bureaucraties sont aveugles, c'est la société civile qui comprend la déshérence des villages abandonnés, la situation de la femme qui travaille et qui est mère de famille, ou celle des oubliés de Buñuel dans les zones urbaines : les bidonvilles, les *favelas*, les villes perdues...

À mon sens, l'éducation doit être un projet public épaulé par le secteur privé et dynamisé par le secteur social. Sa base est l'enseignement primaire : aucun garçon, aucune fille de moins de seize ans ne peut être privé(e) de pupitre. Et l'éducation, de nos jours, est un processus à vie : aucun citoyen ne doit jamais cesser d'apprendre. Bien sûr, cette formation doit apporter des connaissances adaptées au monde du travail. Une formation artisanale pour les besoins du village, du quartier, de la région isolée. Une éducation à la santé. Une éducation à l'épargne. Une éducation, enfin, à la démocratie dans la nouvelle latinité américaine. Nous devons encourager l'initiative citoyenne, l'activité municipale, les solutions locales aux problèmes locaux, dans le cadre légal de la séparation des pouvoirs, avec des élections transparentes et des autorités sous tutelle.

Nul ne perd son savoir en le partageant.

Les cultures s'étiolent dans l'isolement, fleurissent dans la rencontre.

De par son nom, l'université est appelée à intercéder entre les cultures, en défiant les préjugés, en reculant nos limites, en augmentant notre capacité à donner comme à recevoir, et notre intelligence pour comprendre ce qui nous est étranger.

À l'université, nous pouvons embrasser la culture de l'*Autre*, afin que les *Autres* puissent embrasser la nôtre.

Enfants

J'ai assisté à la naissance de mes trois enfants. Ma première fille, Cecilia, est née à Mexico en 1962. Sa mère était ma première compagne, Rita Macedo, une très belle actrice au profil métissé, brune, aux grands yeux en amande et aux pommettes saillantes. Elle venait de commencer à tourner *L'Ange exterminateur* de Buñuel quand les médecins lui ont fait valoir la nécessité de prendre du repos : elle était enceinte et l'accouchement s'annonçait difficile. De fait, Rita apparaît dans la dernière scène du film, quand les évadés se réunissent dans une église pour rendre grâces et découvrent à nouveau qu'ils ne peuvent sortir... Comme cela n'est pas rare au cinéma, la dernière scène a été tournée la première.

Mais l'accouchement ne fut pas difficile. En revanche, il eut un caractère unique et miraculeux. Chaque père entoure la naissance d'un enfant de qualités merveilleuses, incomparables et, finalement, incompréhensibles pour autrui. Pour moi, la naissance de Cecilia fut un fait musical. J'ai pu entendre (ou me rappeler) des paroles, des images, des fleurs ou des fruits, des oiseaux, des animaux, des fleuves ou des océans; mais je n'écoutais que de la musique. Je ne l'explique pas; je témoigne, tout simplement. Quand Cecilia est apparue, quand elle a crié pour la première fois, j'ai su que c'était une dictée de la nature, à la fois la plus neuve et la plus ancienne. Entendre la voix d'un être qui naît, c'est entendre l'écho de l'origine de toute chose. C'est aussi entendre un chant passionné. À travers son cri, la nature de l'enfant qui naît jette un pont vers la société, la culture, l'amour. Le miracle de la naissance n'est pas autre chose.

En embrassant Cecilia pour la première fois, j'ai senti que mon corps et le sien s'exprimaient librement. Père et fille, différents, mais encore maîtres, par la grâce d'un instant, d'une sexualité libre où le désir et le plaisir de la relation amoureuse-filiale se confondent.

« La Petite Fontaine [1] », « la Petite Grosse », « l'Ex-Petite Grosse », l'appelait Buñuel, à mesure que Cecilia grandissait et que le cinéaste perdait sa cruelle habitude de faire mine de lui arracher la tête, bien ronde, pour jouer au football. Elle grandit dans les tensions, un sentiment d'abandon, avec un regard aigu, critique, réaliste, et aujourd'hui, alors qu'elle approche de la quarantaine, elle cultive toujours plus une tendre vigueur, un refus de toute complaisance envers elle-même comme envers les autres. Moi, elle me dispense de sa rigueur, non de sa tendresse.

Mais à voir passer la vie de ma fille, je m'arrête pour toujours à cet instant de sa venue, quand j'ai entendu une musique où se fondaient la nécessité et le désir. Une voix qui secourt, une voix de joie et de tristesse mêlées, qui disparaît ensuite car le chant et la parole

1. Jeu de mots sur le patronyme Fuentes (« les fontaines »). (N.d.T.)

sont choses bien distinctes. La vie quotidienne ne le permet plus ; c'est un privilège de la naissance que d'arriver en chantant. C'est pourquoi je l'ai appelée Cecilia, sainte patronne de la musique, condamnée à mourir suffoquée dans son bain, décapitée à la troisième tentative par un soldat romain qui la laissa agoniser trois jours. Nous donnons tous des noms pour exorciser.

En 1972, j'ai épousé en secondes noces Silvia Lemus, et ma seconde fille, Natasha, est née à Washington en 1974. Ce fut une fillette joyeuse, bondissante, pleine d'humour et d'imagination. La grande illusion d'un père est d'imaginer sa fille comme une éternelle source de tendresse et entrant toujours au salon en faisant des cabrioles. Mais les photographies s'effacent, la peluche s'use, les soies jaunissent. La Première Communion ne dure pas toujours.

« Melania, dit un jour Natasha à une petite copine, alors qu'elles avaient quatre ans et passaient en courant dans ma bibliothèque, je te présente mon papa. Il a bien cent ans. » Nous vieillissons à des rythmes très relatifs. Des conflits s'installent, entre rupture et réconciliation. Quand triomphe la séparation, il ne doit y avoir innocents ni coupables, mais un interminable effort pour équilibrer les comptes, trouver un juste milieu en soi-même, avec nos parents, avec nos enfants.

Natasha et moi nous sommes aussi proches, aussi séparés l'un de l'autre que chacun l'est dans sa propre peau. Elle parle parfois du « triste hiver » de sa jeunesse, de ses tentatives réitérées de devenir femme, de s'inventer, de se réinventer toujours. Elle voulait charmer. Elle voulait étonner. Quelquefois c'était une exilée affamée dans sa propre maison. Dans une île solitaire elle découvrit une grande caisse de livres et en revint pour surprendre ses maîtres, les corriger – elle était plus avancée qu'eux –, jusqu'à les exaspérer : « Tu as trop lu, petite. »

Elle savait trop de choses, elle s'abritait derrière une culture aussi brillante que maudite. Elle ne savait pas s'inventer elle-même sur une scène, dans un bout de rôle. Elle devait mettre en action sa propre histoire. Il lui fallait sortir de la réclusion dans les plaisirs brumeux et intangibles, pour entrer en contact avec les autres, en écrivant, en jouant, en donnant libre cours à ses talents. Il lui fallait trouver cette place où être tout ce que l'on souhaite est une vertu.

J'ai donné à Natasha le nom d'un personnage de *Guerre et Paix*, la belle Natacha Rostov, et en souvenir de Natacha Ikhmenièva, chez Dostoïevski.

« Mon fils fut un jeune artiste entamant un destin que nul ne pourrait dénouer, car c'était le destin de l'art, des œuvres qui, finalement, survivent à leur auteur. En touchant le front fiévreux de son fils, la mère se demandait pourtant si ce jeune artiste ne conjuguait pas trop les débuts et le destin. Les figures érotiques et torturées de ses tableaux n'étaient pas une promesse, mais une conclusion. Elles n'étaient pas un commencement. Une fin irrémédiable. Et de le comprendre angoissait cette mère, qui voulait voir dans son fils l'accomplissement d'une personnalité dont la joie naissait de la créativité. Il n'était pas juste que le corps le trahît ; que le corps, par malheur, n'écoutât plus la volonté.

« Il regardait travailler son fils, abstrait, fasciné : mon fils va révéler ses dons, mais il n'aura pas le temps pour conquérir ; il va travailler, imaginer, mais il n'aura pas le temps de produire. Sa peinture est fruit de la nécessité, voilà la récompense, mon fils ne peut se substituer ou être substitué à ce que lui seul réalise, peu importe pour combien de temps, il n'y a pas de frustration dans son œuvre, même si sa vie est mutilée... »

Quand j'ai écrit ces lignes, il n'y a pas longtemps, je n'y voyais pas une prophétie : juste un exorcisme. Je songeais à mon fils Carlos Fuentes Lemus, né à Paris le 22 août 1973, mort à Puerto Vallarta, dans l'État de Jalisco, le 5 mai 1999. Il commençait à peine à marcher – sa mère Silvia et moi vivions alors dans une ferme de Virginie – quand son corps se couvrit d'ecchymoses et que ses articulations se mirent à enfler. Nous en sûmes bientôt la raison. Par suite d'une mutation génétique, Carlos souffrait d'hémophilie, cette affection qui empêche le sang de coaguler. Dès sa prime enfance, il fallut le soumettre à des injections d'agent coagulant : le Facteur Huit. Malgré la gêne occasionnée, nous pensions que ce traitement pourrait le soulager toute sa vie. Mais la contamination des réserves de sang par le virus du sida a rendu les hémophiles plus vulnérables, à cause de décisions médicales malencontreuses, ou de l'irresponsabilité criminelle des autorités européennes et nord-américaines. Les hémophiles restaient sans recours, exposés à de terribles infections et à l'affaiblissement de leur système immunitaire.

Carlos eut une enfance douloureuse, mais très tôt, de façon plus qu'intuitive, comme si sa précocité anticipait sur la mort en accélérant sa vie créative, il concentra ses heures de loisir sur l'art de la parole, de la musique et des formes. A l'âge de cinq ans, il remporta le prix Shankar de dessins d'enfants décerné dans la capitale indienne, New Delhi; ses maîtres de l'école primaire, à Princeton, y avaient envoyé ses premiers travaux, à notre insu. À dater de ce jour, Carlos ne reposa plus jamais le crayon, d'abord, le pinceau ensuite, pas plus qu'il ne délaissa ses adorations artistiques : Van Gogh et Egon Schiele. Je me souviens d'un voyage estival en Andalousie, où il voulait à chaque instant que l'auto s'arrête, pour photographier, admirer et parfois cueillir des tournesols, comme s'il transportait un tableau du peintre hollandais. Il planta des graines de tournesol dans le jardin de notre maison à l'université de Cambridge, nous pensions qu'elles ne résisteraient pas au froid britannique, mais à notre retour, au printemps, elles avaient fleuri comme sur la toile... Puis, dans un remarquable retour au passé, Carlos découvrit l'art précis, lumineux, d'un maître de la Renaissance, Giovanni Bellini, et la richesse expressive d'un maître japonais, Utamaro. Il avait constitué son patrimoine pictural.

L'image occupa bientôt une place centrale dans la vie de Carlos. D'abord l'image dessinée, puis l'image littéraire, enfin l'image photographique, immobile, et l'image fluide du cinématographe. Comme s'il comprenait que l'image échappe à toute définition réductrice et englobe, dans un acte quasi amoureux, tous les sens : la vue, l'ouïe, l'odorat, le toucher... C'est pourquoi il fut tellement affecté par la méningite qui faillit l'emporter en janvier 1994, l'empêchant pratiquement de voir et d'entendre, c'est-à-dire le privant de la compagnie la plus intime et sensuelle de son corps malade. Ses passions s'appelaient Elvis Presley, Bob Dylan, les Rolling Stones, mais surtout Elvis : chaque année, le 16 août, Carlos faisait le voyage de Memphis pour commémorer l'anniversaire de la mort du King. Sa collection de photographies – prises par lui-même – constitue comme une archive singulière de l'immortalité du Roi du Rock.

Comme beaucoup de parents nous en étions restés à Ella Fitzgerald et aux boléros d'Agustín Larra ; c'est dire si j'avais du mal à suivre mon fils dans les méandres de ses goûts musicaux. En revanche, j'éprouvais une identification aimante avec ses goûts littéraires. La poésie de Keats, de Baudelaire et de Rimbaud ; le théâtre d'Oscar Wilde ; les romans de Kerouac et la philosophie de Nietzsche... Je me suis rendu compte que, par la lecture, Carlos transcendait l'image pour chercher obstinément – j'ignore s'il la trouvait – la métaphore, autrement dit l'incarnation des réalités du monde dans leur parenté la plus mystérieuse et la plus lointaine, mais la plus sûre aussi : la relation tellement oubliée, mais combien naturelle et toute simple, entre *ceci* et *cela*.

Sur les lits d'hôpital où il recouvrait miraculeusement la vue et l'ouïe, tout en perdant d'autres fonctions vitales à la suite d'erreurs chirurgicales, Carlos n'abandonnait jamais la plume et le papier, le poème et le dessin, dans une quête fébrile du sens profond des choses qui éclairaient sa vie alors même qu'on la lui enlevait. Je dis « miracle » et il porte un nom : celui d'un éminent épidémiologiste mexicain, le docteur Juan Sierra, dont l'extrême attention permit à Carlos, plus d'une fois, de retrouver la vie créative.

Carlos effectua sa trajectoire artistique dans l'urgence, la joie, la douleur, mais sans une seule plainte. Ses yeux profonds, tantôt brillants, tantôt absents, nous disaient que la douleur de notre corps n'est pas seulement intransposable, mais inimaginable pour autrui. À défaut de la transmettre dans un poème ou dans un tableau, la douleur demeure à jamais muette, murée dans le corps souffrant. Il est très différent de dire « le corps souffre » et « j'ai mal au corps ».

Comment donner voix à cette souffrance, c'est la grande question soulevée par Elaine Scarry dans son livre *Le Corps dolent*. Mon fils Carlos s'est posé cette question en termes d'urgence verbale et visuelle. Ainsi dans son poème intitulé « Vivrai-je demain ? » :

« Vivrai-je demain ? Je l'ignore.
Mais je ne m'en irai pas sans résister.
Cette chambre est mon noyau.
Penser sous les couvertures, telle est
ma fugue, les yeux fermés,
pour écouter ma peur cachée dans le silence,
ma peur qui, se brisant,
devient le mal inconnu.
Que le mystère soit bienvenu.
Mais ma réaction, inconnue elle aussi,
pour cela même m'atterre.
Car ma peur alors n'a plus le temps
de songer sa terreur
et la beauté me captive tout entier.

Ce qui a précédé n'existe pas :
c'est ma plus grande peur. (...)
Je veux te voir dans la même posture,
secouée de sanglots,
privée juste une semaine encore
de tes pauvres appuis.
"Tout homme tue ce qu'il aime le plus."
Toute femme se laissera aimer
jusqu'à la mort.
Qu'est-ce que l'amour jusqu'à la mort ?
Juste un pèlerin de toutes ressemblances ? »

Mon fils se sentait très proche des artistes qui moururent jeunes : Keats, Schiele, James Dean, Gaudier-

Brzeska... Ils n'ont pas eu le temps, me disait-il, d'être autre chose qu'eux-mêmes. Parfois je lui parlais de son oncle disparu (le frère de mon père), Carlos Fuentes Boettiger, mort de la typhoïde à vingt et un ans, alors qu'il commençait ses études à Mexico. Comme mon fils Carlos, notre oncle Carlos avait commencé à écrire très tôt ; il publiait à Jalapa, dans la région de Veracruz, une revue littéraire soutenue par le grand poète Salvador Díaz Mirón [1]. Étrange similitude, entre le poème de mon fils mort à vingt-cinq ans, et celui de mon oncle écrit en 1914 et publié dans *Muse Bohème* :

> « J'ai peur du repos, j'abhorre toute trêve...
> La nuit me fait si peur.
> Car alors ma vie se dresse en un reproche,
> me regarde gravement, puis me montre du doigt
> le fantôme terrifiant, la terrible vieillesse... »

Aucun des deux Carlos ne parvint à la « terrible vieillesse », mais la peur de « ce qui n'a pas précédé » nous gagne, ma femme et moi, parents de Carlos Fuentes Lemus, et nous comprenons mieux la douleur de tant de nos amis qui ont perdu un enfant.

Assemblée d'ombres et de spectres, mort et destins entrelacés, tout ce que les hommes laissent, inerte, dans un carton, une garde-robe, sur une toile vierge ou une page blanche. Et malgré tout, nous luttons pour conserver la chaleur de l'objet, la vigueur du tracé, la trace du marcheur... Quelle joie ce fut pour nous de savoir que, le dernier soir de sa vie, à Puerto Vallarta, Carlos,

---

1. Une des figures les plus importantes de la poésie moderniste mexicaine. Et un homme d'action haut en couleur. (N.d.T.)

mû par une heureuse et terrible intuition, téléphona à tous ses amis à travers le monde, pour confier ses projets (terminer un film, publier une plaquette, exposer des tableaux) et leur dire qu'il était content, qu'il se sentait fort, plein de créativité, amoureux de sa fiancée Yvette. Le lendemain matin, il était foudroyé par un infarctus pulmonaire.

Nous sommes restés seuls, Silvia et moi. Notre amie intime Carmen Balcells [1] a compris mieux que personne la relation poignante entre la mère et le fils : « Je pense surtout à Silvia, écrivait-elle, car elle a consacré toute sa vie à ce garçon, constamment alarmée par son état de santé. Je me souviens très bien d'une visite que j'ai rendue à Carlos, à New York : j'ai été impressionnée par sa fragilité, comme par la constante sollicitude de Silvia, qui, plus qu'une mère, avait l'air d'une fiancée ou d'une amie des plus chères, offrant un soutien inébranlable à cet adolescent plein d'inquiétudes, avec tous ses jeunes désirs d'accéder à une normalité qui ne lui fut jamais permise... »

Les exorcismes de la mort deviennent parfois des prophéties. Carmen Balcells a raison. Dans *Les Années avec Laura Díaz*, j'ai évoqué la mort de mon oncle Carlos à Veracruz, au début du siècle, mais, ce faisant, j'ai voulu éviter la mort de mon fils Carlos, devenu le second Santiago dans la généalogie de mon personnage de roman : « Silence. Immobilité. Solitude. Voilà ce qui nous unit, pensait Laura en tenant dans ses mains la main brûlante de Santiago. Il n'est pas de plus grand respect, de plus grande tendresse que de rester ensemble silencieux, vivant ensemble en vivant l'un

1. L'agent littéraire, à Barcelone, de nombreux écrivains ibériques et latino-américains. (N.d.T.)

pour l'autre, sans jamais le dire. Trop en dire aurait pu trahir une si profonde tendresse qui ne se révélait que dans un silence comparable à un écheveau de complicités, de choses devinées et d'actions de grâces... Tout cela, Laura et Santiago le vécurent tandis que l'enfant se mourait, et qu'ils le savaient tous deux, mais complices justement, se devinant et se chérissant l'un l'autre, car la seule chose qu'ils décidèrent de chasser, sans un mot, fut l'apitoiement. Les orbites chaque jour plus creusées autour du regard brillant du garçon disaient au monde entier comme à la mère, à jamais identifiés dans l'esprit du fils : qui se croit donc autorisé à la pitié envers moi ? Ne me trahissez pas avec de la pitié. Je serai un homme jusqu'au bout. »

Celui qui travaille la nuit finit par se sentir comme le créateur du monde. Sans la tâche nocturne, le soleil suivant ne se lèverait pas. Quand j'allais enfin me coucher, Carlos, enveloppé dans un vieux peignoir de plage, passait me dire bonsoir. Une fois, rien qu'une seule, croyant que je dormais, il s'est éloigné en murmurant *I am damned*, « je suis maudit ». Il entrait alors dans sa nuit, et la nuit lui apprenait tout ce dont il avait besoin. La nuit était sa métaphore. Il descendait dans la nuit et rien ne pouvait l'arrêter. C'était l'heure d'une création contre l'obscur et la mort.

La mort de Carlos nous montra, à sa mère et à moi-même, combien il était indestructible. Il vivait déjà en nous, et nous ne le savions pas. J'ignore si cette consolation suffit à répondre à la question taraudante que pose la perte de la promesse. « Mourir jeune est un tour de cochon », nous dit notre ami l'écrivain catalan Terenci Moix. Nous avons ressenti l'obligation spontanée, et heureuse, de faire pour le mort ce qu'il n'avait pu réaliser. Mais cette suppléance ne suffit pas. Il faut enfin savoir que les enfants, vivants ou morts, heureux ou malheureux, actifs ou non, possèdent tout ce que leur père n'a pas. Ils sont plus que leur père et plus qu'eux-mêmes. Ils sont l'étoile de notre espérance, et son diapason. Et ils nous imposent la courtoisie paternelle de nous effacer pour ne jamais diminuer l'honneur de la créature, la responsabilité du fils qui a besoin de croire en sa propre liberté, de se savoir l'artisan de son propre destin. Nos enfants sont les fantômes de notre descendance. Wordsworth l'a dit de façon merveilleuse : l'enfant est le père de l'homme. Ses deux sœurs ont accompagné Carlos au-delà de la mort. Natasha écrivit : « Il était d'un tempérament romantique et, dans son monde à lui comme dans sa tête plus saine que beaucoup d'autres, sa mort fut plus belle que deux mois d'hôpital. Prince créole, il n'y avait personne qui ne pouvait t'aimer. » Et Cecilia, près de nous à chaque instant, réunit dans une vidéo tous les moments préservés de la vie de son frère. En voyant cet hommage de mes filles à mon fils unique, j'ai compris qu'un enfant mérite la gratitude de son père pour un seul jour qu'il a vécu sur la terre.

Expérience

« *Non sunt multiplicanda entia praeter necessitatem.* » Connue sous le nom de « rasoir d'Occam », la sentence de Guillaume d'Occam (c. 1280 - c. 1349) est peut-être, en plein Moyen Âge, la plus radicale revendication de l'expérience de l'homme au monde comme un acte complémentaire du temps, de l'espace et même du ciel métaphysique. Le temps et l'espace ne sont pas indépendants de l'expérience. Et le ciel lui-même (Dieu) supporte la présence de la matière humaine, il ne la condamne pas plus qu'il ne la contredit. C'est ainsi que Guillaume d'Occam est devenu le père lointain, mais indiscutable, de l'expérience scientifique. Sans lui, ni Copernic ni Galilée n'auraient osé séparer la raison de la foi, l'expérience scientifique de l'existence de Dieu, à un tel point que ses descendants les plus audacieux, les « occamistes », ne dissocièrent pas seulement l'Église de l'État, mais regardèrent avec suspicion – voire en le condamnant – un Dieu qui nous avait trompés.

On voudra bien m'excuser pour ce bref exposé qui enracine l'expérience (y compris l'expérience divine) dans la connaissance et l'éthique humanistes. Cela ne confère pas à l'expérience humaine – je m'empresse de le dire – des pouvoirs absolus et moins encore divins. Le croire serait verser dans le péché d'orgueil et s'exposer à une tragique déroute, à la déception, à l'illusion. Humaine est l'expérience, certes, et combien nécessaire. Mais est-elle libre, ou fatale ? Et de quelle façon ? Ces questions tourmentent notre existence car elles rassemblent, en un faisceau, tout ce qui constitue nos manières de vivre.

L'expérience est désir, élan ou projet de se réaliser dans le monde, en soi-même et dans les autres. Elle embrasse beaucoup de choses, mais que vaut son étreinte ? Qui ne lui accorde une valeur immense, presque synonyme de la vie ? Expérience de l'amour, de l'amitié, du travail, de la création, du pouvoir, du bonheur. Mais elle signifie aussi orgueil, honte, ambition, crainte. Et plaisir. Et espoir.

Certaines expériences sont cuisantes, et chacun se demande si les blessures se ferment seulement dans la mesure où nous en assumons les causes. D'autres sont bénéfiques, et chacun espère qu'elles se répéteront, que l'on obtiendra toujours davantage.

Et pourtant, l'expérience – bonne ou mauvaise – se charge de nous rappeler que, tôt ou tard, nous raterons l'occasion qui se présente, nous tournerons le dos à ceux qui réclament notre attention, nous ne nous écouterons même pas nous-mêmes. Tôt ou tard, ce que nous imaginions permanent montrera son caractère fugace, et ce que nous pensions voir à nouveau ne se répétera jamais plus...

C'est que, à l'image de la Terre de Galilée, l'expérience tourne. Elle se déplace, son moteur le plus intime est le désir. Borges, quelque part, décrit l'objet du désir comme un autre désir. Le fils d'un rêveur ignore qu'il est rêvé et le père redoute que son fantomatique rejeton ne découvre qu'il n'est pas un homme en vérité, mais la projection du rêve – du désir – d'un autre. Le vertige de cette situation ne se dissipe que lorsque le père découvre à son tour qu'il est rêvé. C'est-à-dire que lui aussi est *désiré*. Chez Balzac, nous l'avons vu plus haut, l'objet du désir est un fétiche – le corps d'une femme et la peau de chagrin qui comble le désir de son possesseur.

De la même façon, Freud, dans *L'Interprétation des rêves*, ou Borges, dans *Les Ruines circulaires*, témoignent de la relation entre l'expérience et le déplacement.

Déplacer : changer de place; *déplacement* : abandon de la place. Mouvement, transfert, changement, mutation, déplacement : l'argent circule, le héros gravit les échelons, l'explorateur voyage, le conquérant pousse toujours plus loin, et ses navires *déplacent* des tonnes d'eau, de volonté, de songe et de passion. *Déplacement* : distorsion de l'image visuelle moyennant l'inversion de ses coordonnées habituelles : la gauche et la droite, le haut et le bas; désorientation occidentale, profondeurs du Sud, lointain Orient, perte du Nord, c'est-à-dire une autre *dés-orientation*, déplacement freudien comme activité du rêve, travail du songe comparable à celui du roman : omission, modification, regroupement de la matière, substitutions, changement de l'objet du désir, sublimation de la perception, de l'identification et de la désignation des choses, déguisement du rêve érotique en rêve social, mascarade de la réalité sociale condensée dans un rêve d'amour. Exorcismes du cauchemar. Translation de l'immédiat au médiat. Formes de la variation et du mouvement, glissements non seulement dans l'espace, mais en profondeur : voyages autour de ma chambre, voyages au centre de la Terre, voyages d'Ulysse et de Phileas Fogg, mais aussi du narrateur de Proust et de l'insecte de Kafka ; promenade au phare, ou vers la montagne magique, mais aussi de l'autre côté du miroir d'Alice ou dans le jardin aux sentiers qui bifurquent.

Guillaume d'Occam nous demande de passer par-dessus le mouvement comme pure réapparition d'un objet dans un lieu différent. En revanche, Balzac, Freud et Borges nous donnent les preuves d'une expérience qui nécessite le déplacement, le mouvement d'un lieu (physique ou psychique) vers un autre, moyennant une transformation, une métamorphose. De quoi ? De l'expérience en destin.

La chose est facile à dire, mais ne se réalise pas tant avec difficulté – sans vouloir la sous-estimer – qu'avec beaucoup de complexité. Convertir l'expérience en destin implique, pour commencer, le désir. Mais celui-ci, à son tour, s'ouvre comme un éventail de possibilités. Il est désir d'être heureux. Un désir que les Lumières ont consacré comme droit, en particulier dans les lois fondatrices des États-Unis : « *The pursuit of happiness* ». Mais, bien que certaines philosophies ne conçoivent la félicité que dans la passivité, la culture faustienne de l'Occident, impérieuse et dominatrice, nous propose d'*agir* pour être heureux. L'expérience de l'action est la condition *sine qua non* du bonheur. Mais cette action va se heurter à des écueils sans nombre. À l'instar du voyage d'Ulysse, l'Odyssée de la quête du bonheur voguera dangereusement de Charybde en Scylla, entendra le chant des sirènes, s'attardera dans les bras de Calypso, et courra le risque de convertir son objet en son contraire : l'ange en pourceau. Elle verra et sera vue par l'œil redoutable du géant Polyphème. Et elle retournera dans son foyer pour s'affronter aux prétendants, aux usurpateurs de ce que nous tenons pour notre bien.

L'expérience fait la rencontre du mal. Et l'inconvénient du mal, disions-nous, c'est qu'il connaît le bien. Celui-ci, en revanche, jouit de l'innocence : il ne connaît que lui-même. Le mal veut l'emporter parce qu'il connaît son contraire comme lui-même. L'expérience du bien est prise au dépourvu par le mal comme les cow-boys par les Indiens dans les défilés du Far West. Ainsi, notre dilemme est le suivant : pour vaincre le mal, le bien doit le connaître. Mais le connaître sans le pratiquer. Une exigence digne d'un saint ? Ou pouvons-nous connaître le mal sans le mettre en pratique ?

Homme occidental et faustien, j'ai du mal à comprendre ou à pratiquer les philosophies orientales qui savent vaincre passivement le mal. L'histoire maligne de mon temps m'incite à m'opposer activement aux attentats contre la vie et la liberté. Mais je n'ignore pas que l'énergie au service du bien est comparable à celle qui se livre au mal. Le créateur discipliné – artiste, politicien, chef d'entreprise, ouvrier, professionnel – dépense autant d'énergie (et d'expérience) pour faire gagner le bien qu'il en faut pour le perdre. Ainsi, la toxicomanie, comme le savent tous ceux qui l'ont observée de près, demande autant d'énergie, d'astuce et de volonté que de peindre un grand tableau, d'organiser une entreprise ou de réussir un quintuple pontage cardiaque.

On érigera un temple à l'éthique pour que l'expérience humaine soit – malgré tout, difficilement, exceptionnellement – constructive. Cela requiert, à mon sens, un haut degré d'*attention*, qui dépasse notre moi, notre propre intérêt, pour se tourner vers les besoins de l'autre, lier notre subjectivité à l'objectivité du monde par le biais de ce que nous partageons, le monde et moi : la communauté, le *nous-autres*. Et si c'est là une variété de l'impératif kantien, tant mieux. Peut-être Kant fut-il le dernier penseur pleinement moral, avant que l'histoire ne démontre (avec Nietzsche) qu'elle coïncide rarement avec le bien et avec le bonheur.

Un tel scepticisme nous a poussés à exalter – car si décrépits et ruinés que nous soyons, nous restons prisonniers de la dernière grande révolution culturelle, celle du romantisme – l'expérience de la passion, au point de ne pouvoir concevoir l'expérience *sans* passion. « Cœur passionné », dit la vieille chanson mexicaine. La passion implique de reconnaître, de respecter, de rechercher la grandeur des émotions humaines, jusqu'à croire que ce sont les passions mêmes qui composent l'âme des hommes. L'expérience de la passion tend à se concevoir comme libre soumission à des impulsions valables, existentielles. Dans un de mes romans, je décris une passion qui englobe la fougue et la réserve nécessaires pour que le ravissement culmine vraiment. « À l'entrée de la maison, il était réservé, discret... Au second étage, il était ouvert et s'abandonnait, comme si seule l'exclusion l'avait exposé aux intempéries, lui enlevant toute réserve pour le temps de l'amour. Il ne pouvait résister à l'idée de cette combinaison, une façon complète d'être un homme, serein et passionné, ouvert et secret, discret tout habillé, indiscret dévêtu... Ainsi était-il, depuis toujours ou inventé à l'instant même, mais c'était révélateur d'une éternelle aspiration. »

Avoir des désirs et savoir les garder, les amender, les rejeter... Quel est le chemin de cet idéal de l'expérience ? C'est justement l'équilibre difficile entre le temps de l'action et le temps de la patience. Il suffit de voir (et non d'imaginer : on le constate tous les jours dans les actualités) la façon dont la passion dégénère en violence, pour réagir en faveur d'un équilibre, d'une patience qui n'est pas celle de Job, mais celle de tous les résistants : le courage moral de Socrate, de Giordano Bruno, de Galilée, d'Anna Akhmatova et de Mandelstam, d'Edith Stein et de Simone Weil, de tous les humiliés et offensés de la cité des hommes, de tous les patients pèlerins vers la cité de Dieu.

L'aiguille qui marque l'attente doit aussi marquer l'attention. Ce n'est pas de la résignation. Ce n'est pas non plus la terrible impatience du confessionnal, où nous ruinons l'expérience en révélant à l'homme qu'il peut être aussi lubrique que le soulignent les instructions des confesseurs dans les colonies espagnoles (« Ma fille, t'es-tu aperçue nue dans un miroir ? As-tu désiré le membre de ton père ? »), ou aussi indifférent que les curés somnolents qui dispensent les patenôtres et les Ave. Mais ce peut être, bien sûr, l'écoute exceptionnelle du prêtre qui assume la parole du sacrement, loin du commerce des salons, pour en faire un objet de communion – d'attention partagée...

Le noyau de l'expérience est la conscience même que toute expérience est limitée. Non seulement parce que nous sommes paralysés, comme Pascal, par le vertige des espaces infinis, mais parce que la mort (si ne le fait la vie) et le regard de la nuit (si nous n'y sommes conduits par l'aveuglement du jour) nous disent que l'expérience a des bornes, face à l'univers infini. Ce que nous confirme le fait qu'il n'est pas d'expérience, si bonne, si précieuse soit-elle, qui s'accomplisse pleinement. Et l'artiste le sait bien, il n'a pas besoin de donner le coup de ciseau de Michel-Ange pour s'assurer de l'imperfection de son œuvre. Si l'œuvre était parfaite, elle serait divine : impénétrable, sacrée. La mort tient le même langage. Socrate et Greta Garbo sont morts. Le philosophe ne viendra plus nous tenir compagnie pour dialoguer, et nous n'ajouterons plus de pensées à celles qui furent consignées par Platon. Tout le reste (et qui, justement, ne reste pas) – les souvenirs, l'humour, les projets, l'espoir, l'actualité physique et psychique – a disparu pour toujours. Greta Garbo nous regardera (depuis toujours et à tout jamais) comme la reine Christine, depuis la proue du bateau qui l'emmène loin de l'amour au souvenir brûlant – mais Greta Gustafson ne tournera pas un film de plus. Oui, cœur passionné – mais cache ton chagrin. Car celui qui naît malheureux, c'est dès le berceau que commence son martyre.

Il faut un courage doublé de témérité pour vivre l'expérience en s'exposant à tous les vents. Goethe – et c'était typique du personnage – nous demandait de chercher l'infini en nous-mêmes. « Et si tu ne le trouves pas dans ton être et dans ta pensée, il n'y aura pas de pitié pour toi. » En revanche, il y aura une conscience des limites, celle que le jeune et romantique auteur de *Werther* sut équilibrer par la morale et l'esthétique de *Wilhelm Meister*. Tout a une borne – et le défi à notre liberté est la question : la dépasser ou non ? La réponse est un autre défi. Si nous voulons élargir l'espace de l'expérience, nous devons en connaître les limites. Non pas les limites politiques, sociologiques ou éthiques, mais les limites inhérentes à tout agir. Chacun a son propre compteur pour les calculer. Einstein n'a pas dépassé les siennes ; Hitler, si.

Un personnage des *Années avec Laura Díaz* déclare qu'il voudrait se tenir en un lieu où il se sente en péril et qu'en même temps il a besoin de protection, non pour cesser d'être en danger, mais pour ne pas être leurré par l'illusion de ses propres forces... Combien de personnes ne connaissons-nous pas qui font un effort extraordinaire pour paraître fortes devant le monde, parce qu'elles connaissent trop bien leur faiblesse ? Gagner la partie contre la faiblesse en nous rendant forts au-dedans, pour que le monde ne nous abuse pas par une fausse puissance, une aumône de pouvoir, ou une pitié insultante. La résistance stoïque doit se prendre au sérieux, car il n'arrive rien que la nature ne nous ait préparés à supporter, dit Marc Aurèle. Et il ajoute : « Le temps est comme un fleuve d'événements qui se succèdent ; le courant est fort ; une chose apparaît-elle que le courant l'emporte aussitôt, et autre chose prend sa place, et l'onde l'emporte à son tour... »

Il ne faut pas un grand courage moral pour le comprendre, mais bien pour le vivre. « *Pour quoi ?* », se demande Wordsworth au seuil d'un des plus grands poèmes de tous les temps, *Le Prélude*. Et il répond par une autre question : « *Pour* ça*?* » Sous ces questions se tisse le manteau de l'expérience, notre seconde peau. En elle sont les pouvoirs que nous acquérons comme personnes. Pouvoir d'être avec les autres, mais aussi l'expérience de la solitude. Formes qui se dégagent peu à peu de notre expérience personnelle pour assumer une vie propre et porter témoignage, plus ou moins passager, plus ou moins permanent, de notre passage – de notre passion. Lumières qui vont éclairant notre chemin. Et la question insistante : Comment s'appellent les porteurs de torches qui balisent notre route ? Peau de l'expérience. Ses blessures cicatrisent parfois, pas toujours. Voix de l'expérience. Nous l'écoutons parfois, pas toujours. Expérience : élan et danger. Expérience et désir : anticipation ardente ou sereine de ce qui n'est pas encore, sans oublier ce qui fut.

Nous sommes sur terre parce que nous y sommes nés et que nous y mourrons. Mais nous sommes aussi au monde, ce qui n'est pas tout à fait pareil. Les femmes auxquelles je donne la parole dans mon évocation du siège de Numance [1], encerclées par la faim et par la mort, disent qu'elles voient disparaître un monde asservi, mais pas la terre. La terre demeure, quand bien même le monde disparaîtrait. Le monde – construction – meurt, mais la terre – instruction – demeure, elle se transforme. Pourquoi ? Parce que les mots le disent. Parce que nous ne perdons pas l'expérience de la parole. Le monde nous révèle comme des êtres sujets à son expérience. La terre ne nous cache un instant que pour nous rendre le pouvoir de recréer le monde. « Nous disparaissons du monde. Nous retournons à la terre. Nous en sortirons pour faire fuir l'ennemi. » Autrement dit : nous parlerons.

La question définitive de l'expérience est posée par Calderón de la Barca dans le chef-d'œuvre du théâtre espagnol, *La vie est un songe* : le plus grand délit de l'homme est d'être né. Sigismond, le protagoniste de la pièce, se compare à la nature qui, en ayant moins d'âme que lui, a plus de liberté. Il ressent cette absence de liberté comme une amputation, comme une naissance incomplète, comme la conscience que « tu es mort avant que de naître ». Mais n'est-ce pas un plus grand délit de ne pas naître du tout ? Calderón nous abandonne au rythme intime du rêve. Rêver, c'est

1. Voir Carlos Fuentes, *L'Oranger*, trad. Céline Zins, Paris, Gallimard, 1995. (N.d.T.)

compenser ce que l'expérience nous refuse. Nous rêvons en avant, mais aussi en arrière. Nous désirons dans les deux sens. Non, vraiment, il vaut mieux être né. Et il incombe à chacun de nous d'examiner pourquoi cela en vaut la peine, de se poser la question sans trêve (ni espoir de réponse) ; nous, les interrogateurs de l'expérience :

Quelles sont les relations entre destin et liberté ?

Dans quelle mesure chacun d'entre nous peut-il donner une forme personnelle à son expérience ?

Quelle part revient au changement, quelle autre à la permanence ?

Que doit l'expérience à la nécessité, au hasard, à la liberté ?

Et pourquoi nous définissons-nous par l'ignorance de ce que nous sommes : l'union d'une âme et d'un corps, tout en continuant d'être exactement ce que nous ne comprenons pas ?

Famille

Je ne dispose pas de renseignements généalogiques au-delà de mes arrière-grands-parents. Du côté maternel, mon bisaïeul, Teodoro Rivas, était natif de Santander d'où il émigra pour se fixer au Mexique, dans l'État de Sonora, dans la seconde moitié du XIXe siècle. Il s'installa dans une très belle ville qui est le verger des déserts du Nord mexicain, Alamos[1] – une ville pleine de fantômes de chercheurs d'or et d'Indiens de fumée et de calendriers de saints et de croix –, où il devint finalement directeur de l'hôtel de la Monnaie. Je sais peu de chose sur sa progéniture, car ma grand-mère, Emilia Rivas Gil, était avare de confidences familiales, comme si elle voulait concentrer et protéger un cercle dévasté par la douleur et par la mort. Après son mariage avec Manuel Macías Gutiérrez, mes grands-parents maternels passèrent le début de leur idylle sur la côte pacifique, à Mazatlán, où ma mère naquit près du Paseo de Olas Altas (la Promenade des Hautes Vagues). Reportons-nous aux photos des débuts du XXe siècle. Ma grand-mère était une petite brune, au

1. C'est-à-dire : Les Peupliers. (N.d.T.)

nez aquilin et aux yeux noirs, pénétrants, résolus. Mon grand-père était grand, la peau claire, de belle allure, soucieux d'une extrême propreté en toute chose : moustache cirée, regard discret, redingote et plastron élégants. Ils sont entourés, comme d'un petit bouquet de fleurs blanches, par leurs quatre filles de blanc vêtues ; trois d'entre elles (María Emilia, Carmen et Sélika) ont le regard songeur, tandis que ma mère, Berta, a les yeux décidés de la sienne. Mais toutes ces étoffes blanchoyantes s'effacèrent bientôt devant le deuil. Sélika mourut à dix ans, de la scarlatine.

Et mon beau grand-père, si fringant, si fièrement dressé, contracta bientôt, mystérieusement, la plus redoutable des maladies : la lèpre. Sa jeune femme et leurs trois filles durent assister, avec une douleur qui excluait toute commisération comme tout rejet, aux terribles ravages de ce mal. Je les vois sur les photographies qui suivirent le décès. Tout de noir vêtues, avec le foulard serré autour du front et les cheveux noirs dressés. Commerçant probe et efficace, mon grand-père ne laissait pas de fortune. J'ai connu ses frères et ses nièces, mes tantes. Ils étaient tous identiques, de taille élancée : les vieux, blancs comme des spectres, avec une peau parcheminée ; les jeunes, avec une peau de cire. Une de mes tantes, d'une présence physique impressionnante, était religieuse. Ma propre grand-mère, une fois veuve, dut subvenir aux besoins de ses trois filles. Dans son enfance, elle s'était liée avec Alvaro Obregón, dans l'État de Sonora. Quand Obregón devint président du Mexique, il lui donna un poste d'inspectrice des écoles, et le ministre José Vasconcelos lui confia un rôle actif dans la magnifique campagne d'alphabétisation qui, à partir de 1921, lutta contre un chiffre accablant : 90 % des Mexicains étaient illettrés.

Ses trois filles casées, ma grand-mère put se retirer et recevoir le soutien affectueux des familles Fuentes, Romandía et Juárez. La relation avec les fils qui avaient embrassé la politique pouvait être aussi tumultueuse que le fort caractère de ma grand-mère Emilia le laissait présager. Et avec ses filles, elle conserva une attitude de lionne, éternelle gardienne de sa couvée. En revanche, avec ses petits-fils, elle devint comme un centre irradiant de joie, d'amusements et de réminiscences. Un lien avec le passé qui devenait toujours plus lointain, mais que sa grâce nous avait gardé intact : le Nord mexicain, la dictature de Porfirio Díaz, la Révolution, la ville de Mazatlán, le poème d'Enrique González Martínez [1] inscrit dans son livre d'autographes, son penchant oublié pour le piano, son insistance toute particulière à voir les films en noir et blanc pour mieux les rêver en technicolor...

Mon autre grand-mère, Emilia Boettiger, était de la même trempe, mais d'un caractère beaucoup plus sévère. Elle descendait d'immigrants allemands originaires de Darmstadt, en Rhénanie. Mon bisaïeul Philip Boettiger, fervent lassalliste, quitta l'Allemagne quand Ferdinand de Lassalle s'unit au chancelier Bismarck, dans l'illusion que seule l'alliance de l'aristocratie prussienne – les Junkers – avec le socialisme prolétaire pouvait sauver le pays des mains de la vulgaire avarice et de l'arrivisme bourgeois. En réalité, le socialiste Lassalle était un révolutionnaire élégant, mû par un profond mépris pour la vulgarité et le manque de manières de Karl Marx, son rival engoncé dans des

1. Autre figure de la poésie moderniste mexicaine. Son premier livre, *Preludios*, avait été publié à Mazatlán, en 1903. (N.d.T.)

gilets tachés. Les frères Boettiger s'embarquèrent pour les Amériques et se retrouvèrent à La Nouvelle-Orléans. Là, leurs chemins se séparèrent. Le frère aîné partit pour le Nord, à Chicago, où il devint un homme d'affaires prospère; son petit-fils épousa Anna (Boettiger), la fille du président Franklin D. Roosevelt. De son côté, mon aïeul arriva à Veracruz, et tomba amoureux de la ville et de la lagune de Catemaco. Il fonda une plantation de café florissante, eut trois filles – ma grand-mère Emilia, mes grand-tantes María et Luisa –, intégra à la famille la petite mulâtresse Ana, née hors mariage, et interdit l'usage de l'allemand à la maison. Il voulait être mexicain, et laisser le Vieux Monde derrière lui.

Mon grand-père paternel, Rafael Fuentes Vélez, était fils d'un négociant émigré des îles Canaries, Carlos Fuentes Benítez, qui avait contracté de justes noces avec une belle créole, Clotilde Vélez, qui fut attaquée par des bandits de grand chemin. Comme l'un d'eux lui demandait ses bagues et qu'elle refusait de les enlever, elle les perdit d'un sauvage coup de machette. Mon grand-père grandit dans le port de Veracruz et connut ma grand-mère lors des fêtes de la Chandeleur, à Tlacotalpan. Il avait quarante ans, elle en avait dix-sept. Les photos montrent un homme de taille basse, au nez aquilin, aux yeux pénétrants sous d'extraordinaires sourcils, arqués comme deux accents circonflexes, qui lui donnaient constamment un air courroucé, voire diabolique. Ma grand-mère, en revanche, avait l'air d'une statue gothique. Mince, élancée, sévère, elle avait la grâce d'un profil parfait, comme disposé à donner éternellement à son visage une noble symétrie.

Ils eurent trois enfants. L'aîné, Carlos Fuentes Boettiger, qui fut bientôt reconnu comme poète – c'était le disciple préféré de Salvador Díaz Mirón – était un beau garçon, grand, mince et blond. À vingt et un ans, il partit faire ses études à Mexico, et ne revint jamais. Il fut victime de l'une de ces épidémies de typhoïde qui ravageaient un Mexique retardé, insalubre et chaotique. Mais la famille connut ses heures de joie, d'abord à Veracruz, où mon grand-père était le gérant de la Banque nationale, puis à Jalapa, où il occupa le même poste, avant de voir sa santé se détériorer. Il souffrait d'une paralysie progressive qui le laissa finalement muet, assis dans un fauteuil roulant et sans autre expression – comme le vieux Villefort du *Comte de Monte-Cristo* – que ses extraordinaires sourcils en bataille. J'ai su par mon père que ce vieil homme infirme que j'ai un peu connu, était un lecteur vorace en espagnol et en français, en italien et en anglais. J'ai gardé de mon grand-père Rafael quelques belles éditions anciennes de Dante, de Swift et de Walter Scott, imprimées au XIXe siècle en caractères si petits qu'il faut une loupe pour les déchiffrer. Mon père me racontait aussi comment, chaque mois, mon grand-père le conduisait par la main jusqu'au port, pour attendre le paquebot en provenance de Liverpool et du Havre, porteur des revues illustrées – *The London Illustrated News*, *La Vie parisienne* – et des romans à la mode : Pierre Benoit, Alphonse Daudet, Pierre Loti.

Ayant perdu l'espoir de voir guérir son mari, ma tenace grand-mère se rendit à Mexico et ouvrit une pension de famille, au coin des rues de Mérida et d'Alvaro Obregón, où elle accueillait les habitants de Veracruz de passage dans la capitale. L'exode y conduisait alors de nombreuses familles touchées par le mouvement révolutionnaire. Avec autant d'énergie que de volonté, Emilia soignait son mari handicapé, dirigeait une délicieuse cuisine véracruzaine de poisson *huachinango* [1], de bananes frites et de calmars cuits dans leur encre, secondée par ma tante qui éprouva toujours le devoir de prendre soin de ses parents plus que d'elle-même. Comme dans les romans en vogue à cette époque, elle sacrifia son bonheur à la piété filiale.

En revanche, mon père, Rafael Fuentes Boettiger, laissa derrière lui la province de sa jeunesse pour suivre une vocation qu'il avait ressentie depuis l'enfance, quand il allait au port attendre les bateaux. Lecteur précoce, il avait tendance à mettre en scène les pages qu'il lisait, en jouant, par exemple, le rôle de D'Artagnan dans une adaptation représentée dans le vaste gymnase de la banque à Veracruz. À treize ans, comme cadet de l'École militaire préparatoire de Jalapa, il partit pour défendre le port envahi par les marines nord-américains. Il n'alla pas très loin : l'occupation fut rapidement consommée. Il n'alla pas beaucoup plus loin quand il décida, à dix-neuf ans, de suivre la compagnie théâtrale de Fernando Soler et Sagra del Río, en quittant la ville en cachette. Mon grand-père l'attendait à la gare de Córdoba et le fit descendre du train par l'oreille.

Devenu jeune avocat et professeur à la faculté de droit de l'université de Veracruz, à vingt-cinq ans, mon père entra au ministère des Affaires étrangères, comme juriste dans la commission bilatérale de Réclamations, créée pour examiner les plaintes déposées par des citoyens des États-Unis affectés par des actes de guerre sur la frontière Nord. Il fit la connaissance de ma mère

1. Nom indien de la daurade : la recette véracruzaine est un des « canons » de la cuisine mexicaine. (N.d.T.)

dans l'un de ces vieux tramways jaunes et mélancoliques qui sillonnaient alors la capitale. Ils se marièrent et partirent pour Panama où mon père venait d'être nommé à son premier poste diplomatique. J'y suis né neuf mois plus tard, le 11 novembre 1928.

Nous formions une heureuse famille. Aux yeux de Tolstoï, donc, ce n'était pas une famille très intéressante. Mais qui ne sacrifierait pas cet « intérêt » au bonheur ? Ma sœur Berta naquit au Mexique en 1932, et nous passâmes notre enfance dans les ambassades de Washington, de Santiago du Chili et de Buenos Aires. Nous fûmes certainement soudés par la vie errante, itinérante, de la diplomatie – « des gitans en frac », disait mon père –, mais, plus encore, par une atmosphère de respect mutuel et de grande affection dans notre vie commune. Le plus grand écrivain mexicain, Alfonso Reyes, a laissé un témoignage de mon père : « C'était un homme de l'essentiel, sans écume. » Et cet homme sans écume entra un jour dans l'ambassade du Mexique à Rio de Janeiro et trouva le grand écrivain effectuant mille démarches, déchiffrant des télégrammes, archivant des coupures de presse. « Allons, Don Alfonso, moi je m'occupe de la paperasse, lui dit mon père, vous, consacrez-vous à vos livres. » Grâce à un autre grand ambassadeur, Francisco Castillo Nájera, envoyé du président Cárdenas à Washington, mon père affina encore sa remarquable discipline de travail, son attention aux détails, qualités qui le distinguèrent durant son passage à la tête du Protocole du ministère des Affaires étrangères, puis dans ses postes successifs à Panama, La Haye, Rome ou Lisbonne. Prendre sa retraite, loin de le reposer, le tua. Retiré au Mexique, il cherchait à tout moment son chauffeur, ses rapports, son agenda. Privé de tout cela, il s'éteignit peu à peu, déconcerté, avec un émouvant regard d'absence et de nostalgie.

Je lui dois mes connaissances littéraires de base. Son impulsion – en hommage tacite aux promesses inaccomplies de son frère mort – me fortifia dès l'enfance. C'était un homme d'esprit, de tendresse et de ponctualité : bon sang ne peut mentir. À ses côtés, ma mère vécut un amour sans éclipses. Le jour où il mourut, mon père fit deux choses : il essaya un costume neuf et la poursuivit encore de ses assiduités. Elle représenta toujours la dignité, la gravité du foyer, la conviction que, derrière tous les voyages, les adaptations nécessaires à de nouvelles écoles, d'autres langues, d'autres coutumes, il y avait un principe de sérieux, de droiture, voire d'impatience avec les ambitieux, les arrivistes ou les intrigants. Elle ne manquait pas d'humour. Excellente au poker, je l'ai vue « plumer » des généraux de la Révolution qui, pour leur malheur, avaient parié contre elle dans des dîners d'ambassades. Et aujourd'hui encore, à quatre-vingt-dix ans, ayant toujours bon pied bon œil, elle m'avoue : « Je n'ai qu'un regret dans ma vie : j'aurais voulu conduire un hélicoptère. »

Ce qu'elle conduisait à merveille, c'était notre Buick, chaque été, de Washington à Mexico, supportant la chaleur, les discriminations texanes (« Interdit aux chiens et aux Mexicains ») et les tournants en épingle à cheveux de Tamanzunchale. Cette dextérité compensait largement les dispositions plus rêveuses et désintéressées de mon père. Ma mère était l'organisatrice du foyer, la grande ordonnatrice de l'emploi du temps. Elle tenait fin prêts les vêtements, et payait les traites pour la voiture, l'école, l'appartement... Elle regardait vers le futur beaucoup plus que mon père, un homme discipliné et ponctuel à l'extrême, mais aussi – bravo pour lui – de naturel songeur, affectueux, sans ambitions matérielles. Il pouvait aussi être énergique, ou intolérant. Il le fut avec moi, dès le début : je me souviens des rossées qu'il m'administrait. Il était sévère envers tout manque d'exactitude, toute indiscipline ou discourtoisie. Il l'était également avec les politiciens mexicains corrompus ou dédaigneux. Je le vois encore affronter, les yeux dans les yeux, le cacique de San Luis Potosí, Gonzalo N. Santos, qui lui avait manqué de respect. Et je me souviens de sa démission, sous le gouvernement d'Abelardo Rodríguez, alors qu'il travaillait à la direction du District fédéral de Mexico, ulcéré par les promesses de « pots-de-vin » et par les violations de la loi. Il avait tenu deux mois à son poste. Je crois qu'il passera l'éternité au ciel.

Faulkner

La liberté existe. C'est le postulat implicite dans toute législation soucieuse de progrès. Le chef d'entreprise n'est-il pas libre, comme le travailleur, l'enfant, la femme, l'individu, l'humanité en somme, puisque la loi le déclare ? Si la liberté existe, n'en déplaise à Rousseau et grâce aux révolutions démocratiques en France et aux États-Unis, rien n'est tragique. De Dostoïevski à Kafka, les écrivains tragiques nous disent qu'il n'en va pas ainsi. La véritable liberté consiste dans la possibilité – si minime soit-elle – de donner un sens à la réalité. Et donner de la réalité au monde est toujours une tâche en devenir. La liberté ne nous est pas donnée. Nous devons la façonner et la chercher. Le sombre (et pourtant souriant) Machiavel lui-même ne prétendait pas le contraire : « Dieu ne fera pas toute chose, car cela nous dépouillerait de notre libre arbitre, de cette parcelle de gloire qui appartient à chacun d'entre nous. »

Il aura fallu attendre le XXe siècle pour consacrer simultanément le totalitarisme et le nihilisme, de sorte que, dans la législation kafkaïenne, le monde ait enfin un sens (final), défini par la Loi. Il est donc vain de chercher une autre signification à la réalité. Vous insistez, Herr K. ? Alors vous serez éliminé au nom de la Loi. Les Lumières se terminent avec Kafka : Vous avez l'obligation d'être heureux, ou vous courez le risque de vous convertir en insecte.

Le caractère absurde de la liberté et de la Loi chez Kafka nous rappelle combien la vraie coïncidence de l'être humain et de la société requiert une vision tragique, c'est-à-dire une vision de conflit et de réconciliation, opposée à la vision manichéenne qui a dominé l'histoire moderne, cette vision de péché et d'extermination. Quand une religion réclame des fondements historiques, suggère Nietzsche, elle le fait pour justifier son dogmatisme « sous le regard sévère... de l'orthodoxie ». Tu dois être coupable pour que je sois innocent. Dans le *Prométhée* d'Eschyle, le tragédien s'exclame : « Tout ce qui existe est juste et injuste à la fois... » Qui a incarné ces réalités de façon plus inquiétante que l'un des frères Karamazov, Ivan, quand il franchit le pas en se mettant du côté de la Justice contre la Vérité, dès lors que Justice et Vérité ne coïncident point ?

Voilà bien la décision immorale que le héros tragique doit refuser de prendre. La Tragédie ne sacrifie pas la Vérité à la Justice, ni l'inverse, car en elle les forces en présence sont également légitimes et morales au sens le plus profond : mises en déroute, elles peuvent assimiler la valeur à la défaite. La valeur, non le péché. Et l'une des dimensions de la valeur sans péché – même ignorée, voire violée – est la valeur de l'autre. Dans ce domaine, William Faulkner fait merveille : la restauration de la communauté divisée, non par l'histoire (en l'occurrence, la force économique et militaire du Nord), mais par les hommes et les femmes dont les âmes s'étaient séparées bien avant la guerre.

La littérature des États-Unis révèle une tension constante entre l'optimisme de la fondation et le pessimisme critique. Le premier, consacré par la Constitution et les lois de la démocratie nord-américaine, est devenu le credo de la vie économique et sociale : « *Nothing succeeds like success.* »

L'optimisme progressiste a servi de masque à l'expansion impériale. Depuis les treize colonies anglaises de la côte Atlantique, les États-Unis se sont étendus vers la Louisiane française, les territoires du golfe du Mexique, le Texas, la Californie, la Floride espagnole, Cuba, Porto Rico et l'Amérique centrale, jusqu'à Panama. Tout cela au nom de la « destinée manifeste » d'un pays désigné par Dieu pour être, comme la Rome antique, *caput mundis*.

La vitalité de la littérature anglo-américaine est due en grande partie à l'opposition radicale de ses écrivains. Si nous laissons de côté les séries dans le genre sucre d'orge et bas-bleu, à partir de Hawthorne et de Poe, puis avec Melville, Henry James et Mark Twain au XIXe siècle, avec Dreiser, Sinclair Lewis, Frank Norris, Fitzgerald et Dos Passos au XXe, les auteurs nous montrent l'envers de la médaille. Ils nous montrent le cauchemar américain, les fantômes diurnes et les suppliques nocturnes, la brutalité des ascensions sociales comme la médiocrité des classes moyennes, les désillusions du succès, la fausse gloire.

C'est Faulkner qui donne à ce processus critique sa plus belle couronne, si sombre et si brillante, miraculeuse. C'est qu'il va au-delà de la critique, pour atteindre la tragédie. Il est presque le seul. Peut-être Kafka et Beckett sont-ils les deux autres écrivains tragiques de son siècle. Ils ne pouvaient guère être nombreux : « la mort de la tragédie », annoncée par Nietzsche, était déjà en germe dans la raison socratique. En tout cas, il me paraît indubitable que le christianisme, du fait même qu'il promettait le salut éternel, ne pouvait cohabiter avec la tragédie.

Dépouillé de ses oripeaux religieux, le progrès laïc, surtout à partir de Condorcet et de la Révolution française, renonce à Dieu mais non au bonheur. Si, comme le croyait Condorcet, la ligne ascendante de l'être humain vers la félicité est sûre et certaine, la conscience tragique est exclue des visions successives de Saint-Simon, de Comte et de Marx.

Convertir l'expérience en destin. Si c'est là un trait spécifique du tragique, la philosophie du progrès et du salut des âmes les obscurcit. Ne pas croire au Diable c'est lui donner toutes les chances de me surprendre, dirait-on en paraphrasant Gide. Et le monde occidental, en chassant la tragédie de l'histoire, a laissé le crime occuper sa place. Au lieu du progrès « fatal » annoncé par le siècle des Lumières et son héritier, le XIXe siècle industriel, le XXe siècle est devenu celui de l'horreur historique, du crime impuni, de la tragédie masquée. Kafka et Beckett en ont donné la plus haute représentation européenne. Chez Kafka, le héros traditionnel se montre converti en insecte, mais c'est un insecte qui connaît sa condition et qui pense : Il y a un abîme entre le monde et moi, mais cet abîme donne l'apparence d'être comblé par le pouvoir. Nous connaissons le vide occupé par le pouvoir usurpateur, mais, tout en connaissant le mensonge, nous assistons stupéfaits et désarmés à la mise en scène qui le dissimule. Dieu est mort et ce ne sont pas les athées des Lumières qui l'ont tué : c'est une bande de vagabonds qui, contre toute évidence, continuent d'attendre Godot.

La tragédie faulknérienne s'insère dans cette quête douloureuse d'un monde où nous, les diplômés de l'obscur, les gradés de l'absurde, nous pouvons voir en toute clarté les conséquences de notre « liberté rebelle », pour citer encore Büchner dans *La Mort de Danton*. Oui, et pourtant Faulkner écrit depuis un lieu qui est la plus optimiste, la plus futuriste des sociétés, ces États-Unis d'Amérique où « rien n'a plus de succès que le succès même ». Ce qui en fait une nation excentrique, puisque la majorité des pays ont une expérience immédiate, désastreuse, de l'échec.

Faulkner s'écarte de l'optimisme fondateur du « Rêve américain » pour dire à ses compatriotes : Nous aussi, nous pouvons échouer. Nous aussi, nous pouvons porter la croix de la tragédie. Cette croix se nomme le racisme. Le Nord n'a pas vaincu le Sud. Le Sud s'était détruit de lui-même, en opprimant, réduisant à l'esclavage, humiliant et assassinant l'Autre : l'homme, la femme, l'enfant « différents » du pouvoir blanc. Mais la douleur de cette tragédie peut nous sauver, si finalement nous reconnaissons notre humanité partagée.

La tragédie faulknérienne s'inscrit dans un espace défini – le comté de Yoknapatawpha, un nom indien signifiant « la terre divisée » – et à partir des racines familiales qui s'enfoncent dans cette terre : les Sartoris et les Compson, aristocrates, et les Snopes, les parvenus. Mais la tragédie est souvent déchaînée par l'étranger, « l'intrus dans la poussière », qui arrive jusqu'au Mississippi avec un autre profil, menaçant parce que différent, qu'il s'agisse de Charles Bon dans *Absalon! Absalon!* ou de Lena Grove dans *Lumière d'août* – l'étrangère de l'extérieur qui nous révèle l'étranger du dedans, le Noir Joe Christmas. Qu'ils se déroulent au long des généalogies familiales ou des périodes historiques, les romans de Faulkner sont l'épopée d'une terre – le Sud –, mais la géographie et l'histoire, la société et les dynasties se résolvent (et prennent sens) dans deux éléments tragiques : le destin individuel, le témoignage collectif. La sérénité de Lena Grove, l'amère sexualité de Joanna Burden et la fatalité de Joe Christmas sont des caractères individuels dans le grand chœur de la tragédie du Sud. Au milieu de ce chœur, une femme résiste et survit pour raconter : Miss Rosa Coldfield. Hors du chœur, un descendant survit pour (se) rappeler : Quentin Compson.

Tout comme la tragédie de Sophocle résonne bien au-delà de l'histoire grecque, les protagonistes et les décors de Faulkner, les chœurs et les coryphées s'intègrent dans un temps vécu comme l'occasion de transmuer l'expérience en destin. Peut-être est-ce le temps, au bout du compte, qui se tient au centre de la tragédie chez Faulkner. Son extraordinaire amplitude, son incomparable réceptivité sont résumées dans les paroles de Quentin, quand il dit que le présent a commencé voilà dix mille ans et que le futur se passe aujourd'hui même. Et Joe Christmas définit toute sa dimension tragique, sa prison sur la terre, quand il déclare : « Je suis allé plus loin en sept jours que pendant les trente ans passés. Mais je ne suis jamais parvenu à sortir du cercle. Jamais je ne me suis échappé du cercle que j'ai tracé, et jamais je ne le pourrai. »

Telle est la tension temporelle entre notre façon de vivre, de comprendre et d'endurer le passé, le présent et le futur, qui donne à la modernité tragique de Faulkner toute sa grandeur narrative.

Le thème de Faulkner est la restauration d'une communauté déchirée, non par l'histoire, mais par des hommes et des femmes qui ont divisé leurs terres et leurs âmes. Faulkner réunit tous les temps de ses personnages dans le présent narratif. Car l'unité de tous les temps est la seule réponse possible à la division. Faulkner propose l'affirmation d'un Je Suis collectif, contre toutes les forces de Séparation. Ses romans empruntent tour à tour la forme de « l'ode, de l'élégie, de l'épitaphe nées d'une réserve amère et implacable qui refuse la défaite ».

Femmes

Je crois dans les femmes. Dans leur sexe. Leur nom. Leur biographie. Leur expérience. Leur destin. La philosophe juive-allemande Edith Stein (1891-1942), d'abord disciple de Husserl, entra au Carmel en 1933. Elle devint sœur Bénédicte de la Croix, mais ne renonça jamais à ses racines. Elle faisait valoir que l'antisémitisme est un christicide. Aussi, comme le pape Pie XI avait déclaré textuellement « L'Église prie pour le peuple juif, porteur de la Révélation jusqu'à la venue du Christ », Edith Stein se sentit autorisée à demander à son successeur, Pie XII (Eugenio Pacelli), une encyclique pour protéger les israélites. « Spirituellement, nous sommes tous juifs », disait la religieuse au pape proallemand. Elle ne reçut pas de réponse. Pie XII ne protégea pas les Juifs, Edith Stein fut arrachée à la protection de l'Église et déportée par les nazis dans le premier camp de concentration : Dachau. Qui pourrait ignorer ces faits et nous parler du destin des femmes dans l'histoire, dans notre histoire ? Edith mourut à Auschwitz en 1942. Elle avait écrit peu auparavant dans son livre *La Science de la Croix* : « La raison nous divise. La foi nous unit. » J'ai entendu parler de cette femme très tôt, et je l'ai lue à dix-neuf ans, grâce à un philosophe mexicain disparu prématurément, Jorge Portilla. Edith Stein fut un penseur martyr, un mot dont l'étymologie signifie le « témoin ».

Avec Ossip Mandelstam, Anna Akhmatova (1889-1966) occupe la première place dans la poésie russe au XXe siècle. Les hommes l'aimaient, mais ne la comprenaient pas. Tous reconnaissaient qu'elle était plus orgueilleuse et plus intelligente qu'eux. Sous son apparente fragilité, il y avait une volonté de fer. Volonté et fragilité donnèrent des ailes à une poésie magnifique, dont l'essence est peut-être condensée dans un texte unissant dans une même reconnaissance – terrestre comme éternelle – l'écrivain et le lecteur : « Notre temps ici-bas est mesuré / La ronde prévue est fugace / Mais le lecteur – compagnon constant du poète – / Est aussi dévoué que pérenne. » Cette immense foi dans la poésie fut la grandeur – et la servitude – de cette femme. Résolue à suivre son chemin loin des restrictions de Jdanov et du « réalisme socialiste », Anna Akhmatova fut calomniée et persécutée par Staline. Le dictateur sagace voyait en elle une double force, dangereuse, intolérable : celle de la femme et celle du poète. Capable de lui disputer une parcelle de gloire. « Je prends à droite comme à gauche... et tout le silence de la nuit », écrivait-elle, soulignant que le chœur de la poésie est toujours « sur l'autre rive de l'enfer ». En 1935, sa poésie est interdite par le régime, elle-même est taxée de « putain contre-révolutionnaire [1] ». Mais ses poèmes restent dans la mémoire de ceux qui les ont lus à temps. La Seconde

1. Bien avant cela, son mari, le poète Goumilev (fondateur de l'« acméisme »), chrétien et royaliste, avait été fusillé. (N.d.T.)

Guerre mondiale correspond pour elle à un regain d'honneurs et de popularité : sa voix résonne dans les tonalités les plus profondes de la tradition russe et de la résistance de son peuple. Elle est alors consacrée. Trop consacrée. Ses poèmes et ses conférences en faveur de la ville assiégée, Leningrad, lui valent des ovations, et des prix. Mais elle sait que « tel un vampire, le bourreau trouvera toujours une victime, sans laquelle il ne peut pas vivre ». Et le bourreau attend dans l'ombre. À la fin de la guerre, Staline se demande si cette femme géniale et indépendante ne mérite pas de perdre ses illusions : avoir gagné la liberté en contribuant à la victoire. Elle est ainsi dépouillée de sa gloire comme de sa liberté. Elle perd son appartement et ses revenus d'écrivain. Elle vit dans la misère, ne subsistant que grâce à la charité de ses amis. Et pour lui faire comprendre une bonne fois pour toutes que le prix de la liberté créatrice est très, très élevé, son fils lui est enlevé, envoyé dans un camp de concentration. Quand il sera libéré, en 1956, ils ne se reconnaîtront plus, n'auront plus rien à se dire. Car le fils aura transféré sur sa mère la rancœur de sa propre souffrance.

« Mes contemporains et moi nous pouvons vous conter – dit Akhmatova dans son grand *Poème sans un héros* – comment nous avons vécu dans une peur inconsciente. Comment nous avons nourri nos fils pour le bourreau, pour le cachot, la salle de tortures... » Ailleurs, elle dit très justement : « Je visite rarement la mémoire et, quand je le fais, je suis toujours surprise. » Mieux vaut coller l'oreille au lierre et comprendre que « quelque chose de tout petit a décidé de vivre ». Quand Anna Akhmatova est morte, la file des gens endeuillés, à la porte de la Maison des Écrivains à Moscou, s'étendait sur plusieurs pâtés de maisons. Et voici son testament : « Nous ne connaissons même pas bien ce chœur magique des poètes qui sont les nôtres, nous ne comprenons même pas combien la langue russe est jeune et souple, nous ne savons même pas que nous venons tout juste de commencer à écrire de la poésie, que nous l'aimons et que nous croyons en elle... » On dit qu'elle a toujours marché d'un pas ferme et serein. Qu'elle ne s'est jamais laissé vaincre par toutes les tentatives pour l'humilier.

La philosophe juive de France Simone Weil (1909-1943) fut disciple d'Alain et de son précepte : repenser tout, chaque année, à partir de la lecture d'un philosophe et d'un poète, par exemple : Platon et Homère. Alain ne se voulait ni communiste ni socialiste : « J'appartiens à la gauche éternelle, celle qui n'exerce jamais le pouvoir, lequel, par essence, se prête aux abus. »

Simone Weil n'a pas seulement re-pensé les choses. Elle a voulu convertir sa pensée en action, la mettre à l'épreuve de la rue, de l'usine, du champ de bataille. Étudiante, on l'appelait la Vierge Rouge; sa façon d'être de gauche, c'était de travailler dans une usine, puis de lutter contre le fascisme en Espagne, puis de rejeter le « patriotisme d'Église » et les voix catholiques qui disaient : « Plutôt Hitler que le Front populaire. » Mais elle rejeta aussi bien le communisme soviétique, dès qu'elle eut connaissance des purges staliniennes. Elle ne cachait pas sa conviction : « Bientôt, on reconnaîtra les révolutionnaires authentiques au fait qu'ils seront les seuls à ne parler jamais de révolution. Rien, dans l'état présent, ne mérite ce nom. » Et tout en s'enracinant chaque jour davantage dans le monde du travail et de la politique, elle se sent toujours plus – entre la pesanteur et la grâce – attirée par Dieu. Elle sera une chrétienne hors Église, qu'elle considère comme une structure dogmatique et bureaucratique. Elle veut être avec Dieu – et agir librement. Et elle sera près de Dieu, car elle est convaincue que « tout ce qu'il a créé, c'est l'amour et les moyens d'aimer ». Le 24 août 1943, Simone Weil meurt d'inanition dans un hôpital anglais. On lui a interdit de rejoindre la Résistance en France. Alors, quoique minée par la tuberculose, elle n'accepte rien d'autre que la ration quotidienne d'un prisonnier des camps. J'ai cru toute ma vie en Simone Weil. Depuis ma lecture de son merveilleux essai sur *L'Iliade, poème du pouvoir*. Depuis que j'ai appris par cœur et que je cite de mémoire les leçons que Simone a puisées dans l'œuvre d'Homère : « Rien n'est à l'abri du destin. N'admire jamais le pouvoir, ne hais pas l'ennemi, ne méprise pas celui qui souffre. »

Gauche

Et la gauche ? A-t-elle encore sa raison d'être, après ses terribles échecs, tant d'opportunisme, de trahisons, de passivité tout au long du XXe siècle ? J'aimerais ici rappeler ses victoires – parce que j'y crois – contre les diverses variétés de fascisme en Europe, aux États-Unis ou en Amérique latine, mais aussi dans son combat contre les dictatures communistes. Cette gauche démocrate s'est incarnée dans des personnalités aussi diverses que le poète russe Ossip Mandelstam, le journaliste cubain Carlos Franqui, les écrivains Milan Kundera, Geörgy Konrad, Vaclav Havel ou Leszek Kolakowski en Europe centrale...

Et maintenant ? Le mur de Berlin s'est effondré, comme l'Union soviétique. Mais non l'injustice sociale. Ce qui n'a pas disparu, c'est l'exploitation de l'homme par l'homme.

Avec le siècle – et le millénaire –, on a vu partir en fumée deux théories réductrices de l'économie et de la société. Le soi-disant « socialisme réel », qui n'était ni socialiste ni réel, mais la façade totalitaire et dogmatique d'une économie sans liberté ni efficacité, qui est tombée avec le Mur en 1989. À sa place, un autre dogme, celui d'une liberté illimitée du marché, a été mis en pratique par les gouvernements anglo-saxons de Ronald Reagan et de Margaret Thatcher. Abandonnées aux divines mains du marché, les forces économiques, concentrées au sommet, étaient censées distiller peu à peu *(trickle down)* des bénéfices à la majorité. Cela non plus n'est pas arrivé. La concentration au sommet est restée où elle était et, comme l'a signalé justement (comme toujours) John Kenneth Galbraith, la prétendue absence de l'État s'est transformée en présence massive et brutale quand il s'est agi d'augmenter les dépenses militaires ou de renflouer des banques frauduleuses ou en faillite. Ainsi, la droite postcommuniste a élargi le fossé entre les riches et les pauvres, en rendant plus précaire encore la situation des démunis, en concentrant les richesses et en consacrant le néodarwinisme professé par Reagan : le pauvre est pauvre parce qu'il est fainéant.

Dernièrement, les gouvernements dirigés par des partis de centre gauche, dans la plupart des pays d'Europe occidentale, ont réagi contre ces deux dogmatismes. Mais leurs politiques sont confrontées à une réalité implacable qui est la globalisation laissée à elle-même, sans lois pour la réguler, abandonnée aux caprices de la spéculation, qui prime sur toute normativité nationale ou internationale.

Si quelque chose doit unir la nouvelle gauche européenne, c'est la volonté de soumettre la globalisation aux lois démocratiques. Le « darwinisme global » ne peut entraîner que de l'instabilité, des crises financières, des inégalités croissantes. La mission de la nouvelle gauche serait de contrôler la globalisation et de régler démocratiquement les conflits qui en découlent. Il ne s'agit pas de craindre la mondialisation; au contraire, il y a dans ce processus un nouveau territoire historique, une nouvelle possibilité d'action.

La globalisation devrait attirer l'attention de la gauche sur le fossé qui se creuse aussi entre l'espace économique et la gestion politique. Pour le dire en d'autres termes, il y a, d'un côté, une économie à toute allure et, de l'autre, les atermoiements de l'adaptation politique. Le contrôle démocratique en devient très malaisé. Mais cela même doit pousser la gauche à combattre les distorsions du marché dans la distribution des richesses, à prendre des mesures de solidarité sociale, à protéger l'environnement, à promouvoir la création de biens publics et la vie politique comme instrument de décision rationnelle.

La globalisation prête une énorme influence aux acteurs non politiques et affaiblit les pouvoirs élus au bénéfice des non-élus. Le danger n'est plus « l'ogre philanthropique », l'État dévorant critiqué par Octavio Paz [1], mais « l'ogre déchaîné », le marché sacralisé quand, pour citer Milos Forman, « nous sortons du zoo pour entrer dans la jungle ». Que la politique et le marché se soutiennent donc mutuellement, voilà le désir de la nouvelle gauche. « Nous vivons dans une économie de marché, non dans une société de marché » : cette nuance de Lionel Jospin est centrale dans la nouvelle philosophie. C'est parce que de nouvelles inégalités ont surgi à côté des anciennes, que la gauche réaffirme la valeur de l'égalité. Et Norberto Bobbio a également souligné l'importance de cette question. Loin de négliger le concept d'égalité, la globalisation doit le revaloriser, en le projetant sur un horizon élargi,

1. Voir Octavio Paz, « L'ogre philanthropique », trad. J.-Cl. Masson, dans *Rire et Pénitence*, Paris, Gallimard, 1983. (N.d.T.)

sans dogmes déterministes, mais chevillé à des politiques aussi concrètes que possible. En premier lieu, il faut apporter la plus grande attention à l'éducation sous toutes ses formes : instruction élémentaire, enseignement moyen et supérieur, éducation permanente.

Ceux qui s'opposent à toute innovation conduisent les ouvriers à l'échec. La nouvelle gauche ne peut être un néoluddisme, mais une politique fondée sur des accords contractuels qui tiennent compte de la flexibilité des entreprises *et* des travailleurs. Le modèle capitaliste des usines Ford est mort et enterré, comme le stakhanovisme soviétique. Une politique de plein emploi n'est plus concevable : la gauche doit plutôt poursuivre une politique de croissance, où le marché proposerait un grand nombre de travaux temporaires, avec plus de mobilité, ce qui, pour revenir au fondement du projet, implique des systèmes d'éducation et de formation permanentes. Le gouvernement français de Jospin a compris le premier que l'économie actuelle signifie moins d'heures de travail et davantage d'occupations.

Plus de croissance, donc, et plus d'égalité. Cela exige des mesures aussi concrètes que la modernisation de l'infrastructure de régulation économique, la réforme fiscale, la refonte des marchés financiers, du secteur bancaire et des entreprises. Et cela nécessite une constante négociation sociale pour combattre l'inflation en augmentant le revenu réel des travailleurs. La DS italienne faisait observer que, de 1996 à 1998, la gauche en Italie est parvenue à ce double résultat, avec une augmentation des salaires de 3 %, alors que les gouvernements de technocrates, précédemment, avaient conduit à leur dévalorisation.

La gauche peut démontrer que la globalisation n'est ni un monstre ni une valeur en soi. Il ne s'agit pas de la soumettre à un jugement de valeur, mais à des pouvoirs politiques responsables et librement élus. Comme l'indique Massimo d'Alema, il conviendrait de créer une instance politique supranationale pour gérer la globalisation. Alors, la globalité serait une chance pour tous. Mais, sans cette régulation, elle verserait dans l'anarchie et l'inégalité générale. À cette heure, la globalité fait trop bon ménage avec l'irresponsabilité. La gauche devra insister sur la nécessité de dispositions politiques internationales pour « moduler l'expansion et la rendre compatible avec les valeurs de la démocratie, de la liberté individuelle et collective, et de la juste distribution des richesses » (Massimo d'Alema).

Le futur de la gauche, comme l'a souligné l'ancien Premier ministre italien, sera déterminé par sa capacité à proposer et à se transformer. Les valeurs permanentes d'égalité (non d'égalitarisme ni de nivellement) et de liberté de choix doivent aller de pair avec celles qui nous délivrent de la nécessité. Le capitalisme nous récite les raisons de l'économie, mais la démocratie doit proposer les valeurs du consensus politique. En assurant un compromis entre les deux, la gauche est l'espace politique où les plus faibles peuvent lutter et se faire entendre.

Le défi est immense, bien sûr. Car un autre courant, plus radical, de la gauche italienne affirme que le capitalisme « global » ne cherche plus de consensus, qu'il vit en contradiction permanente avec l'État de droit et avec ses propres déclarations sur les droits de l'homme. Il n'y a pas de droits de l'homme; juste les droits du marché.

Cette critique sévère n'est pas incompatible avec les objectifs poursuivis par la gauche réformiste. Soutenir le contraire reviendrait à plaider pour le *statu quo* et à accroître encore le découragement devant un processus prétendument inévitable. En Italie, Walter Veltroni et les démocrates de gauche ont un programme qui trace clairement une ligne de partage entre la droite et la gauche, celle-ci ayant à la fois le souci de la croissance et de l'égalité.

Cela dit, je n'oublie pas la mise en garde salutaire de mon amie Rossana Rosanda : Il vaut mieux cultiver les doutes que les certitudes raisonnables. Cela aussi, peut-être, pourrait définir une nouvelle gauche, qui abandonnerait les jugements tout faits des terribles dogmatismes qui ont souvent conduit à sa fragmentation, à la maigreur désolante de ses programmes et, finalement, au désastre. Il m'en coûte de reconnaître que le cas de la gauche mexicaine est particulièrement éclairant à cet égard.

Au Mexique, les élections du 2 juillet 2000 ont mis fin aux soixante et onze ans de domination par un parti unique (le Parti révolutionnaire institutionnel, ou PRI, issu de la Révolution) et ont révélé l'insuffisance anachronique des partis politiques. Le PRI vivait de sa symbiose avec le Président de la République. Un PRI sans Président est comme un œuf sans sel (ou plutôt comme une poule hirsute voletant à travers la basse-cour dans un règlement de comptes du genre *O.K. Corral)*. Le PRD (Parti de la révolution démocratique) a représenté l'opposition de gauche au PRI, mais, comme celui-ci, il donne des signes de défaillance interne. Ses consignes contre le PRI n'ont plus de sens : tous deux, maintenant, sont des partis d'opposition. Mais les propositions du PRD ressemblent trop au programme de la vieille gauche nationaliste, assoiffée d'un mégalo-État, aussi grand par ses proportions que minuscule par l'efficacité. En renonçant à profiter des avantages du monde moderne, en les refusant en bloc comme un instrument du complot contre la nation, la gauche mexicaine marque le pas ; elle a besoin d'une remise à jour par la voie de la social-démocratie. Mais une partie du vieux PRI est irrécupérable, avec ses dinosaures incapables d'abandonner leurs pratiques immémoriales de fraude électorale. Il faut parier sur l'autre courant, qui sauvegarde les meilleures traditions de la Révolution mexicaine, en les réactualisant dans un pays ouvert au monde, à la modernité critique et aux occasions offertes par une globalisation adaptée aux réalités locales.

Le centre droit (le Parti d'action nationale du président Vicente Fox) est au pouvoir. Face à lui, la seule opposition qui vaille est la social-démocratie de centre gauche (j'écris ces lignes en 2001).

La transition démocratique en Espagne a donné l'exemple d'un passage réussi d'une dictature (beaucoup plus dure que celle du PRI) à un État démocratique. Quatre décennies de guerre civile et de régime franquiste avaient imposé à l'Espagne bien des obligations : les acteurs politiques de la transition ont su les remplir, en veillant à servir le pays et la démocratie, non les intérêts partisans. Le roi Juan Carlos fut le grand médiateur de toutes les tendances, dont il assura l'équilibre. La gauche postfranquiste prit les rênes du pouvoir en 1982, avec à sa tête un politicien exceptionnel, Felipe González. Pendant treize années, le Parti socialiste affronta et dénoua le problème le plus complexe de l'Espagne après Franco : adapter les structures politiques au développement économique et social, en les intégrant à l'Europe qui se façonnait, loin du simplisme manichéen de la guerre froide et des formules creuses du soi-disant socialisme réel à l'est de l'Elbe.

Le gouvernement de Felipe González a encouragé le développement du marché intérieur espagnol, toujours accompagné de politiques sociales en faveur de l'emploi, des salaires, de la santé. Il a démontré que la gauche moderne peut satisfaire les demandes de la croissance avec les exigences de la justice, alors que la droite, récalcitrante, a les yeux tournés vers des privilèges à restaurer, ou tourne carrément le dos aux revendications sociales. En faisant entrer son pays dans la Communauté économique européenne, Felipe González lui a garanti d'énormes avantages pour combler tous les retards de la Péninsule en matière de communications, de modernisation et de capitalisation du réseau industriel, qui ont profité de toutes les avancées de l'Europe occidentale. Et l'Espagne socialiste n'a rien perdu en souveraineté : elle a gagné en solidarité.

Comme toute œuvre politique, celle de Felipe González et de ses compagnons du PSOE fut imparfaite, inégale, et souffrit de l'usure du temps. Mais je vois se profiler dans leurs réalisations une gauche démocratique pour le XXIe siècle, une gauche qui ne diabolise plus l'entreprise privée ni l'État. Ceux-ci doivent assurer leurs fonctions propres, en s'appuyant sur la vigueur et la pluralité de la société civile, sur la vie des partis, sur l'exercice réel et vigilant des processus démocratiques.

Devant les ruines du stalinisme comme du libéralisme sauvage, incapables d'atténuer l'effroyable misère et les terribles inégalités d'un hémisphère de quatre cents millions d'êtres – dont deux cents millions vivent dans la pauvreté –, la gauche démocratique en Amérique latine doit rendre la priorité aux questions d'ordre social : éducation, santé, logement, travail, salaires, infrastructures, droits de la femme, respect du troisième âge comme des minorités sexuelles, protection des ethnies, lutte contre le crime organisé et l'insécurité. Une gauche moins idéologique, donc, et plus pragmatique.

Une gauche regrettant ce qu'elle n'est plus ne pourrait pas construire ce qu'elle doit devenir. De la même façon, la gauche au pouvoir doit toujours admettre l'existence d'une autre gauche en dehors des institutions : celle qui, justement, résiste au pouvoir, même (et y compris) quand c'est celui... de la gauche. Voilà un autre défi pour la gauche du siècle qui vient : apprendre à se critiquer elle-même pour ne plus tomber dans le dogmatisme, l'arbitraire et les impostures qui l'ont entachée au long du XXe siècle.

Globalisation

Dans ma vie, quatre thèmes à la fois politiques et socioéconomiques ont retenu toute l'attention de mes contemporains. Ce fut d'abord, entre 1928 et 1939, la révolution, le fascisme et la crise économique. Piers Brendon, professeur à l'université de Cambridge, a surnommé cette époque « la sombre vallée ». Onze années où le mal et la stupidité se disputèrent la palme. Le mal était personnifié par la montée des totalitarismes : le fascisme italien, le national-socialisme allemand, le militarisme japonais, le stalinisme russe. La stupidité, accompagnée d'une lâcheté aveugle et d'un tâtonnement salonard, caractérisa l'action des démocraties européennes, à commencer par la France et l'Angleterre. L'heure de vérité fut sonnée par la guerre d'Espagne, arène de tous les courages et de toutes les turpitudes, de toutes les grandeurs et de toutes les servitudes du « siècle le plus bref », pour citer Eric Hobsbawm. De cette horrible décennie sortirent des vainqueurs : les États-Unis d'Amérique. Confrontés comme le reste du monde à la dépression économique, à l'inflation, au chômage, à la crise du capitalisme, Franklin Roosevelt et le « New Deal » n'eurent pas besoin de faire appel à la dictature hitlérienne ou à la tyrannie stalinienne; ils se tournèrent vers les ressources humaines, convoquèrent l'imagination démocratique et la dynamique sociale.

Le deuxième thème qui nous a absorbés fut la Seconde Guerre mondiale. On l'a baptisée la seule bonne guerre. Certes, il ne fait aucun doute que le mal ne s'était jamais incarné de façon plus atroce que dans le nazisme. Le combattre vous absolvait de tout péché d'alliance avec le moindre mal : Staline. Mais cela imposait encore une foi quasi absolue dans la liberté telle que la représentaient les Alliés. Autrement dit, les maux du capitalisme occidental et du totalitarisme soviétique étaient oblitérés par le mal absolu de l'Holocauste, les camps de concentration, l'asservissement de la France, de la Belgique, de la Hollande, du Danemark, de la Norvège, des Balkans, de la Grèce... Même les crimes innombrables des « purges staliniennes » semblaient effacés, un instant, par le siège de Leningrad et la gloire de Stalingrad.

La liesse qui accompagna la victoire des Alliés ne tarda pas à céder la place à la longue et terrible étape de la guerre froide. Un demi-siècle, ou presque, d'un manichéisme à outrance. D'une part, la soumission totale de l'Europe centrale à la dictature soviétique; de l'autre, comme un reflet symétrique, la « chasse aux sorcières » de McCarthy. Et si les États-Unis réagirent finalement contre l'« indécence » de cette déviance, ce fut pour imposer à leur voisine, l'Amérique latine, une diabolisation répressive et régressive de toute réforme économique et sociale au nom de la paranoïa anticommuniste qui unit l'impérialisme nord-américain au militarisme latino-américain. Commencées au Guatemala en 1954, les guerres en Amérique centrale ne prirent fin qu'en 1980, grâce à l'action diplomatique de Contadora et aux initiatives du président du Costa Rica, Óscar Arias. De John Foster Dulles (« Les États-Unis n'ont pas d'amis, ils ont des intérêts »), à Ronald Reagan (« Les sandinistes peuvent arriver en vingt-quatre heures de Managua à Harlingen, Texas »), notre région fut durement frappée, avec la mort de plus de trois cent mille personnes en Amérique centrale, et la torture, l'exécution ou l'exil de milliers d'Argentins, d'Uruguayens, de Chiliens, de Brésiliens. Atroce arithmétique de la guerre froide dans notre hémisphère, dont les blessures n'ont pas fini de se fermer. La mémoire de l'horreur est encore vive. J'ai connu des Chiliennes qui ont été violées par des chiens en présence de leur mari et de leurs enfants, dans les cachots de celui qui voulait passer pour le bastion du christianisme : Augusto Pinochet. J'ai connu des mères d'Argentine qui ne reverront jamais leurs fils « disparus » sous le régime militaire de Jorge Videla. J'ai vu les visages d'hommes et de femmes blêmir en entendant citer le nom de « l'ange de la mort », le beau capitaine blond Astiz, qui précipitait des religieuses vivantes en plein vol au-dessus du Río de la Plata ; ou en entendant mentionner le nom du général chilien Contreras, assassin d'Orlando Letelier dans les rues de Washington, de Carlos Prats dans les rues de Buenos Aires, de Bernardo Leighton dans les rues de Rome. Ariel Dorfman n'exagère pas dans sa pièce *La Mort et la Jeune Fille* : dans les salles de torture de la DINA, à Santiago du Chili, les sbires de la dictature s'amusaient à introduire des rats vivants dans le vagin des prisonnières.

Le siècle le plus court de l'histoire : de Sarajevo, 1914, à Sarajevo, 1994. Qu'il nous paraît long, comparé à cela, le XIXe siècle, qui va de la Révolution française à la Première Guerre mondiale ! Et qu'il nous semble long, du point de vue culturel, ce siècle qui, en littérature, va de Goethe à Joyce, qui commence en peinture avec Ingres et Delacroix pour aller jusqu'à Matisse et Braque, qui part, en philosophie, de Kant et de Schopenhauer pour aboutir à Husserl et à Heidegger. Qu'il est court, en comparaison, le XXe siècle, qui commence avec Picasso et se termine avec lui.

La question finale du XXe siècle se prolonge à présent, au XXIe : elle s'appelle globalisation (« mondialisation », dans le vocabulaire de l'exception française). Et moi, qui ai vécu durant les quatre étapes, je dis que la globalisation est le nom d'un système de pouvoir. Comme l'Esprit saint, il n'a pas de frontières. Mais, comme l'Everest, il est là, devant nous. Comme la loi de la gravitation universelle, c'est une évidence irréfutable. Et, comme le dieu latin Janus, il a deux visages. Le bon côté est celui des progrès techniques et scientifiques, les plus rapides de toute l'histoire. Le libre-échange, postulat de la liberté économique depuis l'époque du *Zollverein* prussien, qui cimenta l'unification de l'Allemagne. L'apport massif des investissements étrangers. Le libre accès à l'information, et sa diffusion instantanée, qui révèlent à la face du monde les Nérons d'opérette qui, naguère encore, se cachaient sous les lianes des forêts d'Afrique, d'Asie et d'Amérique latine. L'universalisation du concept des droits de l'homme et le caractère imprescriptible des crimes contre l'humanité : ainsi de tous les méfaits commis par le général Pinochet.

Mais Janus a un autre visage, beaucoup moins attrayant. La rapidité même du développement technologique laisse derrière elle, peut-être pour toujours, les pays incapables de soutenir le rythme. Le libre commerce accroît encore les profits des grandes multinationales (très peu nombreuses), en ruinant les PME, nuisant ainsi à l'emploi, aux salaires et au bien-être de la majorité, et en bridant le développement du « tiers-monde ». Par conséquent, la globalisation accentue la division entre riches et pauvres, à l'échelle internationale comme au sein de chaque pays : 20 % de la population mondiale consomme 90 % de la production mondiale. On voit se dresser le spectre d'un darwinisme global, pour citer le président Óscar Arias. Les investissements spéculatifs priment sur les productifs : 80 % des six milliards de dollars qui circulent chaque jour sur les marchés financiers sont des capitaux de pure spéculation. Les crises de la globalisation, de ce fait, ne sont pas des crises de l'entreprise, de l'information ou de la technologie : ce sont des crises du système financier international, entraînées par la suppression des contrôles sociaux de l'économie et par la diminution du pouvoir politique face à la toute-puissance d'une ploutocratie hédoniste.

Union de Crésus – l'argent – et de Hêdonê – le plaisir –, la culture globale devient un défilé de mode, un écran géant, un vacarme stéréophonique, une existence de papier *couché**. Elle fait de nous de « joyeux robots », disait C. Wright Mills. Elle nous condamne, pour citer le titre du livre de Neil Postman, à « nous divertir à mort ». Entre-temps des millions d'êtres humains succombent sans avoir pu sourire une seule fois. L'exode massif du monde rural vers les grandes villes finira par anéantir, au XXIe siècle, une des plus anciennes formes de vie sur terre. Il n'y aura plus qu'une vie citadine. Et une crise généralisée de la civilisation urbaine : pandémies incontrôlables, personnes sans abri, infrastructures détruites, discriminations diverses (contre les minorités sexuelles, contre la femme, l'immigrant). Mendicité. Criminalité.

Y a-t-il une réponse à cette crise ? Quel rôle doit y jouer cette gauche dans laquelle je me suis formé, dont j'ai assimilé les idéaux et dont j'ai été le témoin, pour le meilleur et pour le pire ? La politique peut-elle à nouveau exercer son contrôle sur des marchés anarchiques ? L'État a-t-il encore sa place dans le monde globalisé ? Oui. Il le peut. Il le doit. L'antiétatisme friedmanien des années Reagan-Thatcher a dévoilé son hypocrisie et ses carences. Déclaré obsolète, l'État avait pourtant bon dos quand il fallait voler au secours de banques en faillite, de financiers frauduleux, d'industries menacées. Aujourd'hui, nous constatons de toutes parts qu'il n'y a pas de démocratie stable sans État fort. Loin d'atténuer le rôle de l'État, la globalisation étend le domaine de la compétence publique. Ce qui s'est estompé, en revanche, c'est l'État propriétaire. Ce qu'il faut plus que jamais, c'est un État régulateur, normatif. Toutes les nations développées le prouvent. À plus forte raison faut-il œuvrer dans ce sens parmi les pays aux acteurs économiques faibles : c'est le cas de l'Amérique latine.

Car on voit bien les effets nocifs d'une globalisation échappant à tout contrôle politique, national et international, pour favoriser un système spéculatif qui, de l'aveu même d'un de ses protagonistes, George Soros, est parvenu à ses limites. Si ce processus n'est pas freiné, nous prévient Soros, le monde sera entraîné dans une catastrophe. Les crises de la globalisation – Philippines, Malaisie, Brésil, Russie, Argentine – ont une origine perverse : le marché surévalue le capital financier, en sous-estimant le capital social.

La mission de ce corps social que, faute de mieux, nous continuerons d'appeler « la nation », consiste à revivifier les valeurs du travail, de la santé, de l'éducation et de l'épargne : il faut remettre au centre les ressources humaines.

Peut-on tolérer un monde où les besoins de l'instruction élémentaire dans les pays en voie de développement sont de neuf milliards de dollars, c'est-à-dire l'équivalent de la consommation annuelle de cosmétiques aux États-Unis ?

Peut-on tolérer un monde où les besoins sanitaires, les besoins en eau et en alimentation des pays pauvres pourraient se résoudre moyennant un investissement initial de treize millions de dollars – l'équivalent de la consommation annuelle de crèmes glacées en Europe ?

Tous ces faits devraient inciter la communauté internationale à donner un visage humain à l'ère de la globalisation.

Les problèmes ne peuvent attendre un nouveau siècle des Lumières qui tarde beaucoup à se montrer et qui, peut-être, ne viendra jamais.

Puisque charité bien ordonnée commence par soi-même, ce que nous devons d'abord nous demander, dans les nations latino-américaines, c'est sur quelles ressources nous pouvons compter pour asseoir les bases d'un développement qui, à partir de nos hameaux, de nos villages, nous permettra, au bout du compte, de ne plus être des victimes passives, mais de jouer activement dans ce mouvement global accéléré du XXIe siècle.

La globalisation en soi n'est pas une panacée pour l'Amérique latine. Et nous ne ferons pas exception, confrontés à cette vérité qui se profile plus clairement chaque jour : il n'y a pas de structure globale qui vaille sans réalité locale qui serve.

Autrement dit : il n'est pas de participation globale viable qui ne parte d'une saine gestion locale. Et l'administration locale a besoin des secteurs public et privé, rénovés, efficaces, conscients de leurs responsabilités respectives.

La globalisation sera jugée. Et ce jugement la condamnera si elle devient synonyme de chômage croissant, de services publics en déshérence, de perte de souveraineté, de désintégration du droit international. Bref, si la globalisation devient l'instrument d'un cynisme politique grâce auquel, une fois disparues les bannières démocratiques agitées contre le communisme pendant la guerre froide par le soi-disant monde libre, celui-ci se frotte les mains devant la disparition des bureaucraties totalitaires et l'émergence de capitalismes autoritaires, pragmatiques, comme en Chine, toujours préférables – dans la logique globale actuelle – au néolibéralisme raté, façon russe.

La globalisation peut signifier un monde indésirable, dominé par la logique spéculative, l'oubli de la personne concrète, le mépris du capital social, la raillerie devant les restes des souverainetés nationales déjà profondément blessées, la destitution de l'ordre international et la consécration du capitalisme autoritaire comme forme expéditive de sécurité, sans autre explication.

Mais le défi est là : l'Everest ne bougera pas. Comment l'escalader ? Comment convertir les tendances négatives en processus positif ?

Pouvons-nous profiter des occasions offertes par la globalisation pour assurer la croissance, la prospérité, la justice ? Je pose la question parce que, si la globalisation est inévitable, cela ne veut pas dire qu'elle soit fatale. Elle doit être contrôlée, jugée en fonction de ses conséquences sociales.

Mais est-il possible de socialiser l'économie globale ?

Je crois que oui, au prix d'un effort particulièrement exigeant.

Oui, dans la mesure où nous saurons soumettre les nouvelles formes de relation économique internationale aux décisions de la société civile, au contrôle démocratique, aux réalités culturelles locales.

Oui, dans la mesure où la société civile se montrera capable d'offrir des alternatives au prétendu modèle unique.

Oui, si la société civile refuse la fatalité, le *fait accompli**, si elle repense constamment les conditions sociales, en rappelant à tous les pouvoirs que nous vivons dans la contingence ; si elle articule la globalité aux réalités sociales concrètes, variables en fonction des « nations ».

Mais, répétons-le, la globalisation en soi n'est pas une panacée. Il faut à sa base des sociétés civiles actives, des cultures diversifiées qui s'opposent aux menées d'une « culture » mondiale du divertissement, uniforme, exclusive, insignifiante.

L'État comme l'entreprise doivent privilégier le bien-être et la productivité des peuples, et non vouloir jouer les stars d'une superproduction globale dans laquelle, presque toujours, ils ne sont que des figurants.

Il est également essentiel que la vie démocratique rende à la notion (fort malmenée) de souveraineté son sens politique originel : il n'y a pas de nation souveraine dans l'ordre international si elle ne l'est d'abord à l'échelle nationale, c'est-à-dire si elle ne respecte pas les droits de sa population conçue, non comme des chiffres de statistique, mais comme un ensemble spécifique : non pas de simples habitants, mais des citoyens.

Alberdi disait : Gouverner c'est peupler ; oui, mais

peupler c'est éduquer, aurait ajouté Sarmiento [1]; seuls des citoyens éduqués peuvent œuvrer au profit de leur nation – et du monde.

L'unique base solide et créative d'une globalisation en termes de croissance, de prospérité et d'équité, est l'identification active de la société civile, de la démocratie et de la culture comme les dépositaires inséparables d'une nouvelle souveraineté au XXIe siècle. Cela impliquerait aussi la refondation, peut-être sous un autre nom, de ce plébiscite quotidien qui fait une « nation », au dire de Renan.

Secteur public et secteur privé doivent garder en vue, avant toute chose, le bien de la communauté locale. Il faut par conséquent que le troisième secteur serve de pont entre les deux, comme une instance politique supplétive. Le grand bateau de la globalité ne peut jeter par-dessus bord ni la fonction publique, ni l'initiative privée, ni la voix des sociétés où elles opèrent. Sans une ligne de flottaison équilibrée par les trois facteurs, le *Titanic* serait sans défense devant les icebergs d'une histoire pleine d'embûches, de tourmentes, de déplacements, de surprises financières, ou devant la résurrection d'anciens préjugés et la résistance de vieilles cultures.

Car, en plus des vices du village global, on voit réapparaître les calamités du village local. Le tribalisme. Les nationalismes réducteurs et chauvins. La xénophobie. Les préjugés raciaux ou culturels. Les fondamentalismes religieux. Les guerres fratricides. Loin

---

1. Juan Bautista Alberdi et Domingo F. Sarmiento : deux grandes voix de la littérature politique en Argentine au XIXe siècle; voir en particulier le célèbre *Facundo* de Sarmiento (trad. M. Bataillon, Paris, L'Herne, 1990). (N.d.T.)

d'être finie, l'histoire est plus vivante que jamais, et elle nous défie plus encore.

Nous sommes là très loin de la première mondialisation : l'ère des grandes découvertes, des périples et circumnavigations, de la création du *jus gentium*, le droit international comme réponse aux processus globaux de la Conquête, de la colonisation et de la rivalité commerciale.

L'autre mondialisation fut le passage de la « première vague » agro-féodale (Toffler) à la « seconde vague » d'une rapide industrialisation qui destitua le monde rural et artisanal, et entraîna la rébellion de Ned Ludd et de ses partisans (les luddites), détruisant les machines qui ruinaient le travail de l'artisan et du paysan.

De nos jours, un néoluddisme que l'ancien président mexicain Ernesto Zedillo a baptisé « globaliphobie » tente à nouveau de s'opposer à l'imparable : la nouvelle économie technoscientifique et informatique, où la qualité des produits prime sur la quantité, et qui se fonde sur de vastes alliances mondiales pour la production, la distribution et la rentabilité. Comme au XIXe siècle, bien sûr, cela ne va pas sans bouleversements, sans injustices ni douleur.

Mais il est également certain, comme au XIXe siècle, que la nouvelle économie ne disparaîtra pas sous le coup des manifestations de mécontentement.

Je disais : l'Everest est devant nous, il ne bougera pas. La question est de savoir comment en faire l'ascension.

Au Brésil, le Christ du Corcovado est devant nous, lui aussi. Il ne s'agit pas de le dynamiter sous prétexte que le monde est imparfait. Il faut l'embrasser pour que le monde soit moins imparfait.

Il y a deux milliards d'ordinateurs dans le monde. Et

les téléphones, de plus en plus, seront reliés aux ordinateurs. Les voix et les données se multiplieront, la communication de l'un à l'autre deviendra la communication de l'un avec les autres.

Même les guérilleros, comme le montre l'exemple du sous-commandant Marcos au sud du Mexique, feront leurs révolutions par Internet.

Dernièrement, dans le journal espagnol *El País*, l'ex-président américain Bill Clinton se fit l'écho d'une nouveauté impressionnante à l'échelle planétaire : quand il entra à la Maison-Blanche, en janvier 1993, il existait à peine cinquante sites sur le réseau informatique ; à la fin de son mandat, huit ans plus tard, il y en avait trois cent cinquante millions.

Cela veut-il dire que les nouvelles technologies résolvent les problèmes fondamentaux de l'immense majorité des pauvres en Amérique latine et ailleurs ?

À elles seules, bien sûr que non.

Mais dans la mesure où les nouvelles techniques se répandent comme un facteur d'éducation accélérée dans des régions où les enfants doivent marcher trois heures pour aller à l'école, où les instituteurs sont sous-payés, alors oui.

Dans la mesure où la technologie et l'information peuvent parvenir jusqu'à des régions déshéritées, érodées ou improductives, et montrer comment sauvegarder la terre, l'eau et les forêts, comment rentabiliser le travail agricole, alors oui.

Dans la mesure où la technologie et l'information véhiculent un remède fondamental à la pauvreté, qui est la généralisation du micro-crédit, alors oui.

Dans la mesure où la nouvelle économie peut multiplier les débouchés des petits producteurs moyennant la localisation des marchés, alors oui.

Dans la mesure où la technologie et l'information donnent aux citoyens une possibilité de rétablir les contrôles politiques et sociaux de l'économie, alors oui.

Dans la mesure où la globalisation offre à chaque individu les outils culturels nécessaires pour apprendre, produire et décider, alors oui.

Dans la mesure où l'information et la technologie permettent aux citoyens d'affirmer leur personnalité, de comprendre leurs propres intérêts et d'assumer leur propre culture, alors oui.

Dans la mesure où les nouvelles techniques rendent à l'État et à la politique leur rôle de premier plan, alors oui.

Globalisation et politique. Le politologue mexicain Federico Reyes Heroles l'a clairement précisé : « Dans notre Amérique latine (...) les agents économiques n'ont pas les moyens de se substituer à l'État. Oublions l'État providence, mais fortifions l'État régulateur. »

Heroles nous rappelle qu'il n'y a pas de démocratie stable sans État fort. Les économies de l'hémisphère Nord en sont la preuve. Loin de restreindre les fonctions régaliennes, la globalisation et l'ouverture élargissent la sphère publique et renforcent, par la voie fiscale, le rôle de redistribution de l'État.

L'État latino-américain reste indispensable pour définir les politiques de santé, d'alimentation, d'éducation. Il doit veiller à l'efficacité des dépenses publiques et accroître les mesures d'ordre social.

Je n'oublie pas une seconde les maux de l'économie globale. L'abîme croissant entre les pauvres et les riches ; la suppression ou l'abandon de métiers et de méthodes traditionnels ; l'urbanisation dévastatrice ; le pillage des ressources naturelles; la destruction des structures sociales; la vulgarité de la culture commerciale.

Mais je renvoie dos à dos deux politiques : celle de l'autruche, la tête enfouie dans le sable; et celle de l'éléphant dans le magasin de porcelaine.

Le refus pur et simple ne mettra pas fin au processus de globalisation. Il faut donc savoir en tirer parti.

Une fois les oppositions épuisées, les résistances renforcées, les vertus assimilées, les aspérités limées, les réalités de la forêt vierge comme celles du jardin zoologique global administrées par des politiques sensées, quelles seront les nouvelles pommes de discorde d'ici quarante à cinquante ans, quand je ne serai plus là ? J'en vois trois. La protection de l'environnement. Les droits de la femme. Et la défense de la sphère personnelle contre l'invasion publique, tout comme la défense de la sphère publique contre la rapacité privée.

Enfin, proclamer l'existence d'un « axe du mal » en ce monde est une façon simpliste de combattre le terrorisme, en l'assimilant à deux ou trois États hâtivement choisis. Le terrorisme n'a pas d'État. C'est sa force et sa faiblesse. Il manque de drapeaux. Il n'a pas de visage. Il se montre un jour en Afghanistan, le lendemain au Pays basque, un autre en Oklahoma, puis dans les rues de Belfast. La tragédie du 11 septembre 2001, à New York, nous a tous horrifiés, en même temps qu'elle venait confirmer que le terrorisme est un phénomène universel. Il faut le combattre vigoureusement, mais sans diaboliser des nations ou des cultures entières, et sans se méprendre sur ses causes. Sans tomber lamentablement dans des pièges comme la prétendue haine historique des États-Unis, la corruption et l'inefficacité de certains régimes islamiques, et, moins encore, comme un choc de civilisations. Les causes profondes des conflits sont à chercher dans l'instabilité, l'iniquité, la pauvreté, l'exclusion et, d'une manière générale, dans l'absence d'un ordre adapté à la réalité nouvelle.

Il faut une nouvelle légalité, adaptée à ces réalités. Le Protocole de Kyoto, pour défendre l'environnement, en est un exemple. La Cour pénale internationale, pour juger les crimes de guerre et assurer la défense des droits de l'homme, en est un autre. Mais ces diverses propositions de la communauté internationale sont aujourd'hui minées par l'aveugle arrogance de l'Administration Bush Jr. Pour la première fois depuis l'apogée de l'empire romain, une seule puissance domine le monde entier : « Les Etats-Unis sont le seul modèle survivant du progrès de l'humanité », a déclaré le président américain. La communauté internationale est « dérisoire », le droit international une « utopie », ajoute la conseillère de Sécurité Condoleza Rice, et les Etats-Unis agissent uniquement en fonction de leurs intérêts nationaux. Bref, loin de créer une nouvelle légalité, que Clinton appelait de ses vœux, la nouvelle superpuissance, par ses caprices, son mépris du droit, son obsession du pétro-pouvoir (avec les séquelles incalculables dans les régions sensibles, à commencer par la Méditerranée orientale), nous expose à des menaces imprévisibles. Comment les conjurer ? Il faut d'abord unir la volonté politique de tous ceux – Européens, Asiatiques, Africains, Latino-Américains – qui ne sont pas les « modèles de survie du progrès de l'humanité », mais qui représentent l'immense majorité de la Planète. Sombres temps que les nôtres.

C'est pourquoi il est crucial de construire, peu à peu, le nouvel édifice de la légalité internationale. N'ouvrons pas, comme Virgile descendu aux Enfers, une porte d'ivoire pour envoyer des songes creux au monde. Choisissons plutôt la patience de Job, pour qui les eaux finiront, certes, par user les pierres, mais en permettant que l'arbre reverdisse.

Histoire

Comme les autres enfants latino-américains, euro-latins (et, j'imagine, franco-africains ou franco-asiatiques), nous avons étudié l'histoire universelle dans les petits livres verts de messieurs Malet et Isaac, qui divisaient très clairement les époques en trois chapitres : Moyen Âge, Temps Modernes, Époque Contemporaine. La première commençait avec la consolidation du christianisme après la chute de Rome ; la deuxième période, au choix, avec la Prise de Constantinople ou la Découverte des Amériques ; la troisième, sans aucun doute, avec la Révolution française.

C'était une histoire de l'Occident pour l'Occident. Mais derrière le catalogue des faits et des dates, se dessinaient des temps et des espaces plus significatifs. Le système hiérarchique médiéval, cette verticalité fondée sur la foi, dut sa vitalité à la tension – absente du monde byzantin et russe – entre pouvoir spirituel et pouvoir temporel. C'est d'une telle tension que devait naître, finalement, la démocratie. La Renaissance mit fin au fractionnement féodal et vit l'apparition des États-nations, portés par la tradition commerciale et entachés par les guerres de Religion. La conquête des peuples non européens signifia pour eux l'admission dans l'histoire universelle, mais à condition de se laisser coloniser – autrement dit, « civiliser », bref, exploiter. Ce fut l'ère des monarchies absolues de droit divin, bientôt battues en brèche par le développement des bourgeoisies industrielles et marchandes, dont les cris d'émancipation déclenchèrent les révolutions nord-américaine et française. Enfin, l'époque contemporaine était présentée comme celle d'un progrès matériel tout au long du XIXe siècle, et qui devait inaugurer, dès le début du XXe, une ère de liberté et de bonheur : le rêve de la modernité, le triomphe de l'optimisme de Condorcet.

Ce schéma millénaire possédait, bien sûr, son espace, à savoir le monde entier colonisé par l'Europe occidentale, mais c'était comme un moteur à un seul temps, l'Occident comme mesure de ce qui est proprement humain : Hume, Herder, Locke. Et pouvait-on douter un instant qu'un millénaire écrit par Dante, Cervantès et Shakespeare, chanté par Bach, Mozart et Beethoven, construit par Brunelleschi, Fischer von Erlach et Christopher Wren, peint par Rembrandt, Vélasquez et Goya, pensé par Thomas d'Aquin, Spinoza et Pascal, sculpté par le Bernin, Michel-Ange et Rodin, romancé par Dickens, Balzac et Tolstoï, poétisé par Goethe, Leopardi et Baudelaire, filmé par Eisenstein, Buñuel et Griffith, expliqué par Kepler, Galilée et Newton, pouvait-on douter un instant que ce millénaire à la gloire de l'Occident n'était pas aussi à la gloire de l'humanité entière ?

Comment peut-on naître persan ? se demandait en souriant Montesquieu, dans un siècle des Lumières qui laissait dans l'ombre, malgré Vico, la majorité non blanche, non européenne de l'humanité. La conquête ou reconquête de la *présence* historique des peuples marginalisés d'Asie, d'Afrique et d'Amérique a été un autre fait fondamental. Il apparaissait enfin qu'il n'y avait pas une seule histoire, mais des histoires, et nombreuses. Qu'il n'y avait pas une seule culture, mais qu'il y en avait beaucoup.

Parvenir à cette conscience à la fin du millénaire fut un de ses plus beaux triomphes.

Mais ce temps qui s'achève portera aussi la marque de Caïn. La formule de Hobbes, *homo homini lupus*, a souillé les grandes réalisations scientifiques et artistiques du IIe millénaire. L'intolérance a fait rage, depuis les tribunaux catholiques ou protestants jusqu'à ceux de Vychinski ou de McCarthy. Et une histoire universelle de la violence [1], avec la Conquête des Amériques, la guerre de Trente Ans, la persécution et l'expulsion des Arabes et des Juifs d'Europe, les guerres coloniales en Afrique noire, en Inde, en Chine, mais aussi l'expansion économique à travers d'autres souffrances : les travaux forcés, le travail des enfants, l'esclavage en Afrique et ailleurs, l'exploitation et la marginalisation des femmes.

La capacité de l'homme à faire souffrir son semblable a culminé tout au long du XXe siècle. Jamais, au cours de l'histoire, tant d'êtres humains n'étaient morts de façon si cruelle. En termes de millions de personnes : les deux guerres mondiales et les conflits subséquents dans les colonies – Algérie, Viêt-nam, Congo, Rhodésie, Amérique centrale ; toutes les victimes de la terreur interne, l'extermination du peuple juif ordonnée par

---

1. Allusion au livre de Borges, *Histoire universelle de l'infamie*, trad. R. Caillois et L. Bataillon, Paris, Christian Bourgois, 1985. (N.d.T.)

Hitler, mais aussi la persécution des catholiques, des communistes, des gitans, des Slaves ou des homosexuels ; l'extermination par Staline, d'abord de ses propres camarades, puis de millions de citoyens, exécutés, emprisonnés ou exilés ; enfin, à une échelle plus modeste mais non moins douloureuse, les victimes des dictatures militaires d'Amérique latine, soutenues par le gouvernement des États-Unis.

Le fait le plus extraordinaire est là : la période historique des plus grandes avancées techniques et scientifiques a coïncidé, comparativement, avec la plus grande régression politique et morale. Je ne dis pas que Néron, Attila ou Torquemada étaient moins cruels que Beria, Himmler ou Pinochet. Mais ils ne devaient pas se mesurer à Einstein ou à Freud. La tragédie de notre millénaire moribond, qui comptait sur tant de moyens d'assurer le bonheur, a été d'employer les pires méthodes pour répandre l'abomination. Fleming, Salk, Crick et Wasson, Pauling, Marie Curie : tous ces grands bienfaiteurs du XXe siècle doivent cohabiter pour toujours avec les ombres de ces bourreaux marqués par la fatalité, non par la nécessité, de ces criminels historiques qui n'avaient pas la moindre justification pour supprimer des millions de personnes.

La violence de la tragédie antique se présentait comme partie prenante du combat éthique de l'humanité : nous sommes tragiques parce que nous ne sommes pas parfaits. Les tyrannies du XXe siècle ont converti la tragédie en crime : tel est le crime tragique de l'histoire contemporaine. Les monstres politiques ont refusé à l'histoire toute possibilité de rédemption par la connaissance. La victime du goulag, d'Auschwitz ou des geôles argentines a été privée de la re-connaissance tragique pour devenir un numéro sur les listes interminables de la violence, la victime numéro neuf, la neuf millième ou neuf millionième... La signification profonde de quelques grandes œuvres du XXe siècle – je pense d'abord à Kafka et à Faulkner, mais aussi à Primo Levi ou à Jorge Semprun – a consisté à rendre une dignité tragique aux victimes d'une histoire meurtrière.

Qu'elle fût criminelle ou tragique, on a voulu nous faire croire que l'histoire allait s'achever avec la fin de la guerre froide. Pourtant, la violence croissante dans les Balkans ou en Tchétchénie, en Algérie ou en Afrique subsaharienne, en Terre sainte, de même que la violence devenue la règle et non l'exception dans nos cités auraient dû nous mettre en garde contre une excessive célébration du dernier jour de décembre 1999 ou du premier matin de janvier 2000 [1]. La grandeur et la servitude humaines n'ont que faire des calendriers. Les jours lumineux, nous continuerons de créer des moyens de communication, des œuvres d'art, des techniques médicales époustouflantes, et nous pénétrerons des espaces que nous ignorons encore dans un univers infini, sans principe ni fin. Et nous créerons de l'amitié, et de l'amour. Mais, pendant les nuits les plus troubles, nous laisserons mourir de faim le tiers de l'humanité, nous interdirons l'entrée de l'école à la moitié des enfants de la planète, et nous empêcherons plus de la moitié du genre humain – les femmes – de posséder son propre corps. Et nous continuerons de spolier la nature comme si notre arrogante fureur voulait

1. L'auteur fait ici allusion à ses propres prévisions – ou visions millénaristes – à la fin de sa vaste fresque romanesque *Terra Nostra* (trad. Céline Zins, Paris, Gallimard, 1979). (N.d.T.)

refuser à l'air, à l'eau, à la forêt, le droit de nous survivre.

Deuxième millénaire (après J.-C.) : celui où l'histoire cessa d'être seule et unique – celle de l'Occident – pour incorporer d'autres histoires, de nombreuses cultures.

Millénaire où l'extraordinaire progrès matériel, scientifique et technique a été incapable de surmonter le terrible retard moral et politique.

Celui qui commence sera-t-il meilleur ?

C'est la question que me pose mon grand ami Jean Daniel, et je lui réponds par ces mots :

« Cher Jean Daniel,

Le XXe siècle a embrassé pareillement la promesse d'une humanité perfectible et la promesse d'une liberté qui, pour être elle-même, comprendrait aussi la liberté pour le mal. Ce fut le siècle d'Einstein et de Fleming, mais aussi d'Hitler et de Staline. Le siècle de Joyce et de Picasso, mais aussi d'Auschwitz et du goulag. Le siècle des Lumières scientifiques – et des ombres politiques. L'universalité de la technologie, mais aussi de la violence. Un progrès sans égal, y compris dans l'inégalité. Jamais l'histoire humaine n'a connu un tel abîme entre le développement technoscientifique et la barbarie politique et morale. Le XXIe siècle nous réservera-t-il de meilleurs jours ? Nous avons bien le droit d'être sceptiques. Ou, pour le moins, de définir le pessimisme à la façon d'Oscar Wilde : comme un optimisme bien informé. »

Ibéro-Amérique

Je crois dans l'Ibéro-Amérique. Pour moi, l'Atlantique n'est pas un abîme; c'est un pont. Les eaux de la Méditerranée coulent depuis le Bosphore et l'Andalousie jusqu'aux Antilles, jusqu'au golfe du Mexique. Mer de toutes les rencontres. La première fut un choc violent. Le rêve européen d'un nouvel Âge d'Or dans un Nouveau Monde succomba dans les mines du Mexique et du Pérou, dans les latifundia, les bateaux de négriers. De grandes civilisations disparurent. La conquête de l'Amérique fut une catastrophe. Mais une catastrophe, dirait la philosophe espagnole María Zambrano, n'est vraiment désastreuse que s'il n'en sort rien qui la rachète. Et c'est de la catastrophe de la Conquête que nous sommes tous nés... Nous sommes en majorité des métis, fils et filles de la rencontre. Nous parlons généralement l'espagnol ou le portugais. Et même quand nous sommes athées, nous restons catholiques. Mais notre christianisme est syncrétique. Il transforme et déforme, il assume les grands héritages des cultures indigènes qui ont bâti Chichén-Itza, Teotihuacán, Mayapán et Macchu-Picchu, des sociétés indiennes aux régimes politiques autoritaires, souvent cruels, exploiteurs... et isolés. Cependant, au sein de chacune se livrait le combat entre l'obscurité du sacrifice et de la guerre (Huitzilopochtli), et le principe de la lumière et de la création (Quetzalcóatl). Qui l'aurait finalement emporté, le fils de Coatlicue (la déesse à la jupe de serpents) ou le Serpent à plumes civilisateur ? Nous ne le saurons jamais. La culture autochtone d'Amérique était consciente de sa fragilité : « Est-ce en vain que nous sommes venus, que nous passons sur la terre ? Ah, au moins qu'il y ait des fleurs, qu'il y ait des chants... », dit la poésie des anciens Mexicains. Et cette culture tomba par surprise. Alors même que les prophéties s'accomplissaient. Car c'est l'autre qui arrive. Nous ne sommes pas seuls au monde.

La Conquête de l'Amérique n'a pas donné naissance à un ordre juste, mais elle est à la source de la lutte universelle pour la justice. L'Espagne est alors la seule puissance à s'interroger sur la justice ou l'injustice de ses actes. De ce débat, lancé par les frères Antonio de Montesinos et Bartolomé de Las Casas, naîtra le concept des droits de l'homme comme droits universels, avec les pères Vitoria et Suárez. Et le métissage racial et culturel se traduira par une culture religieuse syncrétique (avec les idoles derrière les autels, sainte Marie mère de Dieu et des Indiens, et Jésus-Christ, ce Dieu stupéfiant qui, au lieu de réclamer des sacrifices, se sacrifie lui-même). Culture de l'étonnement, de l'ironie, de la patience, du souvenir, de la rancœur parfois, ou de l'humilité la plus généreuse, de la créativité la plus audacieuse, la plus pressante : Kondori, l'Indien architecte du Pérou ; Aleijadinho, le sculpteur mulâtre du Brésil ; Sor Juana, la poétesse métisse du Mexique. Si le baroque est « l'horreur du vide », on peut dire que l'Ibéro-Amérique a tout rempli. Alors que le baroque européen fut la sublimation sensuelle de la Contre-Réforme, le baroque américain fut l'art de la Contre-Conquête (la réponse ou la résistance à la Conquête). Un art monté du fond de l'abîme des utopies.

Les nationalités ibéro-américaines se développèrent avec le régime colonial – et contre lui. Le roi d'Espagne était fort loin ; il ne visita jamais ses vastes possessions américaines (Juan Carlos fut le premier monarque espagnol à se rendre dans le Nouveau Monde). Les « Lois des Indes », promulguées par les Rois catholiques, s'efforcèrent de protéger les populations autochtones. Mais la distance et l'isolement favorisaient les caciques (les dérives du pouvoir local), les latifundia, l'exploitation du travail. Aux Caraïbes et au Brésil, la main-d'œuvre indigène décimée (ou exterminée) fut remplacée par les esclaves d'Afrique. Les Habsbourg, au loin, favorisaient les élites créoles. Puis les Bourbons, réformateurs trop présents, trop appliqués, tentèrent de rétablir le pouvoir au seul bénéfice de la métropole. En 1810, de manière simultanée, les élites créoles s'insurgèrent, de Buenos Aires à Mexico, de Caracas à Santiago du Chili. Nous eûmes des héros : Bolívar, Hidalgo, San Martín. Nous eûmes nos statues.

Et ce fut l'heure de l'Indépendance, des grandes espérances et de ces constitutions – disait Victor Hugo – « faites pour les anges, non pour les hommes ». Le toit protecteur de la couronne d'Espagne, bienveillant avec la maison d'Autriche, trop pesant durant le règne des Bourbons, s'effondra. Exposés à tous vents, nous avons créé des démocraties instantanées, des républiques *Nescafé*, en nous confiant désespérément dans l'imitation – hors de toute logique – de la France, de l'Angleterre et des États-Unis. Nous étions fatalement condamnés à creuser toujours plus les différences entre le pays réel et le pays légal. Le résultat fut le mouvement pendulaire entre dictature et anarchie. L'époque des tyrans nationaux ou locaux. Entre civilisation et barbarie, comme l'observa l'Argentin Sarmiento [1] dans son livre sur le plus redoutable des tyrans gauchos, Facundo Quiroga, capable de fendre la tête de son propre fils d'un coup de hache.

Construire un semblant d'État national fondé en droit fut la tâche à laquelle s'attelèrent des figures politiques aussi discutables que discutées jusqu'à nos jours, comme Diego Portales au Chili, Sarmiento, déjà cité, et Bartolomé Mitre en Argentine, ou Benito Juárez au Mexique. Les pièces d'identité [2] de Juárez sont tout à son honneur : d'origine indienne (zapotèque), analphabète jusqu'à l'âge de douze ans, avocat libéral, président réformiste, patriote passionné, il repoussa l'invasion française, la couronne d'ombres de Maximilien d'Autriche et de Charlotte de Belgique. Mais la tâche ne fut pas achevée. L'État de droit et les réformes libérales consacraient le développement, non la justice, et approfondissaient les inégalités. À Juárez succéda Porfirio Díaz : trente ans de paix sans liberté. L'Argentine créa une base de prospérité oligarchique grâce à son statut de dépendance commerciale vis-à-vis de l'Europe; en fait, le Río de la Plata fut une colonie britannique jusqu'en 1940. Le Chili connut d'excellents résultats dans la lutte civique, ouvrière et politique. La Colombie se leurra elle-même en se prenant pour l'Athènes de l'Amérique : libéraux et conservateurs alternèrent

---

1. Voir D. F. Sarmiento, *Facundo*, trad. M. Bataillon, *op. cit.* (N.d.T.)
2. Allusion au roman de Juan Goytisolo, *Pièces d'identité*, trad. M.-E. Coindreau, Paris, Gallimard, 1968. (N.d.T.)

au pouvoir – sans le pouvoir de changer quoi que ce fût – et semèrent les calamités de la guerre perpétuelle. En 1898, les derniers vestiges de l'Empire espagnol, Cuba et Porto Rico, devinrent *de facto* des colonies des États-Unis, tandis que le reste des Caraïbes et l'Amérique centrale constituaient désormais « l'arrière-ban » de Washington.

La défaite conjointe de l'Espagne et de l'Amérique espagnole dans les eaux des Caraïbes à la fin du XIXe siècle aurait dû nous mettre en garde contre les dangers du ressentiment et de l'isolement. Elle aurait dû nous ouvrir les yeux sur les possibilités de la « communauté des nations hispaniques », ce *Commonwealth* hispano-américain que le ministre Aranda avait proposé au roi Charles III, afin d'éviter le démembrement hispanique au XVIIIe siècle. Ce ne fut pas le cas. En revanche, ce qui se fraya un passage tout au long du XXe siècle, ce fut, d'abord, la conscience d'une continuité culturelle ibéro-américaine. La Révolution mexicaine, par exemple, fut une mise en lumière de tout le passé de notre pays, occulté par la façade de carton-pâte du progrès selon Porfirio Díaz. Et le passé du pays apparut enfin comme ce qu'il était : sa culture présente. Au lieu de nous tourner vers une imitation superficielle des modes européennes (« Ciudad de Guatemala, le Paris de l'Amérique centrale », lisait-on sur un arc de triomphe à l'entrée de la ville), les catastrophes intérieures – dictatures, injustice sociale, ressources négligées, prospérité fragile, pauvreté persistante –, et extérieures – les deux guerres mondiales, l'Holocauste et le Goulag – nous firent comprendre que la violence n'était pas notre monopole, mais une condition universelle de l'histoire, à laquelle n'échappait pas l'Allemagne de Bach et de Goethe, et donnèrent un surcroît de vitalité à une culture ibéro-américaine d'autant plus moderne qu'elle s'enracinait davantage dans ses propres traditions. Tradition afro-américaine d'Alejo Carpentier et de Wifredo Lam à Cuba, d'Édouard Glissant en Martinique ou de Jorge Amado au Brésil. Tradition indo-américaine de Miguel Angel Asturias au Guatemala, de Rufino Tamayo au Mexique ou de José María Arguedas au Pérou. Tradition euro-américaine de l'Argentin Borges, du Mexicain Reyes, du Chilien Matta. Unissant les racines et le firmament, deux des plus grands poètes du XXe siècle : Neruda, le poète épique chilien, et Vallejo, le poète tragique péruvien. La tradition nourrissait la création, et vice versa : la musique de Carlos Chávez et d'Heitor Villa-Lobos, l'architecture de Niemeyer ou de Luis Barragán, la peinture d'Orozco, de Frida Kahlo, de Portinari ou de Soto, le cinéma d'Emilio Fernández et de Nelson Pereira dos Santos, mais aussi la recherche scientifique avec Ignacio Chávez ou Bernardo Houssay, l'art populaire nourri de haute culture, les tangos de Discépolo et les boléros de Lara, les voix de Carlos Gardel, de Lucha Reyes, de Celia Cruz...

Peut-être fallait-il cette assimilation indo-afro-ibéro-américaine pour jeter un pont par-dessus l'Atlantique, combler cet abîme de rancœurs et de querelles, et nous reconnaître enfin dans notre autre moitié : l'Espagne. L'Espagne, c'est la Méditerranée qui renaît dans les Caraïbes, dans le golfe du Mexique et jusqu'aux rives du Pacifique. L'Espagne, c'est la philosophie grecque et le droit romain. C'est aussi le pays des trois cultures – chrétienne, arabe et juive – se donnant rendez-vous à la cour d'Alphonse X le Sage, avant d'être démantelé par le dogmatisme aveugle et désastreux des Rois catholiques. L'Espagne, c'est la grande leçon d'une culture fortifiée par l'adversité. C'est l'Espagne du Juif converti Fernando de Rojas et du premier grand roman urbain, *La Célestine,* faisant tomber les murs de la cité médiévale pour que circulent librement le sexe, l'argent, l'amour et la mort. C'est l'Espagne de Cervantès et de Vélasquez, les deux grands créateurs – *Don Quichotte*, *Les Ménines* – d'une réalité fondée sur l'imagination. La réalité comme création de l'imaginaire et non comme reflet servile d'une convention, ainsi que nous l'enseignent Quevedo et Góngora. L'Espagne de Goya, la critique la plus acerbe, la plus vive et perspicace de la modernité et de ses béatitudes : attention, le sommeil de la raison produit des monstres ; attention, Saturne dévore ses propres fils...

L'Espagne, c'était bien plus que « la légende noire » inventée par « la perfide Albion » (pour citer deux lieux communs antagoniques). C'était le pays des premiers parlements européens (le León en 1188, le premier du continent ; la Catalogne en 1217, la Castille en 1265), des libertés municipales et des communautés insurgées, écrasées par l'absolutisme royal en 1521 : la même année voit tomber les bannières communautaires de Castille à Villalar, et les étendards de l'Aztèque Cuauhtémoc à Mexico-Tenochtitlán. C'était l'Espagne de la Constitution libérale de Cadix en 1812, l'Espagne de la « République-enfant » (aurait dit María Zambrano), assassinée par le fascisme en 1939. Et puis ce fut l'Espagne de l'exil, qui ranima – ou fonda, parfois – la modernité culturelle de l'Amérique latine. L'Espagne de la résistance interne à Franco. L'Espagne, enfin, qui montra tout le talent nécessaire pour rassembler ses forces, concilier des idéologies et consolider une démocratie exemplaire dans les dernières décennies du XXe siècle.

Voilà l'Espagne qui, avec nous, les Hispano-Américains du Nouveau Monde, parle la deuxième langue de l'Occident, la quatrième langue du monde : le castillan, l'idiome de cinq cents millions d'hommes et de femmes. Avec beaucoup de variations, bien sûr ; avec des nationalismes et des régionalismes qui projettent de la lumière ici, de l'ombre là-bas, mais qui dévoilent des nuances partout. C'est la langue qui fait le trait d'union. Et, d'ores et déjà, trente millions de personnes aux États-Unis parlent espagnol.

Nous sommes le Territoire de la Manche (et de la Tache). Oui, nous sommes des sang-mêlé, des métis, ouverts par la force à la communication et aux migrations, confiants dans notre apport au monde. Nous sommes les écuyers de Don Quichotte.

Jalousie

La jalousie tue l'amour, non le désir. C'est lui le vrai châtiment de la passion trahie. Tu hais la femme qui a rompu le pacte d'amour, mais tu la désires encore car sa trahison fut la preuve de sa propre passion. C'est la jalousie qui fait qu'une relation amoureuse ne se termine pas dans l'indifférence. L'amante qui nous abandonne doit avoir l'intelligence de nous insulter, de nous rabaisser, de nous attaquer sauvagement pour que nous ne puissions nous résigner à l'oubli. Pour continuer de la désirer avec ce nom perverti du vouloir érotique qu'est la jalousie.

Norman Mailer dit que la jalousie est une galerie de portraits dans un musée dont nous sommes le gardien. Moi, je sens la jalousie comme une vie au sein même de notre vie. Nous pouvons prendre un avion, rentrer dans notre ville natale ou retourner dans une autre, appeler nos amis, peut-être même pardonner à nos ennemis, mais pendant tout ce temps, nous vivons une autre vie, au fond de nous, avec ses propres lois. Cette vie, c'est la jalousie, et elle se manifeste physiquement. Comme dit l'expression populaire mexicaine, elle nous fait du cirque dans les tripes. Une marée brutale, amère, bilieuse, qui monte et descend, du cœur au ventre, du ventre au sexe paralysé, inutile, transformé en invalide de guerre. On aurait envie de lui coller une médaille, au pauvre pénis. Puis une couronne mortuaire. Mais la marée montante de la jalousie ne célèbre rien, et ne s'arrête jamais longtemps dans aucune partie du corps. Elle le parcourt tout entier, comme un liquide venimeux. Son objectif n'est pas de le détruire, mais de l'assiéger sans trêve, de le presser et de le comprimer pour que les plus mauvais sucs lui montent à la tête, pour qu'ils se fixent, durs et verdâtres, comme des écailles de serpent sur notre langue, corrodant notre haleine, notre regard...

Par la jalousie, nous nous sentons expulsés de la vie, comme si un être aimé était mort. À ceci près que, cette fois, nous ne pouvons montrer notre douleur. Car il faut cacher les souffrances de la jalousie, obscure, envenimée, pour éviter la pitié, ou de tomber dans le ridicule. La jalousie nous expose au rire d'autrui. C'est comme revenir à l'adolescence, cet âge funeste où tout ce que nous faisons en public – marcher, parler, regarder – peut être objet de risée. L'adolescence et la jalousie nous séparent de la vie, nous en ferment l'accès.

Jésus

Je cherche en vain un personnage historique plus complet que Jésus : le Christ. Par leur intense activité extérieure, les figures qui ont le plus marqué la grande scène des temps manquent de la dimension spirituelle incarnée par Jésus. Les mystiques eux-mêmes, dans toute l'intensité de leur vie intérieure, ne peuvent occuper une place comparable à celle du Christ, comme personnage historique actif. Les plus grands scientifiques, par souci de l'indispensable objectivité de leurs travaux, garante de leur crédibilité, évitent de s'attribuer des préoccupations spirituelles, voire morales. Il est vrai que l'on ne peut accuser Einstein de la mort à Hiroshima, même si l'on peut inculper Himmler de la mort à Auschwitz. Les défauts personnels des grands créateurs artistiques sont anecdotiques, quel que soit l'intérêt qu'ils peuvent présenter, tout comme leurs vertus. Mais, finalement, l'obscénité de Mozart, le laisser-aller de Beethoven, la discourtoisie de Gogol, la gourmandise de Balzac, les vices de Coleridge ou de Baudelaire n'affectent pas notre admiration pour leur œuvre. Cela dit, nul ne souhaiterait pour voisin un personnage aussi névrosé que Dostoïevski. Et Bach serait l'habitant le plus serein d'un condominium; il y passerait inaperçu. Le lieu où se mêlent de la façon la plus conflictuelle les personnalités publique et privée est l'espace idéologique. Aragon, Eluard, Neruda, Alberti furent des partisans du communisme. Benn, Pound, D'Annunzio, Céline ou Brasillach furent des adeptes du fascisme, mais les sévères réprobations qu'ils ont méritées ne portent pas préjudice à leurs œuvres. En revanche, les victimes de l'intolérance, du dogmatisme et de la tyrannie sont parfois beaucoup plus admirées pour leur vie que pour leur œuvre, de Luis Vives à Lorca et à Miguel Hernández, de Giordano Bruno à Mandelstam ou Isaak Babel, de Sor Juana Inés de la Cruz à Anna Akhmatova.

La figure de Jésus est singulière parce que la pérennité, la renommée et la valeur de son œuvre naissent de l'obscurité, de l'anonymat. Sans le témoignage des apôtres et la diffusion assurée par saint Paul, il est probable que la parole de l'humble prédicateur de Galilée se serait perdue, à l'image des centaines de saints errants qui suivaient les chemins du monde antique. Mais rien, ni les Évangiles, ni saint Paul, pas même l'Église, ne peut arracher Jésus à sa condition d'homme profondément humble, sans pouvoir, dénué de toute richesse, et qui, par la grâce de son humilité comme de sa pauvreté, devient le plus puissant symbole du salut des hommes.

Ce pouvoir est-il dû au fait que Jésus serait Dieu le Fils, semblable en pouvoir et en vertu à Dieu le Père et à l'autre, le membre ailé de la Trinité, l'Esprit saint? L'Église a condamné comme hérétiques les nombreuses théories séduisantes – et très littéraires – sur la relation entre Dieu le Père – Yahvé – et Dieu le Fils – Jésus. Le gnosticisme syrien de Saturnile soutenait qu'il n'y a que le Père, absolument Inconnu ; venu au monde comme Sauveur, il était incréé, incorporel et informe. Seule son apparence (Jésus de Nazareth) était humaine. Pourquoi ? Pour que les autres humains puissent le reconnaître. Basilide et les gnostiques égyptiens croyaient que le Père n'était jamais né, n'avait jamais eu de nom. Le Christ n'était qu'une infime partie de l'esprit du Père. Le patripassianisme monarquianiste devait son nom fascinant à la croyance en Dieu un et indivisible. Le Père s'était introduit dans le corps de Marie, était né d'elle, avait souffert et était mort sur la Croix. En réalité, les hommes avaient donc crucifié Dieu le Père. Les sabelliens juraient que le Père, le Fils et l'Esprit sont le même Être : un Dieu unique, aux trois manifestations temporelles différentes. Les apollinaristes dualistes soutenaient l'existence de deux Fils, l'un procréé par Dieu le Père, l'autre par la Femme du nom de Marie. Et le nestorianisme conduisit très loin cette théorie de la double personnalité. Ainsi, Jésus-Christ serait vraiment deux personnes : d'un côté, l'Homme ; de l'autre, le Verbe. Et il nous faudrait distinguer entre les actions de l'Homme, Jésus, et les paroles de Dieu, le Christ. Enfin, les plus influents de tous les hérétiques, les ariens, considéraient le Fils comme un pur *affluent*, une projection ou co-incréation du Père, dérivée de la substance de celui-ci.

De toutes les hérésies autour de la personnalité du Christ, celle qui m'attire le plus, tout en respectant l'ensemble des fictions touchant sa nature, se concentre sur l'homme qui a vécu parmi les hommes et qui, ici-bas, a donné les preuves les plus sérieuses, les plus durables de ce que signifie l'être humain au milieu de ses semblables. Jésus comme le noyau vivant des possibilités et des contradictions humaines est à mes yeux le plus émouvant, le plus constant des Christs. L'homme qui prêche en même temps l'innocence et la bonté, mais qui déchaîne sa fureur contre les pharisiens et les marchands du Temple. Jésus qui nous demande de « tendre l'autre joue », et celui qui dit apporter le glaive, non la paix. Le Jésus qui déclare « laissez venir à moi les petits enfants », et celui qui nous presse d'abandonner père et mère pour le suivre.

Telle est la force incomparable de Jésus. À partir de la pauvreté, de l'humilité, de l'anonymat, il prêche plus encore que le salut du monde. Il prêche et pratique la salvation *dans* le monde. Il nous offre un monde comme l'occasion de notre salut, non comme une terre fatalement condamnée au mal. Ainsi conçue, la vie éternelle est en réalité une dimension spirituelle du désir humain. La perte ultraterrestre de Jésus s'évanouit face au pouvoir de son exemple terrestre. C'est un homme qui porte à son plus haut niveau l'aspiration humaine comme façon de vivre ensemble, de nous prêter attention les uns aux autres, de ne jamais transiger avec l'hypocrisie, le pharisaïsme, la simonie qui, finalement, marqueront l'Église fondée en son nom.

La contingence de Jésus est sa grandeur. Sa vie secrète et obscure est la condition de son éternité. Ses contacts personnels se font avec les plus indignes, les plus incrédules. Il ne prêche pas les convaincus. Il ne dogmatise pas ; ses contradictions mêmes l'en empêchent. Et pourtant nous ne savons pratiquement rien de son adolescence, de sa jeunesse. Qui fréquentait-il ? Était-il hétéro ou homosexuel, avait-il choisi l'abstinence ? Ou fut-il d'abord, comme saint Augustin ou saint François, un pécheur assouvi, puis racheté ? Agissant dans le temps, Jésus nous incite à croire dans le temps. Ses paroles reflètent une extraordinaire foi temporelle; même quand l'éternité pointe à l'horizon de ses propos, le futur de l'homme est la vraie mesure de sa foi. Celle-ci est une exigence pour que nous œuvrions en ce monde. Le ciel de Jésus n'est pas l'empyrée, c'est la solidarité avec le prochain; l'enfer du Christ n'est pas le sombre Averne, c'est l'injustice sur terre. Il étend à la vie éternelle les valeurs de la vie ici-bas. « Parce que j'avais faim, et tu m'as donné à manger; j'avais soif, et tu m'as donné à boire; j'étais étranger, et tu m'as reçu; j'étais nu, et tu m'as vêtu; malade, et tu m'as soigné; prisonnier, et tu es venu me visiter. » Et quand donc t'avons-nous donné tout cela ? demandent ceux qui l'écoutaient. Et Jésus répond : « En vérité, je vous le dis : chaque fois que vous l'avez fait pour le plus petit de mes frères, c'est pour moi que vous l'avez fait. »

La métaphore de la résurrection est encore une façon de nous dire que nous sommes appelés à compléter la vie, pas seulement à la poursuivre, et que la continuité de la vie, malgré la mort, est la réalité de la vie éternelle. Le salut se fait dans ce monde. L'enfer est dans ce monde. Et le monde s'est chargé de donner raison à Jésus. Le Christ n'a pas ressuscité les morts. Il a ressuscité les vivants.

La relation entre Dieu le Père et Dieu le Fils, qui a fait perdre le sommeil aux hérétiques et aux Pères de l'Église, ne peut dissimuler le fait que nul ne connaît le Père, alors que le Fils s'est donné à voir. À partir de là, nous pouvons tramer toutes nos fictions. Peut-être le Père ne tolère-t-il pas le Fils, même si Jésus s'épuise à lui dire : Écoute, j'ai tout essayé pour te faire connaître. Car le Père peut s'offenser à l'idée que le Fils ne soit pas perçu comme son délégué, mais comme le Dieu véritable puisqu'il fut le Dieu incarné. D'ailleurs, pour comble, Jésus ne sauve pas seulement l'homme. Il sauve le Père lui-même, en effaçant le renom cruel et vengeur du Dieu d'Israël. Il donne, pour employer le langage de la crise du communisme, « un visage humain à Dieu ». Est-ce un affront pour le Père ? Le dénouement du Calvaire est-il le châtiment de Yahvé contre l'humanité insurgée de Jésus ? « Père, pourquoi m'as-tu abandonné ? » Il y a tant de douleur dans ces mots. Et quel dénouement fatal, nous rendant combien problématiques la mort et la résurrection du Christ ! Abandonné de Dieu, quelle chance reste-t-il à sa légende sinon la Résurrection, compensation sublime, promesse d'un retour à la parfaite symbiose trinitaire avec Lui ? Ou serait-ce l'éternelle punition le réduisant au silence, à une existence de second rang... ?

Il est vain d'ergoter sur cette querelle. Car le Fils a triomphé pour toujours sur la Terre, quoi qu'en dise, quoi qu'en pense le Père, qu'il existe ou non. Ce fut une des grandes intuitions de William Blake : « une rage dans le ciel », *a rage in heaven.* Jésus fut le Fils Désobéissant, et le Père entra en fureur.

Je disais que sans les apôtres, Paul de Tarse en particulier, Jésus aurait pu rester inconnu de la postérité. Saint Paul a fait en sorte que, au-delà du témoignage évangélique, le Christ règne dans une institution : l'Église. Et cela même qui assure à Jésus une pérennité dans l'histoire, l'empêche de se réaliser dans l'histoire, car l'Église est sujette aux va-et-vient de la vie politique, aux compromis et aux compromissions, aux trahisons du Christ, aux tentations de tout ce qu'il condamna : simonie, hypocrisie, religion de pacotille, appétit de puissance... L'Église devient une industrie du Christ, qui nous éloigne de lui. Elle est la vengeance de Dieu le

Père contre un Christ inadmissible. Brillant sophiste, saint Augustin avait prévu la parade. Si le prêtre, à l'instar de l'Église, peut être faible ou mauvais, le sacerdoce, malgré tout, le dignifie. L'Église place ses ministres au-dessus de leur propre condition. Ce que le saint d'Hippone omet de nous dire, c'est que, ce faisant, c'est l'Église elle-même qui s'absout, en se plaçant, au nom du Christ, au-dessus de sa propre condition. Origène fut condamné pour avoir pensé que, dans sa miséricorde sans bornes, Dieu finirait par pardonner le Diable. Il aurait dû ajouter qu'il accorderait aussi son pardon à l'Église. Non, je ne penche pas vers Luther et la révolution protestante... Mais je rejette l'Église de Pie XII, sa collusion avec Franco et avec les nazis, puis, au lendemain de la victoire alliée, avec la CIA ou avec les mafias et la corruption de la Démocratie chrétienne en Italie. Certes, l'honneur du Vatican est lavé par un pontife comme Jean XXIII ou des évêques comme Romero au Salvador, mais la honte pèse encore sur les autorités ecclésiastiques argentines qui ont béni des dictatures de criminels, de meurtriers et de tortionnaires.

Le plus extraordinaire est que deux mille ans de trahisons n'aient pu venir à bout de Jésus. Comparés à cette longue histoire, qu'ils sont éphémères, les empires du mal, ce Reich qui devait durer mille ans selon Hitler, ou le paradis communiste promis par la bureaucratie soviétique... De combien de divisions dispose le pape ? demandait Staline avec un flegme ironique. Eh bien, il en a beaucoup plus que le Kremlin, mais ces armées de la foi existent malgré l'institution vaticane, non grâce à elle. Rome administre la figure de Jésus, mais ne peut se l'approprier, car le Christ dépasse constamment l'Église créée en son nom. Jésus est un perpétuel reproche à l'Église. Et celle-ci doit le tolérer pour se maintenir en vie. Jésus échappe à l'Église car il est aussi un problème pour ceux qui sont en dehors de l'institution. Tout en chassant les hérétiques et les incroyants, l'Église n'a pu s'accaparer Jésus, parce qu'il étend les valeurs de la vie éternelle aux valeurs de la vie en ce monde. Ainsi devient-il beaucoup plus qu'un Dieu fragile qui s'est fait homme. Il devient le Dieu dont la force même est son humanité. Et celle-ci le maintient vivant, fût-ce comme une question aux yeux d'une modernité non confessionnelle, mais qui peut avoir un tempérament religieux. J'ai rappelé plus haut Luis Buñuel, ce catholique relaps, ou Ingmar Bergman, ce protestant hors de l'Église. On pourrait encore ajouter la religion sociale et civile d'Albert Camus. Et, bien sûr, les hommes de foi capables de l'exposer à l'épreuve du monde, les Mauriac, les Bernanos, les Graham Greene. Ou plus encore Simone Weil, qui se demandait : Peut-on aimer Dieu sans le connaître ? et répondait : Oui. C'est la terrible réponse à la question terrible de Dostoïevski : Peut-on connaître Dieu sans l'aimer ? Stavroguine et Ivan Karamazov répondaient aussi par l'affirmative. Voilà le dilemme; seul Jésus peut le résoudre. Une personne ne peut être Dieu, mais Dieu peut s'incarner dans une personne. D'où le fait que des millions d'hommes et de femmes croient en Jésus et qu'ils soient sa force, au-delà de l'Église et du clergé. Jésus ne ressuscite pas les morts. Il ressuscite les vivants. Jésus est le correcteur d'épreuves de notre vie.

Kafka

« As-tu lu Kafka ? » me demande Milan Kundera. « Bien sûr, dis-je ; je crois que c'est l'écrivain indispensable du XXe siècle. » Kundera sourit malicieusement : « Tu l'as lu en allemand ? – Non. – Alors, tu n'as pas lu Kafka. »

La réflexion de Kundera sur l'excellence intraduisible de la langue de Kafka souffre, pour le moins, une exception, avec la version espagnole de Miguel Sáenz [1]. Elle est si remarquable que l'ironie de mon ami Milan ne pourra l'affecter.

Kafka, l'écrivain sans qui nous ne pourrions comprendre notre terrible temps.

Avec beaucoup d'audace intellectuelle et morale, Pietro Citati s'est risqué à penser l'impensable : dans *Le Procès*, le coupable est Joseph K. L'apparente victime est un coupable fort possible.

Citati ne néglige pas les données biographiques de Kafka : la relation avec son père, le judaïsme, la vie bourgeoise et professionnelle dans la ville de Prague, la

1. Franz Kafka, *Obras completas*, Barcelone, Galaxia Gutenberg-Círculo de Lectores. (N.d.A.)

petite mère aux longues griffes. Après tout, nous dit Citati, Gregor Samsa préfère être un fils sacrifié plutôt qu'un insecte libre. C'est un Isaac dont le sacrifice, dans *La Métamorphose*, n'est pas interrompu par l'Ange de Dieu.

De son côté, le romancier mexicain Sealtiel Alatriste nous montre un Kafka en relation intime avec une mère qui sacrifie sa propre vocation musicale au génie littéraire du fils.

La proposition de Citati, qui pourrait sembler scandaleuse – la victime est coupable – devient lumineusement exacte quand elle nous fait saisir que le pouvoir est virtuel et que la victime actualise une force qui, sans cela, serait inexistante.

C'est nous qui avons vêtu l'Empereur nu.

C'est nous qui transformons le fantôme du pouvoir en corps du pouvoir.

Kafka ne fait rien d'autre que de nous montrer la disproportion entre le pouvoir réel et le récit (la fable) du pouvoir. D'où cette question : si le pouvoir rend sa propre fiction efficace, comment la culture pourrait-elle assurer l'efficacité de *sa* réalité ? La subjectivité suffit-elle ?

Au dire du philosophe chilien Martin Hopenhayn, les *Journaux* de Kafka donnent à ses romans la résonance subjective dont ils manquent. Il n'y a pas d'intériorité dans les fictions de Kafka. Voilà une complémentarité bien angoissante, puisque les protagonistes des romans sont des héros de la raison... Ils souffrent d'être les marginaux de la raison. Mais ils ne comprennent pas les « raisons » qui les marginalisent. Ainsi, leur « rationalité » consiste à se dissoudre dans un système indifférencié, à s'observer eux-mêmes en dehors des processus de formalisation de la vie sociale.

D'où l'extraordinaire théâtralisation kafkaïenne de la relation entre l'individu et le pouvoir – sans doute la plus lucide, la plus inquiétante et la plus actuelle de la littérature des cent dernières années.

Chez Kafka, nous dit Hopenhayn, l'individu est un parasite qui voudrait cesser de l'être et qui, à son corps défendant, révèle le monde de parasites dont le système a besoin pour l'exercice du pouvoir. Le « héros » de l'écrivain tchèque voudrait simplement être accepté par le pouvoir. Mais en s'y soumettant, il en gratte le masque. C'est par sa maladresse, non par son intelligence, que le « héros » kafkaïen révèle le fond arbitraire du pouvoir. Chez Kafka, l'Empereur n'est pas mis à nu par une critique de l'Empire. La nudité du pouvoir se traduit par l'impossibilité d'en percer les desseins qui définit ses sujets.

Le pouvoir littéraire de Kafka s'explique par le fait que ses fictions décrivent un pouvoir qui rend sa propre fiction efficace. Dans *Le Procès* comme dans *Le Château*, l'auteur nous montre un vide de pouvoir qui se présente comme pleinement comblé. Nous connaissons le mensonge du pouvoir usurpateur, mais nous assistons, stupéfaits, à la mise en scène qui l'occulte. Chez Kafka, le pouvoir exerce son emprise par pure virtualité. Les autorités du *Château* ne sont que potentielles : c'est pourquoi elles se maintiennent toujours intactes. Par conséquent, la victime du pouvoir (Joseph K, l'Arpenteur) imagine un pouvoir proportionnel à la force de son absence. La règle de la règle du pouvoir est l'incertitude qui plane sur son application.

À sa mort, en 1924, Franz Kafka ne pouvait prédire – avec la ponctualité de l'histoire chronologique – que dix ans plus tard sa vision infernale du pouvoir allait devenir réalité. Et pourtant, chaque fois qu'ils s'en allaient, la nuit, arrêter leurs victimes, sans raison et sans pitié, les hommes de la Gestapo ou du NKVD arrêtaient Kafka. Car, qu'y a-t-il de plus kafkaïen que l'arrestation à Minsk, en 1937, du camarade commissaire I.V. Kovalev, pour qu'il assume ses fonctions dans des bureaux totalement vides parce que son prédécesseur et tous ses collaborateurs ont été exécutés comme traîtres à Staline ? Fatalement, Kovalev dut s'asseoir au bureau de la victime suivante : lui-même. Mikhaïl Kolstov, correspondant des *Izvestia* pendant la guerre d'Espagne, déclara, très kafkaïennement, que si Staline le déclarait traître à la patrie, lui, Kolstov, le croirait sur parole, même si ce n'était pas vrai. Et Kolstov fut incarcéré, puis exécuté pour assurer le quota d'arrestations imposé à la police secrète afin de satisfaire la paranoïa stalinienne, alors que les bourreaux savaient très bien qu'ils étaient les prochains sur la liste.

Mais Kafka n'est pas un politologue. C'est un écrivain. Autrement dit, contrairement aux événements de l'histoire politique, l'histoire individuelle et, surtout, l'imagination personnelle sont la scène d'un drame fait de doutes, d'aveuglements, d'hésitations, d'ambiguïtés, d'invisibles actes d'héroïsme qui complètent – dans l'espace d'un bureau ou d'une chambre à coucher – l'exercice du pouvoir.

Dans *La Métamorphose*, Gregor Samsa se transforme en scarabée pour fuir non seulement son père, mais le gérant, le commerce et les bureaucrates, comme l'ont indiqué Félix Guattari et Gilles Deleuze *(Kafka : pour une littérature mineure)*. Hopenhayn ajoute avec finesse : Samsa le scarabée ne l'est pas tout à fait. Il continue à penser. La conscience utilise le corps comme écran, en même temps qu'elle l'emprisonne. Et si l'on peut parler d'ironie, c'est parce que le propre de l'ironie est de nous retirer du contexte et d'ouvrir un abîme entre le monde et le moi. Ainsi le vide devient-il le lien entre moi et le monde. Et Hopenhayn de conclure brillamment que l'ironie est elle-même métamorphose. La loi est folle, mais c'est la loi. Et une représentation inépuisable du devoir empêche Samsa, Joseph K ou l'Arpenteur d'accomplir leur devoir. C'est pourquoi ils seront châtiés.

Si Franz Kafka a donné un visage aux abominations du pouvoir au XXe siècle, il pourrait bien être aussi le prophète des nouvelles métamorphoses du pouvoir. Car celui-ci s'était rendu visible, trop visible, dans les camps d'Adolf Hitler ou dans le Goulag de Joseph Staline. Aujourd'hui, l'oppression a étudié les façons de se rendre invisible : elle compte, plus que jamais, sur ses victimes pour prêter du pouvoir au pouvoir.

Lecture

Don Quichotte est un lecteur fou. Ou plutôt : sa lecture est sa folie[1]. Dans son dé-lire, Don Quichotte voudrait transformer en réalité ce qu'il a lu : les livres de chevalerie. Et le monde réel – celui des muletiers et des brigands, des aubergistes, des souillons et des gibiers de potence – refuse cette illusion ; il accable l'hidalgo, le berne et le roue de coups.

Et malgré toutes les rossées que lui inflige le réel, Don Quichotte continue à voir des géants là où il n'y a que des moulins. Il voit des géants parce que ses livres lui disent qu'il doit en être ainsi.

Mais il vient un moment extraordinaire où Don Quichotte, le lecteur vorace, découvre que lui aussi est en train d'être lu.

C'est le moment où, pour la première fois dans l'histoire de la littérature, un personnage (nommé Don Quichotte) entre dans une imprimerie. Où cela ? Mais voyons, *where else?*, à Barcelone, forcément. Il y est venu parce qu'il veut dénoncer la version apocryphe de

---

1. Voir Carlos Fuentes, *Cervantes o la crítica de la lectura*, Mexico, Mortiz, 1976. (N.d.T.)

ses aventures publiée par un certain Avellaneda. Et lui, l'authentique Don Quichotte, le seul et unique, entend proclamer à la face du monde qu'il n'est pas ce faussaire.

Se promenant dans Barcelone, Don Quichotte aperçoit un écriteau : « Ici on imprime des livres. » Il entre et observe le travail de l'imprimerie, « voyant tirer par ici, corriger par là, composer dans un coin, peaufiner dans l'autre ». Et soudain voilà qu'il se rend compte que les ouvriers impriment sa propre histoire, *L'Ingénieux Hidalgo Don Quichotte de la Manche*, un livre dans lequel, au grand étonnement de Sancho, on raconte des choses que son maître et lui étaient seuls à savoir, et ils sont maintenant sur la place publique, soumis à l'examen critique, démocratique... La scolastique est morte ; vive le libre examen.

Aucun moment mieux que celui-là n'a montré le caractère libérateur de l'édition, de la publication et de la lecture d'un livre. Depuis lors, la littérature et, par extension, le livre sont devenus les dépositaires d'une vérité révélée, non par Dieu ni par le pouvoir, mais par l'imagination, c'est-à-dire la faculté humaine de s'interposer entre sensation et perception et de fonder, sur cette médiation, une nouvelle réalité qui n'existerait plus sans l'expérience verbale, la lecture d'ouvrages comme *Don Quichotte* de Cervantès, le *Chant général* de Neruda ou *Le Rouge et le Noir* de Stendhal.

Est-ce donc cette médiation intime (mais que l'on peut partager), secrète (mais publique), entre le lecteur et le livre, entre le spectateur et l'œuvre d'art, est-ce là ce qui est en train de se perdre dans ce qu'on appelle « postmodernité » ? Assistons-nous vraiment à la fin de l'ère de Gutenberg et de Cervantès, à cinq siècles de primauté culturelle du livre, au bénéfice de Ted Turner et de Bill Gates, une ère nouvelle où seul ce qui est vu directement sur l'écran du téléviseur ou de l'ordinateur est digne de crédit ?

J'ai grandi avec les débuts de la radio, à une époque où, pour confirmer la prouesse technique du toréador Manolete annoncée par le speaker de la station XEW, il fallait courir chez le marchand de journaux et le voir noir sur blanc : Oui, c'était bien vrai, le Monstre de Cordoue avait coupé l'oreille et la queue du *toro bravo*. C'était vrai parce que c'était écrit. Aujourd'hui, un bombardement de Bagdad se déroule au moment même où nous le voyons sur l'écran. Plus besoin de confirmation par écrit. Mieux encore : il n'est même pas nécessaire de comprendre. Grâce à l'ubiquité, à l'instantanéité de l'image, nous avons vu un spectacle haut en couleur. Les morts ? Ni vu ni connu.

Le dilemme du destin des livres et de la lecture à notre époque peut être illustré par deux exemples extrêmes.

Il suffit de pénétrer dans le monde indigène du Mexique pour s'apercevoir, avec surprise, de l'immense capacité des peuples aborigènes à raconter des histoires et à se remémorer des mythes. Pauvres et illettrés, les Indiens du Mexique ne sont pas culturellement dépourvus. Tarahumares et Huichols, Mazatèques et Tzotzils ont un talent peu commun pour se rappeler ou imaginer des rêves et des cauchemars, des catastrophes cosmiques ou d'éblouissantes renaissances.

Fernando Benítez, l'écrivain mexicain qui a longuement étudié toutes ces populations, déclarait avec raison que, chaque fois que meurt un Indien, toute une bibliothèque disparaît avec lui.

À l'autre extrémité, il y a une œuvre d'imagination terriblement actuelle, *Fahrenheit 451* [1], de Ray Bradbu-

1. Portée à l'écran par François Truffaut en 1966. (N.d.T.)

ry, où l'on voit une dictature, parfaite cette fois, interdisant les bibliothèques et brûlant les livres. Et pourtant, elle ne peut empêcher une tribu irréductible d'hommes et de femmes de mémoriser toute la littérature du monde, jusqu'à devenir, celui-ci l'*Odyssée*, telle autre *L'Ile au trésor* ou *Les Mille et Une Nuits*.

Ce que ces deux bibliothèques ont en commun – la mémoire d'un indigène de culture purement orale et celle d'un lettré transformé en livre ambulant de l'ère postmoderne, postcommuniste et post-après-tout –, c'est la possibilité de choisir entre le silence et la voix, la mémoire et l'oubli, la mouvance et l'immobilité, la vie et la mort. Le pont entre ces deux pôles est la parole, dite ou non dite, heureuse ou malheureuse, écrite ou pour toujours laissée en blanc, visible ou invisible, et décidant à chaque syllabe si la vie en vaut la peine, ou doit s'interrompre à jamais.

Mais, ne pourrait-on en dire autant de l'image visuelle ? Des fonctions vitales analogues ne sont-elles pas assumées par un tableau de Goya, une sculpture de la déesse mexicaine Coyolxauqui, un film de Buñuel ou un immeuble bâti par Niemeyer ? La peinture, disait Léonard, est « chose mentale ». Est-ce également vrai de la super-autoroute des mille chaînes de télévision ? Est-ce que les moyens modernes de soi-disant « communication », qui sont en train de voler leurs lecteurs à nos livres, d'enterrer l'ère de Gutenberg et de Cervantès, ne saturent pas la communication visuelle d'une telle quantité d'informations que, dans notre certitude d'être magnifiquement informés, nous ne cherchons même plus à savoir si cette information est importante ou si, au contraire, ce qui importe c'est le reste : ce sur quoi nous n'avons *aucune* information ?

Je ne plaide pas pour le livre et la bibliothèque dans

le but de pallier les défaillances évidentes de la communication audiovisuelle en ce nouveau début de millénaire. C'est tout le contraire : je voudrais explorer ce territoire où les moyens modernes de communication peuvent épauler – au lieu de lui porter préjudice – la culture du livre et la lecture. Car c'est une évidence : il suffit de visiter n'importe quel foyer où l'antenne de télévision est devenue le clocher de la paroisse pour constater le phénomène universel du *couch potato* : le spectateur devant son écran, totalement passif, comme une patate gisante, assoupie, quasi violée par cette succession d'images, stupidement, sans réponse critique ou créative. L'inverse de ce qu'exigent de nous un bon livre, un bon tableau, un bon film.

Mais il suffit de visiter un centre de recherches comme l'Institut technologique de Monterrey, au nord du Mexique, pour voir à quel point l'information audiovisuelle peut aider les étudiants à élargir leurs connaissances, comment elle peut enrichir l'interaction entre les professeurs et les élèves et contrebalancer les aspects les plus négatifs de la télévision de pure et simple consommation.

Nous devons approfondir et multiplier les possibilités d'interaction entre la culture audiovisuelle et le livre.

En premier lieu, même si la progression du nombre de « spectateurs » a été colossale dans le monde entier, la diminution du nombre de lecteurs n'en cst pas forcément la conséquence. Il n'y a là rien de fatal car c'est l'usage des nouveaux moyens qui en définit la qualité. Ainsi, les éditeurs de la bibliothèque des classiques nord-américains, *The Library of America*, font observer que les nouvelles technologies contribuent non seulement à sauvegarder l'héritage littéraire, mais à le diffuser, à le promouvoir. De la même façon, dans le monde musical, le *Don Giovanni* de Mozart compte plus d'auditeurs maintenant dans une seule journée que durant toute la vie du compositeur.

Ainsi, grâce au soutien des techniques audiovisuelles, la bibliothèque des classiques nord-américains a écoulé plus de trois millions d'exemplaires de ses premiers titres, de Jefferson à Faulkner, ces dix dernières années.

José Vasconcelos, le premier ministre de l'Éducation au lendemain de la Révolution mexicaine, a lancé vers 1923 une bibliothèque de classiques universels : de précieuses éditions. Et pourquoi, lui demandait-on jusqu'à lui en faire reproche, pourquoi publier Cervantès dans un pays alors peuplé de 90 % d'illettrés ? Aujourd'hui, la réponse est évidente : pour que les analphabètes, en cessant de l'être, puissent lire *Don Quichotte* au lieu de *Superman*.

L'édition elle-même devrait parier sur ces nouveaux moyens, afin d'attirer de nouveaux lecteurs plutôt que de les mettre en fuite. C'est pourquoi, dès que possible, à l'école, à la maison, il faudrait soumettre l'image audiovisuelle à la critique appliquée aux œuvres littéraires ou artistiques. Apprendre au spectateur à déchiffrer l'image qu'il reçoit.

Les observateurs optimistes nous disent que, dans une société abondamment pourvue en moyens audiovisuels, il y aura toujours plus de spécialisation et moins de massification. Nous irions vers une nouvelle communauté regroupant les éditeurs de livres et le public des nouvelles technologies, les lecteurs et les spectateurs, dans une offre chaque fois plus diversifiée.

En d'autres mots, les moyens massifs de communication pourraient contribuer à augmenter le nombre des lecteurs, grâce à des possibilités de choix, de promotion et de vente de livres incomparablement supérieures à celles du passé. Si l'on ajoute cette dynamique à la dimension critique mentionnée plus haut, une promotion de masse ne serait plus forcément incompatible avec une haute qualité littéraire...

Cela dit, ne nous dissimulons pas les dangers. La massification comme synonyme de mode et de mauvais goût – une chose qui a toujours existé – est un moindre mal comparée à ce que les nouvelles technologies peuvent inventer pour vendre des certitudes à tous ceux qui en manquent. Dans ce monde du hasard et de la nécessité qui est le nôtre depuis le début, un texte est nécessaire pour rendre intelligible ce qui, sans lui, n'aurait pas de sens. De cette nécessité peut naître la Bible – mais aussi *Mein Kampf*. Dans des sociétés qui vont à l'aveuglette, où la satisfaction matérielle laisse les esprits profondément insatisfaits, et où les mécontents se lassent d'attendre, les textes les plus dogmatiques s'emparent aisément de nombreuses imaginations. Que n'aurait pas fait Hitler avec un écran de télévision ?

Voilà le risque. Nous vivons dans le village global des communications de masse, dans la prouesse technique et l'interdépendance économique, mais nous pouvons facilement nourrir les craintes, ou les exacerbations de ceux qui ne voient pas leur image reflétée par ces moyens et qui, comme Tantale, veulent en vain attraper ces fruits que la tentation publicitaire exhibe sur tous les écrans du monde.

Une des dérives qui guettent, çà et là, nos sociétés, est un capitalisme autoritaire, délivré de tout adversaire idéologique. Il ne menacerait pas seulement le livre et la lecture, mais la libre utilisation créative des techniques audiovisuelles. Seul un ordre démocratique réel peut le contrecarrer ; pour cela, il faut une vigilance politique pluraliste qui s'exerce sur les médias, mais aussi un degré très élevé d'éducation publique, de nombreuses bibliothèques, une instruction gratuite et un régime de pleine liberté pour la création.

Au cours des cinquante dernières années, dans chaque pays latino-américain nous avons vu se former un grand cercle littéraire, qui va de l'écrivain à l'éditeur, du distributeur au libraire et au lecteur, puis revient vers l'auteur. C'est pourquoi, contrairement à ce qui se passe dans des nations de plus grand développement économique, mais où l'attention intellectuelle est moins vive, certains auteurs ne disparaissent jamais des librairies du Mexique et d'Amérique latine. Neruda et Borges, Cortázar et García Márquez, Paz et Vallejo sont toujours présents sur nos rayons.

Ils le sont parce que leurs lecteurs se renouvellent constamment, sans jamais s'épuiser. Beaucoup sont des jeunes, entre quinze et vingt-cinq ans. Des membres de la classe ouvrière, de la classe moyenne ou des catégories sociales intermédiaires. Ce sont eux qui portent les promesses de changements, les espérances de notre continent.

Aujourd'hui, les crises successives dont a souffert l'Amérique latine depuis les années quatre-vingt, menacent cette continuité de la lecture, reflet de la continuité sociale. Plusieurs générations de jeunes latino-américains ont découvert leur identité en lisant la Chilienne Gabriela Mistral, le Brésilen Jorge Amado ou l'Uruguayen Juan Carlos Onetti. La rupture du cercle de lecture signifierait une perte identitaire pour de nombreux jeunes gens et jeunes filles. Ne les poussons pas à quitter les librairies et les bibliothèques pour se perdre dans les souterrains de l'ignorance, de la misère et du désespoir.

Dans ce panorama que je tente de brosser, la bibliothèque est une institution précieuse car elle nous permet d'approcher toute la richesse verbale de l'humanité dans un espace civilisé, sous un toit protecteur.

Mais là, entourés par la beauté, l'hospitalité, la paix et jusqu'à cette merveilleuse odeur des livres, nous ne devons pas perdre de vue tous les dangers que la censure, la persécution et l'intolérance peuvent faire courir à la parole écrite. Une *fatwa* comme celle qui a été prononcée contre Salman Rushdie vient nous le rappeler.

J'écrivais plus haut que, dans les années vingt, plus de 80 % des Mexicains étaient illettrés. Lorsque le ministre-philosophe Vasconcelos organisa sa campagne d'alphabétisation, il rencontra la résistance féroce des oligarchies latifundistes. Les grands propriétaires terriens ne voulaient pas de péons (de travailleurs journaliers ou saisonniers) qui sachent lire et écrire ; ils les voulaient ignorants et soumis. C'est pourquoi beaucoup d'instituteurs envoyés dans les campagnes furent pendus ou mutilés.

Cette héroïque campagne de base était accompagnée d'une impulsion donnée à la haute culture. Recteur de l'Université nationale de Mexico, Vasconcelos fit également imprimer cette collection de classiques à laquelle j'ai déjà fait allusion et qui réunissait Homère et Virgile, Platon et Plotin, Dante et Goethe, tant de joyaux bibliographiques et artistiques. Et tout cela pour qui ? lui demandaient certains ; pour des pauvres, des ignorants, des marginaux ? Exactement : la publication des classiques de l'Université était un acte d'espérance. Une façon de dire à la majorité des Mexicains : un jour, vous ne serez plus à la marge, mais au centre. Un jour, vous aurez les moyens, non seulement

d'acheter des livres, mais de les lire et de comprendre ceci :
— qu'un livre, tout en étant dans le commerce, transcende le commerce ;
— qu'un livre, dans le monde actuel aux nombreuses technologies d'information et d'« interactivité », est davantage qu'une source d'information ;
— qu'un livre nous permet d'élargir simultanément la compréhension de notre personne, la compréhension du monde objectif hors de nous et la compréhension du monde social où se réunissent la cité – la *polis* – et l'être humain.

Le livre nous offre ce qu'aucune autre forme de communication ne peut, ne veut ou ne prétend nous donner : l'intégration complète de nos facultés à nous connaître nous-mêmes pour nous réaliser, nous accomplir dans le monde, dans notre vie intérieure et avec les autres.

Le livre nous dit que notre vie est un répertoire de possibilités qui transforment le désir en expérience et l'expérience en destin.

Le livre nous apprend que l'autre existe, les autres ; que notre personnalité ne s'épuise pas en elle-même, qu'elle rencontre l'obligation morale d'être attentive à autrui.

Le livre, c'est l'éducation des sens à travers le langage.

Le livre est l'amitié tangible, visuelle, olfactive, qui nous ouvre les portes pour fraterniser avec le monde, parce que nous partageons le verbe du monde.

Le livre, c'est l'intimité d'un pays, l'idée inaliénable que nous avons de nous-mêmes, de notre temps, de notre passé comme de notre avenir : tous les temps vécus comme désir et mémoire du verbe, ici et maintenant.

Lecture

De nos jours plus que jamais, un livre et une bibliothèque nomment le monde et donnent une voix à l'être humain.

Plus que jamais, un livre et une bibliothèque nous murmurent : Si nous ne disons plus le monde, nul ne nous donnera de nom. Si nous ne parlons plus, le silence imposera son obscure seigneurie.

Liberté

Que nous considérions la liberté comme un libre arbitre absolu, ou circonscrite par l'hérédité, la nature, la fatalité ou le hasard, le simple fait de prononcer son nom est déjà un acte d'espérance. Ceux qui en sont privés savent, mieux que quiconque, la mettre en valeur. Ceux qui la tiennent pour acquise courent le risque de la perdre. Ceux qui luttent pour elle doivent avoir conscience des dangers que ce combat lui-même représente pour la liberté. Au milieu de la Révolution française, Saint-Just disait des affrontements pour la liberté révolutionnaire que la lutte contre la tyrannie est épique, mais que le combat entre les révolutionnaires est tragique. Du combat pour la liberté sont nées des formes extrêmes d'oppression et qui, pourtant, sont parvenues à se légitimer en invoquant leurs origines révolutionnaires. Car les révolutions légitiment. Mais une fois la liberté gagnée, qu'il s'agisse de révolution ou d'indépendance, comment la garder, comment l'enrichir et la perpétuer ? Peut-être n'y a-t-il pas de formule plus pragmatique et plus précise que celle de Madison dans *Le Fédéraliste* : « Si les hommes étaient des anges, le gouvernement ne serait pas nécessaire. Si les anges gouvernaient les hommes, il ne serait pas nécessaire de contrôler le gouvernement, à l'intérieur comme à l'extérieur. [Mais] dès lors que l'on institue un gouvernement où les hommes sont administrés par des hommes... la première chose à faire est de permettre aux gouvernants de contrôler les gouvernés pour, aussitôt fait, contraindre le gouvernement à se contrôler lui-même. »

Élections, révocations, *impeachments*, jugements administratifs, division des pouvoirs, poids et contrepoids, contrôle de l'exécutif... Les systèmes démocratiques ont inventé diverses manières d'améliorer la formule de Madison pour que ce soient bien les citoyens et les institutions qui obligent les gouvernements à se contrôler eux-mêmes, afin, notamment, de ne pas perdre le contrôle de la population.

La liberté n'est pas seulement un sujet public, mais privé. Bien plus : elle se considère elle-même comme une institution à la première personne du singulier. Préserver cette valeur personnelle intrinsèque est une forme de liberté qui tombe sous la rubrique du Je, qui lui incombe. Mais à peine se montre-t-elle hors du Moi que la liberté comprend que nul n'est libre à son compte. La liberté se présente d'abord à la première personne du singulier, certes, mais elle ne peut se maintenir qu'aux trois personnes du pluriel. Ma liberté, c'est « Moi » plus « Nous » plus « Vous » plus « Eux ». Les tensions qui s'instaurent ainsi entre mon libre arbitre et le monde des autres peuvent être conflictuelles, mais elles sont toujours créatives car, la liberté se définissant avant tout comme « ma » possibilité, je ne suis réellement libre que lorsque cette possibilité est aussi celle des autres.

Je souligne le mot *possibilité* parce que les écueils,

sur le chemin de la liberté, sont suffisamment nombreux et redoutables pour nous persuader que le fait d'« être libre » n'est pas immédiatement accessible. On peut agir librement contre ses propres intérêts, par masochisme ou par ignorance, par faute de jugement. La liberté peut servir le mal. La nécessité la stimule, tout comme elle la bride et la brime. La nature l'acclame, tout comme elle l'expulse. Le hasard l'enveloppe de ses avertissements. Et la somme de ces obstacles et contradictions peut nous conduire, non sans raisons, à regarder la liberté uniquement comme un fait moral ou... comme un devoir. Manuel Azaña, qui gouverna la République espagnole, l'a bien dit : Peut-être la liberté ne fera-t-elle pas le bonheur des hommes, mais, pour le moins, elle en fera des hommes.

Le Pangloss de Voltaire nous dit que nous vivons dans le meilleur des mondes possibles ; la Winnie de Beckett affirme exactement le contraire.

Entre ces deux visions, Socrate nous propose de vivre dans la cité, d'y chercher la liberté et le dialogue, même si la cité, au bout du compte, nous prive du dialogue, même si elle ôte la vie à Socrate. La sagesse critique consiste sans doute à surmonter la rupture entre la vie intérieure, créative, et la vie extérieure, mondaine, à travers la connaissance personnelle – « Connais-toi toi-même » – comme à travers la connaissance de la cité – Connais les autres –, car l'hiatus entre la liberté intérieure et extérieure est réel, tangible, au point de se présenter parfois comme un vide, un précipice. Albert O. Hirschman a bien vu ce processus d'alternance qu'il appelle « *entrances and exits* ».

Nous entrons dans la liberté, constamment, pour en sortir aussitôt. Les deux extrêmes – périlleux – sont une liberté individuelle excessive, avec à la clé l'enfermement solipsiste qui transforme le monde extérieur en pure illusion, et le manque cruel de liberté que représente, par exemple, la vie sous une dictature. La vraie liberté est faite pour passer – non sans conflits, mais avec un sens créateur – entre la personne et le monde, entre l'individu et la société, entre le Toi et le Moi. Alors, la liberté peut effacer l'hiatus entre la vie intérieure et extérieure, combler l'abîme entre la réalité intérieure et extérieure, le vide entre le déterminisme et le libre arbitre.

Tâche sans fin : ce n'est pas le Sisyphe de Camus, mais l'homme inachevé de Milton. L'homme peut-il ne jamais finir, mais toujours se prolonger, se façonner dans la liberté ? Dans sa fameuse dispute avec Pélage, saint Augustin nie toute liberté qui ne passe pas par l'Église, c'est-à-dire par l'institution. Mille ans avant Luther, Pélage accorde à l'homme la liberté de se sauver lui-même en dehors des institutions ecclésiastiques. Toutefois, cette liberté consiste aussi à œuvrer au sein des institutions, non par obligation ni fatalité, mais par détermination. Que celle-ci, à l'image de l'ADN en mutation serpentine, soit un mélange d'hérédité, de biologie, d'éducation, de culture, de langue et de religion, de politique et de morale, ne fera que donner à la liberté un visage plus humain, plus nuancé. Il n'y a pas de liberté pure et simple.

Comment mesurer la liberté ? À la quantité de libre arbitre laissée à chacun par les institutions ? Ou, inversement, à la marge que chacun d'entre nous accorde à l'autorité des institutions ? En tout cas, la liberté consiste à croire en elle, à lutter pour elle. La liberté est avant tout quête de liberté. Jamais nous ne l'atteindrons pleinement. La mort nous montrera les limites de toute liberté personnelle. Et l'histoire nous apprendra comment périssent et se métamorphosent les institutions qui, en leur temps, ont défini la liberté. Mais entre la vie et la mort, entre la splendeur et l'horreur du monde, en toutes circonstances la quête de la liberté nous rendra libres.

Mexique

« Et l'autre jour au matin nous arrivâmes à cette large chaussée [qui] conduisait à Mexico et nous demeurâmes émerveillés, disant entre nous que cela ressemblait aux choses et enchantements qui sont contés dans le livre d'Amadis. Et certains de nos soldats disaient même que cela ressemblait à ce que l'on voit dans les songes... »

Bernal DÍAZ DEL CASTILLO, *Histoire véridique de la Conquête de la Nouvelle Espagne.*

Le rêve du conquérant – comme son émerveillement – s'est bientôt transformé en cauchemar du monde indigène. Et de cette merveille qu'était Mexico-Tenochtitlán il ne subsista pierre sur pierre. Le rêveur était devenu le ravageur. Mais n'oublions pas qu'il fut aussi le *désireur* : un désir complexe d'or et de gloire, d'espace et d'énergie, d'imagination et de foi.

Il n'est pas de désir innocent car non seulement nous voulons posséder, mais transformer l'objet de notre désir. La découverte débouche sur la conquête : nous voulons ce monde pour le changer. La mélancolie de Bernal Díaz est celle du pèlerin qui entrevoit le paradis et doit aussitôt le détruire. L'admiration se convertit en douleur et Bernal ne peut les sauver toutes deux que par la mémoire. C'est notre premier écrivain : il inaugure la prose narrative du Nouveau Monde.

Immense territoire – cinq fois plus grand que la France –, le Mexique aime voir (et se voir) à travers le petit. Pas seulement parce que les Mexicains savent confectionner des vêtements pour les puces, mais parce qu'ils compensent l'immensité de la terre par une décoration sensible et minutieuse, la tendresse méticuleuse des choses de la vie, depuis une cuisine qui requiert des heures, voire des jours de préparation – *slow food* – jusqu'à ces déjeuners prolongés de trois, quatre ou six heures pour donner des mots, des souvenirs, de la fraternité, de l'humanité joyeuse et touchante aux gestes de la vie en commun. « Terre de contrastes », pour citer le lieu commun qui s'accorde parfaitement à ce pays, où les chansons les plus tristes se mêlent aux plus réjouies, les êtres les plus humbles aux hommes les plus orgueilleux. Une courtoisie naturelle et parfaite côtoie la plus insupportable grossièreté. Les extrêmes, à nouveau : invisibilité douloureuse et présence écrasante :

— Qui va là ?

— Personne, monsieur.

— Qui va là ? ai-je dit.

— Ton connard de père, putain de ta mère.

— Pour vous servir, cher monsieur.

— Va te faire mettre.

— Mon humble demeure est la vôtre.

— Un pas de plus et je t'éclate la tronche.

— Vous ne savez pas à qui vous parlez, crève-la-faim.

— De ma faim je suis le maître.

— Mon argent je l'ai gagné, je n'ai à le partager avec personne.

— Que votre volonté soit faite, monsieur.

— Ici on fait seulement ce que je dis, misérable avorton.

— Hier j'étais merveille, aujourd'hui pas même une ombre.

Le verbe mexicain, riche, souple, sinueux, dissimule autant qu'il révèle. Si j'ai choisi des exemples extrêmes de la langue quotidienne – depuis l'humilité la plus pure jusqu'à l'orgueil intolérable, de la poésie à la porcherie –, je n'oublie pas le moyen terme, fait de courtoisie, d'intelligence, d'habileté à dire et à entendre, bref, une sorte de zone tempérée entre les tropiques tapageurs et les hauts plateaux à mots couverts. Le Mexicain moyen parle d'une voix plutôt mesurée, avec une tendance à baisser le ton. Tout le contraire des Espagnols, dont l'énergie verbale nous scandalise.

— Mais pourquoi parlez-vous si fort ? demanda un jour, dans un café, un intellectuel mexicain au poète espagnol exilé León Felipe, qui, de surcroît, avait l'allure imposante de Jupiter tonnant.

— Quel con ! lui répondit le poète de sa grosse et forte voix. Parce que nous avons été les premiers à crier : *Terre !*

(Rien de plus criard, ai-je noté au passage, qu'un groupe de gringos quand ils se réunissent en public et veulent à toute force montrer qu'ils s'amusent, à coups d'éclats de rire offensifs. Vraiment, leur pognon leur a coûté cher.)

Le fait est que nous n'avons pas crié *Terre !*, mais que les autres nous l'ont crié. Depuis lors, nous souffrons moins du complexe du peuple conquis que du peuple en marge de la « modernité ». Nous arrivons toujours en retard au banquet de la civilisation, disait Alfonso Reyes. D'un certain point de vue, c'est très juste. Et Fernando Benítez affirmait que nous n'avions pas été capables d'inventer un seul objet utile au monde moderne. Pourtant, nous sommes de grands improvisateurs : nous raccommodons des choses cassées, nous branchons des câbles en douce et nous détournons des éclairages, nous ressuscitons les coqs à la fin des combats et nous savons cuisiner tout ce que la nature nous consent : nous sommes les *chefs cuistots** de la pauvreté. Et pour peu que l'occasion se présente, dans un puits de pétrole, dans une chaîne de montage frontalière, dans une usine de pointe au centre du pays, dans une entreprise dynamique du Nord ou sur un plateau de cinéma, nous nous révélons comme les travailleurs qui apprennent le plus vite et se prêtent à la rapidité technique.

Nous comprenons alors, dans nos meilleurs moments, que plus notre expérience est authentique, plus elle s'enracine dans nos origines pour s'ouvrir à une autre formule excellente d'Alfonso Reyes : être généreusement universels pour devenir profitablement nationaux. Reconnaissons que la leçon n'est pas bien apprise. Il y a au Mexique trop de personnes atteintes de « soupçonnite » aiguë – les *sospechosistas*, comme les appelait Daniel Cosío Villegas [1]. Le Mexique serait l'éternelle victime d'une vaste conspiration étrangère visant à nous exploiter, nous ridiculiser et nous humilier. Cela dit, c'est (ou ce fut) parfois le cas. Mon livre d'histoire dans une école primaire des États-Unis disait textuellement : « Le retard du Mexique est dû à l'indolence insurmontable d'une race inférieure... »

---

1. Historien mexicain, auteur d'une œuvre abondante. Voir par exemple *El sistema político mexicano*, Mexico, Mortiz, 1973. (N.d.T.)

Dépendre du « qu'en-dira-t-on » à l'étranger est une forme de colonialisme mental, comme le fait de rejeter toute ouverture, ou tout apport extérieur, parce que menaçant l'essence nationale. Mais qu'est-elle, au bout du compte, la prétendue « essence » nationale, sinon un métissage entre des traits indigènes, européens et africains ? Fixer, de façon statuaire, l'identité nationale, c'est en faire un mausolée. La modernité est une fatalité, mais elle peut aussi devenir liberté, si nous la considérons comme une chance à saisir. Mais nous ne pouvons condamner toute nouveauté, ou toute importation, comme source de danger, de malheur ou de naufrage. Le Mexique compte diverses strates de « modernité ». Aux yeux de l'Indien – Tzotzil ou Chamula au sud, Tarahumare au nord –, *sa* propre culture est *sa* modernité. Elle mérite d'être respectée, voire protégée. Mais sans tomber dans une adulation aveugle, qui perpétue ses aspects synonymes de misère, d'ignorance et d'injustice. Serons-nous, au XXIe siècle, un pays ouvert, qui ne craint ni son antiquité indigène ni sa modernité métisse ? Étant donné que, d'un point de vue démographique, il n'y aura plus ni Mexique purement autochtone, ni Mexique purement blanc, il vaudrait mieux mettre en valeur les deux réalités.

La première est une identité qui a fait ses preuves. Nous savons ce que c'est que d'être mexicain, tout ce qui nous unit comme ce qui nous sépare. Nous ne nous confondons avec personne – mais nous ne nous séparons de personne. La quête de l'identité nationale – la nation-narration – nous a valu des insomnies pendant des siècles. Croire que nous manquons d'identité est une forme précopernicienne d'envisager l'univers. C'est nous donner un prétexte pour éviter de passer de l'identité acquise à la diversité à conquérir. C'est pourtant là que l'identité nationale et l'identité personnelle se posent comme un défi créateur. Allons donc à la conquête de la diversité politique, religieuse, sexuelle, culturelle. Passons de l'identité à la diversité par la voie du respect. Renonçons au culte de « l'épopée des vaincus », pour citer Héctor Aguilar Camín.

Encore faut-il – toujours – payer la dîme du risque. Le risque, au Mexique, est la facilité avec laquelle nous passons du désespoir à l'optimisme, pour mieux retomber dans la désespérance – ou nous agripper à la bouée suivante. Si le PRI (Parti révolutionnaire institutionnel, au pouvoir pendant près d'un siècle) nous a dominés, c'est parce qu'il était notre miroir. Il a été tout ce que nous voulions : révolutionnaire, agraire, ouvrier, socialiste, nationaliste, sectoriel, corporatiste, partisan du développement ou du *statu quo*, autoritaire, favorable aux ouvertures, populiste et néolibéral. Dans cette suite de réactions à des défaillances ou des échecs antérieurs, nous avons failli rejeter tous les acquis pour courir après tout ce qui était désirable : lâcher la proie pour l'ombre. Ou bien, plus tragiquement encore, nous nous sommes forcés à n'aimer que ce qui naît de la perte et du désespoir. Comme si nous portions un chapelet d'utopies en allées auxquelles il fallait ajouter nos propres nostalgies. Les présidents Juárez et Cárdenas furent grands parce qu'ils étaient de leur temps, tout en cultivant la mémoire historique. Même si nous sommes effrayés par le monde actuel (qui est à bien des égards effroyable), nous ne pouvons nous réfugier dans la nostalgie de lointains gestes d'héroïsme. Essayons plutôt de retenir les leçons.

Mes romans témoignent de la foi mexicanophile la plus fervente de certains compatriotes : « Comme le Mexique il n'y en a pas deux. » « Le Mexique ne s'explique pas. » « Dans ce pays, on croit, avec fureur, avec passion... », dit Manuel Zamacona dans *La Plus Limpide Région*. Mais j'ai aussi laissé entendre la désillusion de nombreux Mexicains : « Ne te laisse pas entraîner par l'enthousiasme, au Mexique la désillusion a tôt fait de châtier celui qui croit et promène son espoir dans la rue » *(Les Années avec Laura Díaz)*.

J'en reviens au royaume des petites choses, au Mexique, parce que ce sont les plus grandes. La modestie d'un artisan et la fierté d'une cuisinière. La mélancolie d'un chanteur et le cri d'un révolté. La discrétion des amants. La beauté des enfants, sans exception. La courtoisie innée des meilleurs Mexicains. La beauté des plus belles, qui jamais ne se fane. La patience, quand elle est sage réflexion. L'impatience, quand elle est rébellion méditée. Les triomphes éphémères du paysage au milieu d'une nature abrupte, fiévreuse, parfois trop touffue, d'autres fois trop ingrate, inaccessible dans ses cimes solaires, indésirable dans ses profondeurs infernales... (On ne trouve que dans les mythologies mexicaines un lieu comme Mictlan, l'inframonde, qui est à la fois ciel et enfer : un Averne fleuri.) Le Mexique tout entier est dans ce conflit entre, d'une part, le beau et le durable, l'art, la sculpture, les cités et les temples faits pour l'éternité, et, de l'autre, la progression pernicieuse de la laideur, des ordures, du désordre urbain, de la désolation des campagnes...

Dans *Les Cinq Soleils du Mexique*, j'écrivais : « Ma vision de ce pays est toujours prisonnière, tiraillée entre l'énigme de l'aurore et les devinettes du crépuscule, et en vérité je ne sais plus ce qui les distingue, car chaque nuit ne contient-elle pas le jour qui l'a précédée, chaque matin n'enferme-t-il pas le souvenir de la nuit qui lui a donné naissance ? (...) C'est pourquoi les victoires de l'homme sont plus grandes au Mexique. Aussi loin que nous conduisent les extrémités de notre réalité, nous ne pouvons nier aucune de ses facettes. Essayons, plutôt, de les intégrer toutes ensemble dans l'œuvre d'art, le regard, le goût, le songe, la musique, la parole... Le Mexique est le portrait d'une création qui jamais ne repose car sa tâche n'est pas encore achevée. »

Terre inachevée, le Mexique, patient et serein, cache pourtant la rage d'une espérance trop souvent trompée. C'est un pays qui, des siècles durant, a attendu, rêvé le temps de son histoire. C'est pourquoi sa grimace et son sourire sont devenus inséparables. Le Mexique est une tendre vigueur, une cruelle compassion, une amitié mortelle, une vie instantanée. Tous ses temps sont un seul : le passé *ahorita*, le futur *ahorita*, le présent *ahorita*[1]. Il ne s'agit pas de nostalgie, d'inertie, d'illusion ou de fatalité. Peuple de toutes les histoires, le Mexique réclame seulement avec force, tendresse, cruauté, compassion et fraternité, de toute sa vie et de toute sa mort, que tout arrive, une bonne fois, une sainte fois, aujourd'hui, là, maintenant, tout de suite, ce *Ya* (ça y est !) que l'on entend si souvent et qui est à la fois soupir, exclamation, pierre tombale et invocation. Mon histoire, ni demain ni hier, je veux qu'elle soit mon temps éternel, aujourd'hui même je veux l'amour, l'enfer et le paradis, la vie et la mort, à cette heure, pas un masque de plus, prenez-moi comme je suis, notre blessure inséparable de la cicatrice, ton rire de tes pleurs, ma fleur de mon couteau. Nul n'a jamais tant espéré, nul ne s'est autant battu contre la fatalité,

1. Diminutif de *ahora* (maintenant), *ahorita* (littéralement : dans un petit moment) se glisse à tout instant dans la conversation mexicaine, avec des sens très divers... (N.d.T.)

la passivité, l'ignorance (que d'autres ont invoquée pour le condamner), nul ne l'a fait autant que ce peuple de survivants, car il y a longtemps qu'il aurait dû mourir de cause naturelle, succomber aux injustices, au mensonge et au mépris que les oppresseurs ont accumulés sur le corps meurtri du Mexique. Tant de siècles de souffrance, de lutte et de rejet de l'oppression, tant de siècles d'invincible défaite, où le Mexique a chaque fois resurgi de ses cendres. Jusqu'à quand ? Quel sera le terme de notre prochaine espérance, quelle sera la mesure de notre nouveau désir ?

Mort

Quand il s'agit d'accompagner la mort, que reste-t-il de temps pour la vie ? Freud nous rappelle que la non-vie précéda le vivant. La fin de toute vie est dans la mort, cette reine toute-puissante qui était là bien avant nous et qui sera toujours là quand nous aurons disparu. A-t-elle annoncé notre venue ? Se souviendra-t-elle de nous quand nous serons partis ? Ou plutôt, le néant qui nous a précédés et qui nous suivra devient-il seulement conscient grâce à notre passage par la vie ? La mort attend le plus courageux, le plus fortuné, le plus beau. Elle en fait les égaux du plus lâche, du plus pauvre, du plus laid, non du simple fait de mourir, ni même dans la conscience de la mort, mais dans l'ignorance de la mort. Nous savons que le jour viendra, mais nous ne savons pas ce qui viendra. Nous l'attendons à divers degrés d'acceptation, de fureur, de tristesse, d'interrogation, de repentir, avec toute cette gamme de sentiments que le poète mexicain Xavier Villaurrutia[1], dans les années trente, appelait *Nostalgie*

1. Xavier Villaurrutia (1903-1950) : une des figures les plus importantes du mouvement poétique des *Contemporáneos*, avec José Gorostiza. (N.d.T.)

de la mort. Nous dressons le bilan de notre vie, mais nous savons que le véritable juge est la mort – et nous connaissons le verdict d'avance. C'est la dernière compagne, inévitable, mais, amie ou ennemie ? Elle est notre ennemie et, bien plus, notre rivale, quand elle nous arrache un être cher. Alors maudite soit-elle, cette salope qui ne nous tue pas, mais tue ceux que nous aimons. Et pourtant, cette mort ennemie, nous pouvons la vaincre. Parfois, au cours de ma promenade quotidienne dans le vieux cimetière de Brompton, à Londres, je passe devant un vaste terrain constellé de croix blanches. Elles tranchent sur la majorité des tombeaux et des chapelles funéraires, de formes somptueuses, très élaborées. Ce sont les modestes sépultures des jeunes soldats de la Première Guerre mondiale. Je lis toujours avec surprise les dates de naissance et de mort : pas un de ces garçons n'a dépassé les trente ans. La mort d'un jeune est l'injustice même. Révoltés par une telle cruauté, nous apprenons pour le moins trois choses. D'abord, quand un jeune vient à mourir, plus rien ne nous sépare de la mort. Ensuite, il y a des jeunes qui meurent pour que nous les aimions plus encore. Enfin, ils sont aussi vivants que l'amour qui nous unit.

Est-ce là juste une poignée de consolations ? S'agit-il de triomphes sur la mort ou, tout au contraire, cela ne fait-il qu'accroître son pouvoir ? La mort nous dit : Tu te trompes, ce qui était n'est plus. Nous répondons : Nous t'avons déjouée, non seulement ce qui était continue, mais cela *est* plus que jamais. Mais la mort se rit de nous. Elle nous met au défi de penser, non pas la mort de l'autre, mais notre propre disparition. Elle nous provoque, en voulant nous faire croire que la mémoire des survivants sera notre seule vie au-delà. Et même alors : nous ne le saurons jamais. En revanche, il est certain que les gardiens de la mémoire disparaîtront aussi, l'un après l'autre, dans l'espérance trompeuse d'un dernier témoin toujours vivant. Et la mort se moque encore de nous : Gardons-nous le souvenir de nos morts au-delà de la quatrième ou de la cinquième génération ? Y a-t-il assez de légendes familiales, de portraits d'ancêtres, de faits mémorables pour sauver de l'oubli mortel les immenses légions de nos devanciers ? Après tout, il n'y a qu'une trentaine de fantômes derrière chaque personne.

S'il est peu de gens pour compter un héros ou un génie dans leur arbre généalogique, nous pouvons tous hériter du patrimoine verbal de la mort que nous lègue la poésie.

Nul n'est plus proche de mon sentiment de la mort que les deux plus grands poètes du Siècle d'or espagnol, Góngora et, plus encore, Quevedo. D'abord, dans l'expression de l'évidence : « Comme tu me glisses entre les mains ! Oh comme tu glisses, mon âge... Oh, condition mortelle, dur destin / que je ne puisse vouloir vivre demain / sans payer le tribut à ma mort ! » Mais cette évidence est également celle de l'*Amour constant, au-delà de la mort* : « Âme à qui tout un dieu fut prison... / pourra laisser le corps, non le souci / cendres seront, mais non sans le sens / poussière aussi, mais amoureusement. »

John Donne a donné un autre tour à la mort prématurée. La jeune fille avait quinze ans, dit l'*Élégie*, et le destin ne lui ouvrit pas les portes de l'avenir. Elle emporta la liberté de sa propre mort, mais en faisant de chaque survivant son mandataire, afin d'accomplir la destinée qui aurait pu être la sienne. Victoire : « *For since death will proceed to triumph still, / He can find nothing, after her, to kill.* »

C'est la mort qui appartient à chacun d'entre nous : la mort partagée de la parole qui la vainc.

Reste le fait que, précédés ou suivis, oubliés ou célébrés, nous mourons seuls et, plus radicalement, nous mourons pour nous seuls. Peut-être ne mourons-nous pas tout à fait pour le passé, mais bien pour le futur. Peut-être se souviendra-t-on de nous, mais nous ne pourrons plus nous souvenir. Peut-être mourrons-nous en sachant toute chose de ce monde, mais à l'avenir nous-mêmes serons une chose. Nous avons vu le monde, et le monde nous a vus. Désormais le monde continuera de voir, mais nous serons devenus invisibles. Ponctuels ou non, nous vivons en accord avec les horaires de la vie. Mais la mort est le temps sans heures. (Les Européens du XVIIIe siècle souhaitaient que la mort leur vînt d'Espagne, afin de retarder son arrivée.) Y a-t-il plus grande gloire que de s'imaginer une mort singulière, seulement pour soi, comme une place de choix au grand théâtre de l'éternité ?

Il y a ceux qui attendent que la mort les soulage du poids de leur mémoire. Beaucoup de suicides. Il y a ceux qui regretteront toute leur vie (ou ce qui leur en reste) de n'avoir pas prêté attention, tendu la main à telle personne qui est partie pour toujours. Il y a le silence de l'amour viril, tenu d'attendre jusqu'à la mort pour enfin dire au défunt ce que jamais, par pudeur, nous n'aurions dit à un vivant. Tissu de peines et de remords qui sont comme un second linceul. Et le défunt, aura-t-il exercé son droit d'emporter un secret dans la tombe ? N'est-ce pas un des grands droits de la vie : savoir que nous savons quelque chose que nous ne dirons jamais ?

Quelles que soient les négations, les fatalités qui s'accumulent sur nous, ou les impossibilités que fait valoir la raison, nous ne voulons pas renoncer à la conviction que la mort n'est pas le néant. Qu'elle est une chose précieuse, quand bien même elle nous dirait le contraire. Nous croyons que la mort de ce jour donnera plus de présence à la vie d'hier. Nous répétons avec Pascal : « Ne dis jamais : "je l'ai perdu" ; dis plutôt : "je l'ai rendu". » Je pense que c'est vrai. Il y a ceux qui meurent pour être aimés davantage. Alors, le mort est vivant, comme l'amour qui nous unit. Seul ce qui ne veut pas survivre à tout prix a la chance de vivre vraiment. Vouloir survivre coûte que coûte est la malédiction du vampire qui nous habite.

Dans *Les Hauts de Hurlevent*, Cathy et Heathcliff sont unis par une passion qu'ils savent vouée à la mort. La sombre grandeur de Heathcliff vient de ce qu'il sait que tous ses actes sociaux – la vengeance, l'argent, l'humiliation de ceux qui l'ont humilié, le temps de l'enfance partagé avec Cathy – ne reviendront pas. Cathy le sait également, et c'est pourquoi, parce que « je suis Heathcliff », elle s'avance à l'image et à la ressemblance de la terre perdue de l'amour originel : la terre des morts. Cathy meurt pour dire à son amant : la mort est notre vrai foyer, rejoins-moi dans la tombe. La mort est le véritable royaume d'Éros, où l'imagination comble toutes les absences du corps.

La mort, dit Georges Bataille dans son essai pénétrant sur le roman d'Emily Brontë, est l'origine qui se déguise. Puisque le retour au temps originel de l'amour est impossible, la passion des amants ne peut se consommer que dans le temps éternel, immobile, de la mort. La mort est un instant sans fin. Pourquoi ? Parce que, de façon radicale, la mort a renoncé au calcul par intérêt. Personne, une fois mort, ne peut dire « ceci me convient ou non », « je gagne ou je perds », « je monte ou je tombe ». Telle est, dans le roman de Juan Rulfo, *Pedro Páramo*, la victoire finale de l'auteur sur son personnage cruel, calculateur et, contrairement à Heathcliff, ancré dans l'immortalité d'un amour (non partagé) pour Susana San Juan. Afin de compenser cette défaite, Rulfo nous introduit – en même temps que tout un village : Comala – dans notre propre mort. Grâce au romancier, nous assistons à notre mort. Et nous sommes mieux préparés pour comprendre qu'il n'y a pas de dualité vie-mort, mais que la mort fait partie de la vie : que tout est vie. Imaginons alors que chaque enfant qui naît chaque seconde réincarne chacune des personnes qui meurent à chaque instant. Il est impossible de savoir qui nous réincarnons, car il n'y a pas de témoins actuels pour reconnaître la personne réincarnée. Mais s'il y en avait un seul, capable de m'identifier comme l'autre que je fus... alors quoi ? Il m'arrête dans la rue... avant de descendre d'une voiture ou d'entrer dans un restaurant... il me saisit par le bras... me force à prendre part à une vie passée qui fut la mienne. C'est un survivant : le seul à savoir que je suis une réincarnation. Le seul capable de me dire : Une vie ne suffit pas. Il faut de multiples existences pour forger une personnalité.

Mais s'il ne suffit pas d'une vie pour accomplir toutes les promesses de notre personnalité tronquée par la mort, ne courons-nous pas le risque d'aller à l'extrême opposé, de croire que tout est esprit, que rien n'est matière ? À lui l'éternité, la poussière pour elle. Ou serait-ce plutôt que rien ne meurt tout à fait, ni l'esprit ni la matière ? Leur développement est-il analogue ? Nous savons que les pensées se transmettent au-delà de la mort. Et si les corps le pouvaient aussi ?

Les idées ne se réalisent jamais complètement. Parfois elles se retirent, elles hibernent, comme certains animaux, elles guettent l'occasion de réapparaître. La pensée ne meurt pas. Elle prend simplement son temps. L'idée qui semblait morte, rejaillit tout soudain. L'esprit ne meurt pas, il se transporte, se dédouble. Il souffle, dit-on ; il souffre aussi. Il disparaît, on le croit perdu, et le voilà qui revient. En vérité, l'esprit s'annonce dans chaque mot que nous prononçons. Il n'est pas de mot qui ne soit chargé d'oublis et de souvenirs, teinté d'illusions et d'échecs. Et pourtant, il n'est pas de parole qui ne triomphe de la mort, car toute parole est porteuse d'une imminence de renouveau. Le mot lutte contre la mort, car il en est inséparable ; il la déjoue, il l'annonce, il en hérite... Il n'est pas de mot qui ne soit porteur d'une imminente résurrection. Chaque parole que nous proférons annonce tout à la fois un mot que nous ignorons car nous l'avons oublié, et un autre que nous ne connaissons pas car il est notre désir. Il n'en va pas autrement avec les corps, avec la matière. Toute matière porte l'aura de ce qu'elle fut – et de ce qu'elle sera quand elle disparaîtra. C'est pourquoi nous vivons une époque qui est la nôtre, certes, mais nous sommes le spectre d'une époque révolue, et le présage de temps à venir. Ne nous séparons pas de ces promesses de la mort.

Novela – Novel – Roman

Que peut donc dire le roman qui ne puisse se dire autrement ? Telle fut la question radicale posée par Hermann Broch. Concrètement, la réponse est une constellation de romanciers si vaste et si variée qu'elle donne un sens nouveau, plus large et même plus littéral à ce rêve d'une *Weltliteratur* imaginée par Goethe : une littérature mondiale. Roger Caillois disait que la première moitié du XIXe siècle avait appartenu à la littérature européenne, la seconde à la littérature russe, que la première moitié du XXe siècle était celle de la littérature nord-américaine, et la seconde, celle des lettres latino-américaines. Aujourd'hui, au début du XXIe siècle, nous pouvons parler d'une littérature universelle, qui va de l'Europe de Günter Grass, de Juan Goytisolo et de José Saramago, aux États-Unis de Susan Sontag, de William Styron et de Philip Roth, à l'Amérique latine de Gabriel García Márquez, de Mario Vargas Llosa et de Nélida Piñón, au Japon de Kenzaburo Oé, à l'Inde d'Anita Desai, à l'Égypte de Naguib Mahfuz et à l'Afrique du Sud de Nadine Gordimer, de J. M. Coetzee et d'Athol Fuggard. À lui seul, le Nigeria, depuis ce « cœur des ténèbres » des aveugles conceptions eurocentristes, compte à présent trois grands prosateurs : Wole Soyinka, Chinua Achebee et Ben Okri.

Qu'est-ce qui peut unir ces romanciers, au-delà de leurs nationalités ? Deux choses indispensables au roman... et à la société. L'imagination et le langage. Eux seuls apportent une réponse à l'interrogation qui distingue le roman de l'information journalistique, scientifique, politique, économique, voire philosophique. Ils donnent une réalité verbale à la partie non écrite du monde. Ils participent de cette crainte dans l'urgence qui est celle de l'écrivain : Si je n'écris pas ce mot, nul ne le fera ; si je ne dis pas cette parole, le monde s'enfoncera dans le silence (ou dans le bruit et la fureur). Une parole non écrite ou non dite nous condamne à mourir muets et malheureux. *Sólo lo dicho es dichoso y sólo lo no dicho es desdichado* : seul le dit est heureux, seul le non-dit est malheureux. Le roman rend visible la part invisible de la réalité. Et il le fait d'une manière imprévue par les canons réalistes ou psychologiques du passé. À la façon plénière (plénipotentiaire) de Bakhtine, le romancier utilise la fiction comme une arène où se donnent rendez-vous non seulement les personnages, mais les divers langages, les codes de conduite, les époques historiques les plus éloignées et les multiples genres littéraires, effaçant les barrières artificielles pour élargir constamment le territoire de la présence humaine dans l'histoire. Le roman finit ainsi par se réapproprier tout ce qu'il n'est pas : science, journalisme, philosophie...

C'est pourquoi le roman est bien plus qu'un reflet du réel ; il crée une nouvelle réalité, une réalité qui, auparavant, *n'était pas là* (Don Quichotte, Madame Bovary, Stephen Dedalus), mais sans laquelle nous ne pourrions connaître la réalité même. Ainsi, le roman crée un nouveau temps pour le lecteur. Le passé est racheté de la poussière des musées, et le futur, d'une promesse idéologique toujours différée. Le roman convertit le passé en mémoire et le futur en désir. Mais tous deux se passent aujourd'hui même, dans le présent du lecteur qui, en lisant, se souvient et désire. Aujourd'hui, Don Quichotte s'en va combattre les moulins qui sont des géants. Aujourd'hui, Emma Bovary entre dans l'officine du pharmacien Homais. Aujourd'hui, Leopold Bloom vit une longue journée de juin à Dublin. Faulkner l'a dit mieux que quiconque : « Tout est présent, tu comprends ? Aujourd'hui ne finira que demain, et hier a commencé il y a dix mille ans. »

De cette façon, le reflet du passé apparaît comme la prophétie du roman futur. Avec plus de ponctualité que l'historien, le romancier nous dit toujours que le passé n'est pas achevé, qu'il doit être inventé heure par heure pour que le présent ne meure pas entre nos mains. Le roman dit ce que l'histoire a tu, ce qu'elle a oublié ou cessé d'imaginer. Prenons l'exemple de l'Argentine. Parmi nos pays d'Amérique latine, c'est le pays qui a le moins de passé – avec les meilleurs écrivains. Un bon mot dit que les Mexicains descendent des Aztèques, tandis que les Argentins descendent tous d'un bateau. Pays neuf, d'immigration récente, l'Argentine a dû s'inventer une histoire au-delà de l'histoire, une histoire verbale qui apporte une réponse au cri solitaire et désespéré des cultures : S'il te plaît, *verbalise-moi*.

Borges est le meilleur exemple de cette autre historicité qui compense le manque de ruines mayas ou de belvédères incas. Face au double horizon argentin –

l'Atlantique et la Pampa –, l'écrivain répond par l'espace entier de *L'Aleph*, le temps intégral du *Jardin aux sentiers qui bifurquent* et le livre total de *La Bibliothèque de Babel* – pour ne rien dire de l'incommode mnémotechnie millimétrique de *Funes, celui qui se souvient*.

L'histoire comme absence. Rien ne fait aussi peur. Mais rien, non plus, ne suscite une réponse plus intense que l'imagination créative. Un autre Argentin, Héctor Libertella, nous apporte une réponse ironique à ce dilemme. Il jette une bouteille à la mer. Dans cette bouteille, il y a la seule preuve de la circumnavigation de Magellan : le journal de bord de Pigafetta. L'histoire est une bouteille jetée à la mer, et le roman est le manuscrit trouvé dans la bouteille. Le passé lointain converge avec le présent le plus immédiat quand, assujettie par une dictature atroce, toute une nation disparaît, que sa mémoire est seulement préservée dans les pages des romans argentins de Luisa Valenzuela ou des romans chiliens d'Ariel Dorfman. Et où se passent donc les merveilleuses inventions de Tomás Eloy Martínez, dans *Le Roman de Perón* et *Santa Evita* ? Est-ce dans le passé nécrophile de la politique argentine, ou dans un futur immédiat où l'humour de l'auteur rend le passé présent – et présentable – en le rendant, surtout, lisible ?

Je veux croire que cette façon de « fictionnaliser » remplit une urgente nécessité du monde moderne (ou postmoderne, comme vous voudrez). Après tout, la modernité est un projet sans fin, perpétuellement inachevé. Ce qui a changé, peut-être, c'est la perception exprimée par Jean Baudrillard, quand il écrivait que le futur est arrivé, tout est arrivé, tout est ici... C'est à quoi je me réfère quand je parle d'une nouvelle géographie du roman, dans laquelle on ne peut comprendre l'état présent de la littérature, disons, en Angleterre, sans citer des romans en langue anglaise écrits dans l'ancienne périphérie de l'Empire britannique – *The Empire Strikes Back* – par des auteurs aux traits multiraciaux et multiculturels. V. S. Naipaul, Hindou de l'île de Trinidad ; Breyten Breitenbach, Boer d'Afrique du Sud ; Margaret Atwood, Canadienne anglophone, mais aussi Marie-Claire Blais, Canadienne francophone, ou encore Michael Ondatjee, du Canada via Sri Lanka... Et l'archipel britannique inclut d'autres îles, intérieures ou extérieures : l'Écosse d'Alisdair Gray, le pays de Galles de Bruce Chatwin, l'Irlande d'Edna O'Brien et même le Japon de Katzuo Ishiguro. Enfin, il n'y aurait pas de roman aux États-Unis sans l'Afro-Américaine Toni Morrison, la Cubano-Américaine Cristina García, l'Américano-Mexicaine Sandra Cisneros, l'Indo-Américaine Louise Erdrich ou la Sino-Américaine Amy Tan : autant de Schéhérazades modernes qui, en racontant une histoire chaque nuit, diffèrent chaque jour notre mort.

Selon Jean-François Lyotard, la tradition occidentale a épuisé ce qu'il appelle le métarécit de la libération. Et pourtant, cette fin n'annonce-t-elle pas la multiplication des « multirécits », provenant d'un univers polyculturel et multiracial qui transcende le domaine exclusif de la modernité occidentale ?

L'incrédulité envers les métarécits de la modernité occidentale est peut-être déjà destituée par la croyance dans les multirécits, qui parlent au nom de multiples projets de libération de l'homme, de nouveaux désirs, de nouvelles exigences morales, de nouveaux territoires de la présence humaine au monde.

Cette « activation des différences », pour citer encore

Lyotard, n'est qu'une manière de dire que notre monde de l'après-guerre froide (et si le président Bush Jr. vient à bout de la sienne, de la paix bouillante) n'est pas un monde qui, en dépit de la globalisation, marcherait vers une unité illusoire, voire préjudiciable, mais vers une différenciation plus marquée, plus saine, quand bien même elle se montrerait, parfois, conflictuelle. Je le dis en tant que Latino-Américain. Le souci nationaliste de l'identité, qui nous a tant absorbés depuis notre Indépendance, de Sarmiento à Martínez Estrada en Argentine, de González Prada à Mariátegui au Pérou, de Hostos à Porto Rico à Enrique Rodó en Uruguay, de Fernando Ortiz à Lezama Lima à Cuba, de Pedro Henríquez Ureña à Saint-Domingue à Picón Salas au Venezuela, d'Alfonso Reyes à Octavio Paz au Mexique, de Montalvo en Équateur à Cardoza y Aragón au Guatemala, ce souci a contribué, justement, à nous forger une identité. Les Mexicains ne doutent pas de leur mexicanité, pas plus que les Brésiliens ou les Argentins ne doutent qu'ils soient respectivement brésiliens ou argentins. Mais cette question a entraîné une nouvelle exigence : le passage de l'identité à la diversité. Diversité morale, politique, religieuse, sexuelle. Sans le respect de la diversité fondée sur l'identité, il n'y aura pas de liberté en Amérique latine.

Je cite l'exemple qui m'est le plus proche – l'Amérique indo-afro-latine – pour donner encore plus de poids au roman comme facteur de diversification et de multiplicité culturelles à notre époque. Nous entrons dans le monde que Max Weber avait annoncé comme un « polythéisme de valeurs ». C'est le monde, certes, des communications, de l'économie globale, de la science et des technologies, mais aussi des revendications ethniques, du regain des nationalismes, du retour des tribus avec leurs idoles, de la coexistence d'un progrès vertigineux avec le renouveau de réalités que nous pensions disparues. La variété, non la monotonie, la diversité plus que l'unité, le conflit plus que la tranquillité, définiront la culture du nouveau siècle.

Le roman est une ré-introduction de l'être humain dans l'histoire. C'est une grande fresque, où le sujet est à nouveau présenté à son destin, et son destin est la somme de son expérience : libre et fatale. Mais de nos jours, le roman est aussi une carte de visite des cultures qui, loin d'avoir été noyées par les marées de la globalité, ont osé s'affirmer avec plus de vigueur que jamais. Négative aux divers sens que nous connaissons bien (xénophobie, nationalisme agressif, primitivismes cruels, perversion des droits de l'homme au nom de la tradition ou de l'oppression du père, du macho ou du clan), la particularité est positive dès lors qu'elle affirme des valeurs en danger d'être oubliées ou anéanties et qui, en elles-mêmes, sont des remparts contre les pires impulsions du tribalisme.

Il n'est pas de roman sans histoire. Mais en nous introduisant dans l'histoire, le roman nous permet aussi de chercher une voie pour en sortir et la regarder en toute clarté, afin d'être authentiquement historiques. Car la seule immersion dans l'histoire – l'égarement dans ses labyrinthes, sans aucune issue en perspective – nous en ferait les victimes.

Introduction de l'être historique dans l'histoire. Introduction d'une civilisation dans d'autres. Cela requiert une conscience aiguë de notre propre tradition, afin de donner la main à celles des autres. Et qu'est-ce qui peut mieux nous unir à une tradition que de construire, sur ses fondations, une nouvelle création ? C'est à quoi s'appliquent, brillamment, de jeunes romanciers mexicains, par exemple, comme Jorge Volpi, Ignacio Padilla ou Pedro Angel Palou.

Comme toute œuvre d'art, le roman se compose simultanément d'instants isolés et d'instants continus. L'instant est l'épiphanie que chaque roman (qui en a la chance) renferme et libère. À commencer par les instants les plus délicats et fugitifs, comme ceux décrits par Joyce dans son *Portrait de l'artiste en jeune homme* : « une soudaine manifestation spirituelle surgie au milieu des discours et des gestes les plus ordinaires ».

Mais elle surgit aussi au milieu d'un processus historique ininterrompu, qui n'admet ni principe ni fin, ni origine théologique ni *happy ending* ni fin apocalyptique, mais une affirmation de l'interminable multiplication du sens, contre l'unité consolatrice d'une lecture exclusive, orthodoxe, du monde. « L'histoire et le bonheur coïncident rarement », écrivait Nietzsche. Le roman en est la preuve et, en Amérique latine, si nous perdons parfois le discours de l'espérance, nous y gagnons des œuvres de mise en garde.

Nouveau roman : je parle d'un passage encore incertain, mais peut-être nécessaire, de l'identité à l'altérité ; de la réduction à l'élargissement ; de l'expulsion à l'inclusion ; de la paralysie au mouvement ; de l'unité à la différence ; de la non-contradiction à la contradiction permanente ; de l'oubli à la mémoire ; du passé inerte au passé vivace ; et de la foi dans le progrès à la critique de l'avenir [1].

À condition, bien sûr, que nous soyons capables de créer ces images que José Lezama Lima associe aux

1. Cf. Carlos Fuentes, *La nueva novela hispanoamericana*, Mexico, Mortiz, 1976. (N.d.T.)

« ères imaginaires ». Car une culture qui ne se constitue pas une imagination sera, historiquement, indéchiffrable, ajoute l'auteur de *Paradiso*.

La nouveauté du roman nous dit que notre humanité ne vit pas dans l'abstraction glacée de la séparation, mais dans la chaude pulsation d'une variété infinie qui nous murmure : Nous ne sommes pas encore. Nous naissons peu à peu.

Cette voix nous interpelle, elle nous arrive de très loin, mais aussi du plus profond de nous. C'est la voix de notre propre humanité révélée aux frontières oubliées de la conscience. Elle vient à la fois de temps multiples et d'espaces aux confins. Mais elle crée avec nous, pour nous, le lieu où nous pourrons nous réunir et nous raconter des histoires.

Imagination et langage, mémoire et désir ne sont pas seulement la matière vive du roman, mais le point de rendez-vous de notre humanité inachevée. La littérature nous apprend que les plus grandes valeurs sont des valeurs de partage. Et nous, romanciers latino-américains, nous partageons l'opinion d'Italo Calvino, quand il affirme que la littérature est un modèle de valeurs, qui propose un cadre de langage, de vision, d'imagination et de corrélation des faits. Nous nous reconnaissons dans les propos de William Gass, quand il nous laisse entendre que le corps et l'âme d'un roman sont le langage et l'imagination qu'il déploie, non pas ses bonnes intentions ; autrement dit, la conscience que le roman transforme, *altère*, non celle qu'il vient conforter. Et nous fraternisons avec notre ami Milan Kundera, quand il nous rappelle que le roman est une perpétuelle re-définition de l'être humain comme problème.

Tout cela implique que le roman se formule lui-même comme l'incessant conflit de ce qui ne s'est pas encore révélé avec le rappel de ce qui a été oublié, des voix du silence et des ailes du désir de tout ce qui a été rabaissé, humilié par l'injustice, l'indifférence, le préjugé, l'ignorance, la haine et la peur.

Pour y parvenir, nous devons nous voir et considérer le monde comme des projets en cours, des personnalités toujours incomplètes et des voix qui n'ont pas dit leur dernier mot. Pour y parvenir, nous devons articuler sans relâche une tradition et saisir toutes les occasions d'être des hommes et des femmes qui ne sont pas seulement dans l'histoire, mais qui la font. Un monde en rapide transformation exige, comme le suggérait Kundera, de nous redéfinir constamment comme des êtres problématiques, voire énigmatiques, mais jamais comme porteurs de réponses dogmatiques ou de conclusions hâtives. N'est-ce pas ce qui définit le mieux le roman ? La politique peut être dogmatique ; le roman ne peut être qu'énigmatique.

Le roman acquiert le droit de critiquer le monde en prouvant d'abord sa capacité à se critiquer lui-même. C'est la critique du roman par le roman qui révèle aussi bien le travail de l'art que la dimension sociale de l'œuvre. Joyce, dans *Ulysse*, et Cortázar, dans *Marelle*, sont deux exemples par excellence de ce que je veux dire : le roman comme critique de lui-même et de ses procédés. C'est l'héritage de Cervantès.

Le roman nous ouvre les possibilités de l'imagination verbale comme une réalité non moins réelle que l'histoire. Le roman nous annonce sans répit un nouveau monde : un monde imminent. Car les romanciers savent que, depuis les terribles violences dogmatiques du XXe siècle, l'histoire s'est convertie en possibilité ; elle ne sera plus jamais une certitude. Nous pensions connaître le monde ; maintenant, nous devons l'imaginer.

Odyssée

Le langage est création du temps. L'éternel présent est le temps du langage mythique. C'est le langage de l'aspiration à l'unité, à la plénitude, comme au commencement : avant le premier sacrifice, le premier meurtre, le premier viol; avant le premier témoignage de la mort. Tout, dans les cultures de l'origine, est remémoration, représentation de l'instant privilégié, antérieur à la séparation. Les mythes illustrent l'aspiration à retourner à cet âge premier : « l'âge d'or ». Le propos de l'éternel présent – le myhe – est de nous relier (re-ligion) avec le monde naturel sur le point de se convertir en monde humain.

De Vico à Lévi-Stauss, mythe et langage s'identifient. Le paradoxe veut qu'un son animal (le *mugissement* bovin) soit à l'origine aussi bien du mot qui *est* (le *mythe*, la parole) que du mot qui *n'est pas* (en latin, *mutus* : muet). Les mythes sont comme la vitre entre les deux dimensions du langage. Dire ou ne pas dire; revenir ou non. Car si la nostalgie du langage nous offre une structure réversible qui nous restitue l'unité originelle de l'homme, la fatalité du langage est de dépendre d'un support à la fois successif et irréversible : le mot. Le dilemme du langage se pose à son origine même : Comment employer ce moyen fragmenté, séquentiel, pour créer une impression de présence immédiate et totale ? Ce fut le dilemme du premier chamane – María Sabina, qui est tous les chamanes – comme du dernier – James Joyce, qui est à lui seul tous les auteurs.

L'histoire est le *locus* privilégié du temps chronologique. D'où son parallélisme solidaire avec le destin successif du discours. Chaque pas franchi par l'histoire et sa servante, la parole (car l'histoire n'est que ce qui survit, ce qui est dit ou écrit sur l'histoire), est un pas qui nous éloigne des origines. Les cultures dites « primitives » (qui sont, en fait, différentes) refusent l'accélérateur de l'histoire. Ainsi, dans la culture occidentale, la vie et la passion du Christ se situent entre deux dates historiques : les règnes d'Auguste et de Tibère. Transplantée dans la culture des Indiens Coras du Nayarit, au Mexique, la semaine sainte ne célèbre plus le sacrifice d'un Dieu historique, Jésus, mais celui du dieu des origines qui, à l'aube des temps, a versé son sang pour que pousse le maïs. Le prix de l'unité communautaire des mondes mythiques est l'isolement. Le prix de la traduction individuelle du mythe s'appelle liberté, et liberté veut dire faillibilité.

Comme toutes les cultures, celle de la Grèce s'est d'abord manifestée dans le mythe : mémoire de l'aurore, espace du foyer, flamme des généalogies. Mais la Grèce est la première civilisation qui voyage. Et se dé-plaçant (quittant sa place), elle est confrontée à l'étranger. Dans ce déplacement, cette *péripétie*, cette transplantation, la culture grecque dé-place (change de lieu) le mythe et lui donne ainsi deux occasions de croître et de transformer la vie des hommes. L'une est l'épopée ; l'autre, la tragédie.

Dans l'*Odyssée*, ce sont les héros qui voyagent et les dieux qui les suivent. L'épopée naît d'une identité normative entre la société et sa manifestation – ou chant littéraire. Les morts sont abandonnés dans les tombes du foyer de l'Hellade. Ils sont l'objet d'une mémoire angoissée, les gardiens d'une culture qui encourt bien des périls en voyageant vers de lointaines citadelles, des royaumes étrangers, des îles peuplées de sirènes tentatrices.

Les dieux accompagnent les héros, et c'est la naissance de l'épopée. Mais le héros est vulnérable, et c'est la naissance de la tragédie. Entre ces trois fils conducteurs – mythe, épopée, tragédie –, la liberté apparaît comme une valeur inévitable. Car si le héros peut quitter le monde originel du mythe, il ne peut se défaire du cosmos qui l'entoure, l'enveloppe ; il fait partie du monde naturel, mais se perçoit comme un être séparé de la nature, puisque sa mission est de maintenir un ordre social et politique qui *distingue* l'homme de la nature. Quand le héros est capable de porter ce fardeau, c'est un héros d'épopée : Achille. Quand il ne l'est pas et qu'il transgresse la loi, c'est un héros de tragédie : Œdipe.

Pourquoi le héros tragique trangresse-t-il ? Parce qu'il est libre. Pourquoi est-il libre ? Parce qu'il fait partie de la nature, mais s'en différencie. Comment le héros le sait-il ? Par la conscience de soi. Et comment se connaît-il lui-même ? À travers l'action. Aristote faisait observer que la tragédie est l'imitation de l'action. L'action des hommes n'affirme pas seulement des valeurs ; elle les perturbe et parfois les détruit. Il faut payer le prix de la faute.

Œdipe libère Thèbes du Sphinx. Il se condamne lui-même. Oreste assassine sa mère. Il rétablit l'ordre de la cité. Prométhée délivre les hommes en leur livrant le divin feu de l'intelligence. Ce faisant, il se condamne lui-même et porte le dilemme tragique à son plus haut niveau : Aurait-il été plus libre en n'usant pas de sa liberté, même si, en optant pour elle, il la perd ? La philosophe andalouse María Zambrano, tombée amoureuse de sa sœur en éthique Antigone, nous tend la clé de l'illumination tragique : sans Antigone, sans sa tragédie, le processus de la cité grecque n'aurait pu se poursuivre.

C'est que la tragédie, au bout du compte, propose un conflit de valeurs, non un concours de vertus. Habitués à vivre dans un monde mélodramatique où le bon et le mauvais s'affrontent sans cesse, nous avons perdu la sagesse et la générosité du monde tragique, où les deux parties en lice ont chacune raison : Antigone, en défendant les valeurs de la famille; Créon, en défendant celles de la cité. Trouver la solution du conflit et la proposer à la communauté – qui comprend à la fois l'individu et la société, la famille et la collectivité –, telle est la mission du théâtre tragique. Les valeurs ne se détruisent pas entre elles, mais doivent *attendre la représentation* qui leur permette de se ré-unir, de se résoudre l'une dans l'autre et, ainsi, de restaurer la vie personnelle et commune. Moyennant la purification de la tragédie, Médée mère et amante, Antigone fille et citoyenne, Prométhée dieu et homme, reconstruisent la vie de l'ensemble. Par la catharsis, le théâtre tragique permet à la catastrophe de se transmuer en connaissance.

La perte de la tragédie, éliminée par une foi surnaturelle (la promesse chrétienne du bonheur éternel) ou par un optimisme bien trop naturel (la promesse progressiste d'une félicité sur terre), nous a apporté, en échange, le crime. Ne pas croire au démon, c'est lui donner toutes les chances de me surprendre, disait André Gide. Béatement confiants dans un destin que nous assimilions à l'ascension inévitable vers le bonheur parfait grâce au progrès irréversible, nous avons buté, aveugles, contre les portes de la mort : l'Holocauste, le Goulag. Nous ne serons plus jamais comme avant. Le mythe n'est plus à portée de nos mains. La blessure a été trop profonde, aurait dit Adorno. Et l'épopée n'est plus possible quand la guerre, du haut des airs, ne touche plus les soldats et ne tue que les civils. Il n'y a plus de tragédie quand un immonde mélodrame manichéen inonde sans répit notre vie, notre discours, nos écrans de télévision comme nos sentiments.

Et pourtant, j'ai trouvé un écho émouvant – et le début d'une espérance – dans deux sentences. La première est de Franz Kafka, le plus grand écrivain tragique de la modernité ; la seconde est de Simone Weil, le plus grand témoin judéo-chrétien de la validité, aujourd'hui, de l'épopée classique. « Il y aura beaucoup d'espoir, mais pas pour nous », écrivait Kafka. Et Weil, relisant l'*Odyssée* avec les yeux du XXe siècle, concluait : « Ceux qui ont rêvé que le progrès avait banni la violence pour toujours, peuvent se regarder ici dans le témoignage vivant de la force. »

Politique

La politique a été pour moi comme un second liquide amniotique : j'ai grandi plongé en elle, puisque, entre 1930 et 1960 – environ mes trente premières années –, le meilleur et le pire de la *polis* ont défilé devant mes yeux. Le meilleur, ce fut d'avoir très vite une idée constructive et aristotélicienne de la politique axée sur la *virtus*, ouverte aux données de la culture et de la tradition, respectueuse de l'individu et de la collectivité. Bien sûr, je ne le pensais pas de cette façon dans mon enfance et mon adolescence. Mais je le pressentais, car j'ai eu la chance de grandir dans deux sociétés politiques parallèles : les États-Unis du président Franklin D. Roosevelt, et le Mexique du président Lázaro Cárdenas. D'un côté, le New Deal ; de l'autre, le point culminant de la Révolution mexicaine. Roosevelt fit sortir son pays de la pire dépression qu'il ait connue par des gestes de confiance dans le capital humain des États-Unis. Il inspira la foi et même l'enthousiasme de ses concitoyens. Il donna à l'État un rôle actif dans la résorption du chômage, la reconstruction financière, la création d'infrastructures modernes, le soin de l'éducation et de la culture. Il sauva le capitalisme nord-américain – et celui-ci, loin de le remercier, ne s'en rendit même pas compte. Roosevelt, l'aristocrate de Hyde Park, était un renégat, un impotent, peut-être même un juif. Au Mexique, Cárdenas donna son élan définitif à la Révolution. La réforme agraire libéra des centaines de milliers de paysans, attachés à la glèbe depuis des siècles, et, si les effets de cette mesure furent et restent discutables, le fait est que le paysan put au moins gagner la ville et servir de main-d'œuvre – également discutable – dans le processus d'industrialisation. La nationalisation du pétrole, par le même président, vint soutenir l'industrie mexicaine naissante. Et Cárdenas put asseoir les bases du développement capitaliste dans notre pays. La bourgeoisie mexicaine ne lui en sut pas gré, et ne le reconnut même pas. C'est que la croissance, avec ce président, fut accompagnée de justice distributive. La distribution des richesses ne fut jamais aussi équitable, au Mexique, que sous le régime cardéniste. Et les syndicats, ouvriers et paysans, remplissaient leur mission. Hélas, ils couvaient déjà dans leur sein le serpent du corporatisme exclusif.

La politique de Roosevelt prépara la participation des États-Unis à la Seconde Guerre mondiale; celle de Cárdenas voulut démontrer que ce conflit avait également un caractère éthique. Il concilia la défense des principes à l'étranger avec des mesures pratiques de générosité, en ouvrant les portes du pays à l'émigration républicaine espagnole, qui fut notamment d'une richesse inestimable dans la vie culturelle.

Telles furent les lumières de la politique, mais les ombres, multiples, menaçaient de les éteindre. La guerre d'Espagne fut le premier signe d'une politique ouvertement vouée au Mal. Franco la déguisa en croisade nationaliste, ses évêques lui accordèrent leur bénédiction, et ses alliés, nazis et fascistes, lui envoyèrent des armes. L'Espagne fut l'avertissement de ce qui se tramait. Jamais dans l'histoire le Mal ne s'était proclamé comme tel : la tyrannie totale, accompagnée de la Solution finale : l'Holocauste. Adolf Hitler décida que le Diable, finalement, devait s'incarner. Ce que Dieu avait fait avec son fils Jésus, Satan le réalisa avec un clone : Hitler. Mais Jaspers nous montra bientôt que la force du chancelier du Reich était dans son inexistence : Hitler était le chef inconsistant, la coquille vide de foules déracinées.

La défaite des socialistes et des communistes allemands en 1932 est due au fait que la gauche regardait le monde à travers le tunnel des infrastructures économiques, comme le dictait la Bible marxiste. De son côté, Hitler fit main basse sur les superstructures culturelles, regarda du haut du Walhalla, fit appel aux mythes wagnériens, aux rêves et aux mirages du *Volk* germanique. Tout comme il s'appuya sur les préjudices et l'humiliation causés par le traité de Versailles, sur le sentiment de supériorité intellectuelle et ethnique, et la nécessité physique d'un espace vital : le *Lebensraum*. Mais, tout compte fait, le Mal qu'il incarna et ses méthodes furent transparents. L'imposture du stalinisme fut peut-être plus grave encore. Là, il s'agissait en principe de mener à bien une philosophie humaniste de libération. La perversion de l'idéal socialiste par Staline – les purges, le Goulag, l'abolition des libertés les plus élémentaires, la paranoïa du tyran et la mise au supplice de son peuple – fut pire que la matérialisation du cauchemar hitlérien. Hitler ne trompa guère personne. Staline porta le masque de l'humanisme marxiste et se moqua de centaines de milliers de communistes honnêtes, de bonne foi. Si Gide perdit la foi dès les années d'avant-guerre, Aragon la garda jusqu'à l'invasion de la Tchécoslovaquie, et Neruda jusqu'au rapport de Khrouchtchev au XXe Congrès du Parti communiste.

C'est ainsi que se justifia la Seconde Guerre mondiale. On l'a appelée la bonne guerre, la seule guerre nécessaire. Et notre solidarité juvénile s'est associée dans l'enthousiasme au combat contre le fascisme. J'ai passé les années de guerre au Chili et en Argentine. Le Chili – premier pays latino-américain à évoluer vers un système démocratique : de la démocratie pour l'aristocratie, d'abord, à la démocratie pour les partis, la presse et les organismes sociaux – était gouverné, en 1941, par le Front populaire et son président, Pedro Aguirre Cerda. On y respirait un air de réforme sociale, accompagnée d'une création littéraire qui soudait parole et liberté, politique et poésie. Ainsi, au fond de moi, ma formation chilienne allait contraster brutalement avec l'Argentine où je vécus en 1944. Un régime militaire, sombre précurseur de la dictature populiste de Perón, déformait l'éducation (l'antisémite Hugo Wast était ministre de l'Instruction) et maintenait le pays comme un réduit du fascisme. Un réduit qui, par la suite, devint le refuge des nazis en fuite.

Ainsi, la politique pouvait être comme l'aigle qui vole au plus profond du ciel, découvrant le plus vaste panorama depuis « les hauts récifs de l'aurore humaine » – pour citer le *Chant général* de Neruda –, ou bien l'hydre innommable, le monstre de l'Apocalypse dans le poème de Yeats. La guerre froide essaya de mettre l'aigle en cage et de charmer le serpent, en les remplaçant par un hybride, mi-corbeau mi-chameau, tantôt la bête somnolente du désert, résistante à la soif, tantôt le féroce volatile avide, prêt à nous arracher les yeux. Les États-Unis, avec McCarthy, succombèrent à une paranoïa anticommuniste qui conduisit les inquisiteurs à rivaliser avec cela même qu'ils combattaient : l'intolérance et la cruauté du stalinisme. Mais la résistance des institutions démocratiques nord-américaines finit par transformer cette dérive en mouvement pour les droits civils et en lois contre la discrimination raciale. Il y eut d'abord McCarthy ; il y eut ensuite Martin Luther King. Toutefois, si au sein de leurs frontières les États-Unis ont souvent le visage du bienveillant Dr Jekyll, à l'extérieur ils se transforment facilement en monstrueux Mr Hyde. La politique de Bon Voisinage et de coexistence avec la gauche au Mexique et au Chili, le corporatisme au Brésil ou les dictatures des Caraïbes et d'Amérique centrale (« Somoza est un fils de pute, mais c'est *notre* fils de pute », disait F. D. Roosevelt), se convertit, à partir d'Eisenhower et de Dulles, en campagne anticommuniste aveugle, qui confondit avec la politique du Kremlin et attaqua de la même façon les régimes réformistes d'Arbenz au Guatemala et de Goulart au Brésil, la révolution – séduisante et compréhensible – de Castro à Cuba, et la démocratie électorale, parfaitement légitime, de Salvador Allende au Chili [1].

Cette conjoncture a fatalement retardé les réformes indispensables de l'Amérique latine, elle a précipité Cuba dans une imitation insensée du « socialisme réel », aussi pernicieuse que la copie conforme des

---

1. Voir notamment T. Halperin Donghi, *Histoire contemporaine de l'Amérique latine,* trad. Anny Amberni, Paris, Payot, 1972, et J. G. Castañeda, *L'Utopie désarmée*, trad. J. Cl. Masson, Paris, Grasset, 1996. (N.d.T.)

modèles du capitalisme autoritaire dans le reste de l'hémisphère, avec à la clé les dictatures sanglantes au Chili, en Argentine et en Uruguay. Or, la politique est synonyme de reconstruction et, plus encore, de construction en Amérique latine. Le Chili, l'Uruguay et, d'une certaine façon, l'Argentine peuvent *restaurer* la démocratie. L'Amérique centrale et les Caraïbes ont à la *construire*. Quant au Mexique, il doit transformer la « dictature parfaite[1] » du pouvoir unique – le binôme président-PRI – en démocratie *imparfaite* fondée sur les partis politiques, la division et le contrôle des pouvoirs, etc.

Comment répondre aux défis de la démocratie ? La situation à l'échelle mondiale a changé radicalement. Libéré de son rival communiste, le capitalisme s'est globalisé. Ne nous leurrons pas. La globalisation n'est que le nom d'un système de pouvoir. Mais, contrairement aux systèmes antérieurs, la globalité n'a pas de cadre légal bon ou mauvais ; autrement dit, pour employer un euphémisme, la mondialisation souffre d'un grand déficit politique.

Depuis la fin de la guerre froide – qui avait instauré une sorte de juridiction partagée entre les États-Unis et l'Union soviétique, et fondée sur l'équilibre de la terreur –, nous avons assisté à l'affaiblissement, voire à la disparition des instances traditionnelles. La nation et l'empire ; l'État et la communauté internationale ; les secteurs public et privé ; la société civile : autant d'appellations (d'institutions) qui, de façon évidente, paradoxale ou masquée, sont aujourd'hui en crise ou, pour le moins, en mutation.

---

1. Déclaration de l'écrivain péruvien Mario Vargas Llosa, qui déclencha une longue et vive polémique au Mexique. (N.d.T.)

Pourquoi ? Parce que nous n'avons pas été capables de créer une nouvelle légalité, adaptée à la nouvelle réalité. L'Occident moderne s'est bâti autour de concepts qui n'avaient guère d'importance au Moyen Âge : la Nation, l'État, le droit international, l'économie mercantilo-capitaliste et la société civile. Or, quelle est désormais l'importance – le degré de réalité – de ces instances, dans la globalisation de l'après-guerre froide ? Tâchons de répondre à ces questions dans l'optique de l'Amérique latine.

La nation et le nationalisme, par exemple, sont des termes de la modernité qui apparaissent pour légitimer les idées d'unité territoriale, politique et culturelle, nécessaires à l'intégration des nouveaux États surgis de la dissolution de la communauté chrétienne médiévale. Mais, qu'est-ce qui entraîne l'apparition même de l'idéologie nationaliste ? Durkheim évoque la disparition des vieux centres d'identification et d'adhésion, auxquels supplée la Nation. Et Isaiah Berlin ajoute que tout nationalisme est une réponse à une blessure infligée à la société. La Nation la cicatrise. Or, aujourd'hui, si l'idéologie nationaliste et la nation même sont en crise, de quelle nouvelle idéologie la société va-t-elle se nourrir ? Quelle est notre blessure sociale, à présent, et comment la suturer ? Comment s'appellera ce processus, encore anonyme, qui nous permettra d'ajuster une nouvelle légalité aux réalités nouvelles ? Par quoi les anciens centres d'identification nationale et collective seront-ils remplacés ?

Nous aimerions croire que, à mesure que se diluent les instances nationalistes, les juridictions internationales se mettent en place. Il n'en va pas ainsi. Le conflit du Kosovo, par exemple, a montré les limites – et les dangers – d'un nouvel ordre international.

L'intervention armée contre un État déclaré « délinquant » est prévue dans la charte des Nations unies. Ce qui n'est pas prévu, c'est qu'une organisation régionale, l'OTAN, s'arroge un droit d'intervention qui fait fi de l'ordre juridique international, sème la confusion et l'insécurité, soutient un droit de fait à l'ingérence.

Il n'y aura pas de nouvel ordre international si l'on permet aux plus forts d'intervenir au gré de leurs caprices – au risque d'être confrontés à des dilemmes qui portent préjudice au droit, à la sécurité et aux puissances d'intervention elles-mêmes.

Cela ne veut pas dire qu'il n'y ait pas de remèdes. Tout au contraire. La crise des Balkans nous montre la nécessité de réformer un système créé par (et pour) une cinquantaine de nations victorieuses à l'issue de la Seconde Guerre mondiale, afin de donner aux institutions internationales plus de souplesse et de représentativité.

J'ai eu l'occasion de converser un jour avec le Premier ministre italien de l'heure, Massimo D'Alema. Il était persuadé que l'OTAN devait intervenir au Kosovo, mais sa conviction était mêlée d'une vive inquiétude. Il était surtout conscient du fait que la tragédie aurait pu être évitée par la voie juridique et diplomatique. « Ce ne fut pas le cas », conclut D'Alema, mais pour que l'exemple du Kosovo ne se répète pas, il faut créer « des instruments de prévention des crises qui ne se fondent pas seulement sur les moyens militaires, mais sur les moyens politiques et économiques ».

Nous sommes face à une situation où, d'une part, la juridiction internationale se dilue et où, de l'autre, les souverainetés nationales, l'ancienne Némésis du droit des gens, pâlissent et s'affaiblissent de façon imprévue. C'est le mouvement de la globalisation, dans lequel beaucoup de nos contemporains placent leurs espérances, mais voient aussi se refléter leurs craintes.

La globalisation soumet et, d'une certaine façon, rejette l'idéologie nationaliste sur laquelle se fonda le monde moderne. Par ailleurs, au sein de chaque communauté nationale, elle pose de nombreuses questions aux institutions démocratiques, à l'entreprise comme à l'État ou à la culture.

Si les réponses politiques à ce passage de l'État-nation au Village global tardent à se formuler, il faut rappeler que l'État-nation lui-même s'est lentement profilé, tout comme les instances de souveraineté lors du passage du Moyen Âge à la Renaissance. Du reste, le Moyen Âge n'avait pas créé un système vertical et inflexible pour la communauté chrétienne ; il avait vécu dans le conflit permanent entre le pouvoir temporel et le pouvoir religieux. Les luttes et rivalités entre Grégoire VII et Henri IV, entre Grégoire IX et Frédéric Barberousse ou entre Boniface VIII et Philippe le Bel, ont nourri une tension entre l'Église et l'État absente de la Russie byzantine, où le césaropapisme – l'identification entre le tsar et l'Église – est resté en vigueur jusque dans la symbiose entre l'État et le Parti sous Lénine et Staline. C'est de la tension dans l'Occident médiéval qu'est née la démocratie, au fur et à mesure que la sphère temporelle s'est affranchie du pouvoir spirituel et que tous deux ont dû accepter et respecter la constitution des pouvoirs locaux, politiques (tribunaux, municipalités) et sociaux (corporations), qui ont permis l'émergence d'un État-nation souverain et un autre débat autour de cette nouveauté. Pour Machiavel, la politique est autonome et amorale. Pour Jean Bodin, la politique est indissociable de la monarchie absolue – qui exclut donc toute participation pluraliste. Hobbes, de son côté, invoquait un absolutisme naturaliste et c'est seulement à partir du parlementarisme anglais, puis avec les Lumières que les classes sociales, les corporations et, enfin, les individus deviennent les acteurs de la vie politique.

Sommes-nous en train d'assister à un mouvement comparable, dans notre effervescence politique ? Parviendrons-nous à imposer un ordre international aux juridictions sans loi du marché, du narcotrafic, des immenses migrations de populations ? Aurons-nous des instances planétaires capables de réguler ces processus – les marchés soumis à des normes d'intérêt public et de développement des pays les plus pauvres ; la dépénalisation du trafic de drogues, afin de priver les cartels de leurs profits aussi faramineux que frauduleux ; les migrations régulées par des lois protégeant les travailleurs et reconnaissant leur apport indispensable aux pays qui les reçoivent ? Quelques signes semblent se diriger dans ce sens. La consécration universelle des droits de l'homme, le caractère imprescriptible des crimes contre l'humanité et la mise en place de tribunaux internationaux (comme la Cour pénale internationale) façonnent une culture de la légalité qui pourrait s'étendre au fonctionnement du marché, en le soumettant à des normes d'utilité sociale et de responsabilité politique.

Tout cela devrait permettre de fortifier l'État national, car il n'y a pas d'économie forte sans État fort, régulateur. Et il n'est pas d'État fort sans une société civile puissante, qui le soumette à des mandats politiques, à des règles de transparence et de contrôle. Une société qui ne se limite pas à célébrer des élections périodiques (ou à combler les vides entre une élection et l'autre, comme le dit Pierre Schori), mais qui révoque des gouvernements, organise des référendums, exige la responsabilité parlementaire des ministres, ainsi que l'indépendance de la justice et la poursuite des abus de pouvoir.

La politique est bien plus qu'un épisode électoral. Il est indispensable d'élever la participation, d'élargir l'accès aux connaissances et de veiller à ce que les citoyens connaissent et revendiquent leurs droits. Plus que jamais – et même si Hegel n'est plus à la page –, la politique est une thèse (le droit), une antithèse (l'éthique) et une synthèse : légalité, moralité. Et pour compenser Hegel, nous citerons Burke qui nous rappelait que la politique est une association, non seulement économique, mais aussi « en tout art, en toute vertu, en toute perfection ».

La somme de mes espérances politiques ne m'aveugle pas face aux dangers de la prolifération de pouvoirs criminels hors de tout contrôle; elle ne m'empêche pas de voir qu'une seule superpuissance contrecarre une volonté mondiale de créer des instances de justice, de développement et de protection de l'environnement, ni que, au nom d'un prétendu « choc des civilisations », on diabolise des cultures entières.

Nous, Latino-Américains, nous sommes les descendants d'une Europe au contact d'Israël et de l'Islam; nous ne pouvons souscrire à l'idée d'un conflit de civilisations qui nie la moitié de notre être. L'histoire des peuples connaît des hauts et des bas, elle s'inscrit dans des cycles et, tout comme la modernité occidentale n'existerait pas sans l'apport des Arabes, aujourd'hui le déficit technique des pays musulmans ne peut être renfloué que par le paiement généreux d'une dette universelle envers les communautés islamiques.

L'Islam et Israël nous ont donné beaucoup. Ne pourrions-nous, en premier lieu, leur offrir des possibilités de paix à travers de justes négociations ? Ne pourrions-nous, ensuite, reconnaître l'humanisme dominant des peuples arabo-musulmans, en refusant de les enfermer derrière les barreaux de la terreur et, plus encore, du Mal incarné ?

Voici ce qui nourrit mes préoccupations politiques pour le siècle qui commence :

Je suis préoccupé par l'exploitation sauvage des ressources limitées de la planète, par la contamination de l'air, de l'eau et de la terre.

Je suis préoccupé par le fait que nous soyons six milliards d'hommes et de femmes en 2001 : le plus grand bond démographique de l'histoire.

Je suis préoccupé par les préjugés et les rapports de pouvoir qui, sous prétexte d'ordre social, continuent de refuser aux femmes – plus de la moitié de la population mondiale – des droits élémentaires dans les sphères du travail, de la représentation politique, et même dans la disposition de leur corps.

Je suis préoccupé de voir la liberté du marché s'imposer en niant la liberté du travail.

Je suis préoccupé par une économie globale qui encourage la libre circulation des biens de consommation, en interdisant parfois le libre mouvement des travailleurs.

Je suis préoccupé par un ordre capitaliste autoritaire dans lequel, sans adversaire communiste en face, on impose à la planète un modèle unique et dogmatique de marché.

Je suis préoccupé par le retour des pires symptômes du fascisme : la xénophobie, la discrimination raciale, le fondamentalisme politique et religieux, la persécution du travailleur immigré.

Je suis préoccupé par l'empire de la drogue qui se

moque des frontières et des instances légitimes, nationales et internationales.

Je suis préoccupé par la dégradation de la civilisation urbaine dans le monde entier, de Boston à Birmingham et à Bogota, de Brazzaville à Bangkok : gens sans foyer, mendicité, abandon des personnes du troisième âge, pandémies incontrôlables, insécurité, criminalité, déclin des services d'éducation et de santé...

Je suis préoccupé par de nouvelles et absurdes campagnes de course aux armements entre des voisins pauvres, au bénéfice de voisins riches.

Je suis préoccupé par le fait que, pour la première fois de l'histoire, l'homme ait l'épouvantable capacité de se suicider en anéantissant également la nature qui, jusqu'ici, avait toujours survécu à nos tragiques folies.

Je suis préoccupé par un monde sans témoins.

Je suis préoccupé par tout ce qui porte atteinte à la continuité de la vie.

Tout cela fait partie de la politique : la vie en communauté, la citoyenneté, la *polis*.

Quichotte (Don)

Michel Foucault voit dans la figure de Don Quichotte le signe du divorce moderne entre les mots et les choses [1]. Émissaire du passé, Don Quichotte cherche désespérément la concordance des uns et des autres, comme dans l'ordre médiéval. La pérégrination quichottesque est une quête de similitudes : Foucault observe que les analogies les plus fragiles sont bientôt relevées par le héros de Cervantès. Tout devient signe latent qui doit être éveillé pour qu'il parle, pour qu'il démontre l'identité des mots et des choses : les paysannes sont des princesses, les moulins sont des géants, les auberges sont des châteaux parce que c'est l'identité que les mots donnent aux choses *dans* les livres *de* Don Quichotte.

Mais comme, dans la réalité, les gros troupeaux de moutons sont tout simplement des troupeaux, non des armées de géants, Don Quichotte, orphelin dans un univers où les mots et les choses ne se ressemblent *plus*, s'en va, tout seul, incarnant le dilemme permanent du

1. Michel Foucault, *Les Mots et les Choses. Une archéologie des sciences humaines*, Paris, Gallimard, 1966. (N.d.T.)

roman moderne qu'il est en train de fonder : comment racheter l'unité sans sacrifier la diversité ? Comment maintenir à la fois l'analogie malmenée par l'impertinente curiosité humaniste, et la différence menacée par la faim d'unité restaurée ? Comment combler l'abîme creusé entre les mots et les choses par le divorce entre l'analogie et la différence ?

Don Quichotte recèle sa propre question et sa propre réponse : la séparation entre les mots et les choses qui coïncidèrent *autrefois* ne peut se restaurer par un nouvel *emplacement*, mais par un *déplacement*. Mis en demeure par le monde statuaire des chevaliers errants, Don Quichotte veut briser ce paradoxe d'une aventure immobile, enfermée dans les vieux livres de sa bibliothèque d'un hameau figé de la Manche, et se mettre en route, se déplacer : entrer en mouvement. C'est ainsi que se séparèrent, dans l'Antiquité, les dieux et les hommes : en se déplaçant. Don Quichotte croit voyager pour rétablir l'unité de l'homme et la foi qui est sa certitude ; en réalité, il voyage pour se retrouver lui-même dans une nouvelle contrée où tout est devenu un problème, à commencer par le roman qu'il vit.

Invitation permanente à sortir de soi et à se voir soi-même, ainsi que le Monde, comme un problème inachevé, le roman moderne implique un déplacement similaire à celui du personnage cervantin, même si, jusque dans ses pages les plus expérimentales, aucun autre roman n'a proposé des déplacements plus radicaux que ceux de Cervantès : déplacement de la pureté vers le mélange et la dissolution des genres, de l'autorité narrative classique vers la diversité des points de vue, de l'oralité résiduelle (jusque dans la crudité) à la pleine conscience que le roman est imprimé dans une imprimerie pour être lu par un lecteur. *Don Quichotte*, pour citer les mots de Claudio Guillén, est un roman en *dialogue actif* avec lui-même. Son déplacement des genres littéraires, des détenteurs de l'autorité narrative et des destinataires du fait verbal impose au roman un destin ouvert, perpétuellement inachevé, incessamment re-défini : le roman est l'art des déplacements.

Don Quichotte est le premier roman moderne et le paradoxe veut qu'il surgisse dans l'Espagne de la Contre-Réforme, de l'Inquisition, des dogmes de la pureté de sang et de l'orthodoxie catholique. Une Espagne qui, en expulsant les Juifs en 1492 et les Maures en 1603, a exilé la moitié d'elle-même. Don Quichotte est le paradoxe d'un paradoxe. C'est un lecteur de romans de chevalerie qui voudrait rétablir les valeurs médiévales de l'honneur, de la justice et du courage, et qui, pour ce faire, sort de chez lui pour se lancer sur les routes et dans les champs de Castille, monté sur une pauvre haridelle et accompagné d'un écuyer courtaud et rondouillard grimpé sur une bourrique.

Don Quichotte est un lecteur. Mais, malgré sa nostalgie du Moyen Âge, c'est un lecteur moderne, qui lit ses romans dans les versions imprimées que vient d'inventer l'Allemand Gutenberg. Fou de livres, Don Quichotte voudrait transformer ce qu'il lit en réalité. Il voudrait ressusciter un monde perdu, idéal. Mais en quittant son village, il se casse le nez sur un monde qui n'a rien d'idéal, un monde de bandits et de pendards, de muletiers, de filous, de souillons et de gargotiers sans scrupules, tout prêts à se moquer de lui, à le battre et à le berner...

Et pourtant, malgré tous les assauts de la réalité, Don Quichotte s'évertue à voir des géants où il n'y a que des moulins à vent, et des armées de titans où il n'y a que des troupeaux de brebis. Il les voit, parce qu'il les a lus. Il les voit, parce que ses lectures lui disent qu'il doit ainsi les voir. Sa fo-lie est un dé-lire [1].

Le génie de Cervantès a été de convertir cette fable de la nostalgie chevaleresque en roman fondateur de la modernité critique. Car, s'il est issu d'un monde dogmatique de certitudes, Don Quichotte est la constitution même de l'univers moderne du doute et de toutes les incertitudes.

Tout est incertain dans le *Quichotte*. Et d'abord son auteur. Qui a écrit ce livre ? Cide Hamete Benengeli, le scribe arabe dont les papiers furent traduits en espagnol par un écrivain morisque anonyme ? Ou est-ce l'auteur de la version apocryphe, Avellaneda, dont les faux en écriture conduisent Don Quichotte jusqu'à une imprimerie où il découvre qu'il est le personnage d'un livre ? Ou bien l'auteur est-il un certain Cervantès ? Ou n'était-ce pas plutôt un dénommé Saavedra ? L'adversité de celui-ci ? Ou la liberté de celui-là ?

Appellation incertaine, « Don Quichotte » n'est qu'un des nombreux prête-noms d'un soi-disant Alonso Quijano (à moins que ce ne fût Quezada, ou Quixada ?), qui se proclame « Quichotte » (*quijote* : cuissard) à des fins épiques, mais qui se transforme en « Quijotiz » à des fins pastorales, ou en *« Azote »* (fessée) à des fins micromicomiques dans le Château des Ducs. Et les autres noms changent aussi. La pauvre rosse Rocinante fut *« rocín antes »* (ex-cheval). Dulcinée, la demoiselle idéale, est aussi Aldonza, la paysanne intégrale. Et que dire des ennemis ? Le magicien Mambrin se transforme en Malandrin, le malfrat. Même les auteurs du livre, déjà fort douteux en eux-

1. *Su lectura es su locura.* (N.d.T.)

mêmes, changent d'identité. Benengeli, dans la version de Sancho, devient *Berenjena* (l'Aubergine)...

Puis il y a l'incertitude des lieux. À commencer par le village quitté par Don Quichotte, « un endroit de la Manche du nom duquel je ne veux pas me souvenir ». Pourtant, il ne fait aucun doute que c'est l'Espagne décadente de Philippe III, l'Espagne de la corruption à grande échelle, du bon plaisir aristocratique, des cités remplies de gueux. L'Espagne des bandits de grand chemin et des *pícaros*. L'Espagne de Roque Gunart, brigand et contrebandier de la vie réelle – et qui fait son apparition dans le roman.

Tout cela fait l'incertitude du genre littéraire. Cervantès inaugure le roman moderne en rompant avec tous les genres pour qu'ils trouvent place dans *le* genre qui les englobe tous : le roman. L'épopée de Don Quichotte donne la main à l'aventure picaresque de Sancho. Mais Cervantès assimile aussi bien le conte arabo-persan, l'histoire d'amour, le récit byzantin, la comédie et le drame, la philosophie et le spectacle de carnaval, et les romans dans le roman.

Son peu de considération pour la « pureté » des genres est aussi criant que chez son grand contemporain, Shakespeare. Ils étaient si contemporains qu'ils moururent à la même date, le 23 avril 1616, à défaut du même jour, puisque le calendrier de Cervantès était grégorien, celui de Shakespeare, julien. Mais ce qui les intéressait tous deux était la liberté poétique au sens le plus large.

L'incertitude moderne de *Don Quichotte* n'exclut pas, toutefois, la persistance de valeurs que la modernité doit préserver sous peine de se disloquer, de se dissiper moralement. L'une d'elles est l'amour et, sur ce point, Don Quichotte ne se trompe pas. Certes, il idéalise Dulcinée, mais, dans un passage surprenant, il reconnaît qu'elle n'est autre qu'Aldonza, la belle paysanne. N'est-ce pas là une vertu de l'amour, capable de transformer l'aimée en être incomparable, situé bien au-dessus de toute considération de richesse ou de pauvreté, de noblesse ou de roture ? « Ainsi moi, dit Don Quichotte, il me suffit de penser que la bonne enfant d'Aldonza Lorenzo est belle et honnête, et quant au lignage, peu me chaut... Je la peins en imagination comme je la désire... Et que chacun dise tout ce qu'il voudra. »

L'autre valeur est l'honneur, l'intégrité personnelle. Sur ce chapitre, l'arrivée de Don Quichotte au Château des Ducs est l'épisode le plus révélateur. Jusque-là, le Chevalier à la Triste Figure croyait que les auberges étaient des manoirs et les femmes de chambre des princesses. Et maintenant que les Ducs lui offrent un vrai château et de vraies princesses (plus une île pour que Sancho la gouverne), l'illusion quichottesque tombe en mille morceaux. La réalité lui ravit son imagination. L'abondance de réel le dépouille – et l'amour devient cruel. Quand les rêves du Quichotte s'incarnent, il devient incapable d'imaginer.

Il retourne à son village. Il ne perdra sa folie que pour mourir. « Dans les nids d'antan, point d'oiseaux de cet an. » Dostoïevski a justement remarqué que Don Quichotte est « le livre le plus triste que l'on ait écrit, car c'est l'histoire d'une illusion perdue ».

Ces mots, *Les Illusions perdues*, serviront à Balzac pour intituler l'histoire de Lucien de Rubempré. Autre preuve que Don Quichotte fonde le monde moderne. Pour ce faire, il le dote de tous les romans de tristesse et de larmes, d'illusion et de désillusion, de logique dans la folie et de folie dans la raison, d'incertitude en toute chose – sauf que toute réalité durable se fonde sur l'imagination.

Révolution

À l'occasion d'une enquête menée au seuil de ce nouveau siècle, le *New York Times* m'a demandé quelle était, à mon sens, la révolution la plus intéressante du millénaire.

La difficulté d'une telle question tient déjà dans l'ambiguïté ou la polyvalence du mot « révolution ». Il recèle aussi bien un élément de rupture qu'une idée de retour. La révolution d'une planète signifie le retour à son point de départ. Mais la révolution d'une société implique tout le contraire. Elle signifie la rupture de l'ordre établi et la marche vers un futur que l'on veut meilleur.

L'association des termes « révolution » et « progrès » fortifie cette projection dans le futur. Et pourtant, la composante utopique de toute révolution est beaucoup plus ambivalente. En même temps qu'elle aspire à une société meilleure, la révolution ne songe pas uniquement au futur. Fût-ce inconsciemment, elle est tournée vers le passé : l'« âge d'or », le temps originel. Considérée de cette façon, la révolution serait aussi la restauration d'un passé intact, sans souillure. Ce fut notamment la foi d'Emiliano Zapata [1], dans son rêve d'une Arcadie paysanne au Mexique.

Cela dit, la relation entre « modernité » et « révolution » a été la force motrice des insurrections en Russie, en Chine ou à Cuba. Et le voile jeté sur le passé lui a donné la merveilleuse occasion de réapparaître déguisé. La révolution – à Petrograd, Pékin ou La Havane – a fini par renforcer les plus anciennes structures de pouvoir. En Russie, le césaropapisme (l'unité du pouvoir temporel et du pouvoir spirituel) s'est réincarné dans la symbiose entre le Parti et l'État. En Chine, la « bureaucratie céleste » de l'ancien Royaume du Milieu est réapparue sous la tunique autoritaire du maoïsme et, à Cuba, Fidel Castro reste l'héritier des plus anciennes traditions du caudillisme hispano-arabe.

Peut-être les deux révolutions les plus « modernes », dans leur cohérence, furent-elles la Révolution française et celle des États-Unis. Et malgré tout, en songeant à la question du *New York Times*, à « la révolution la plus intéressante », je ne peux m'empêcher de quitter le royaume de la politique et de penser à Copernic, à Einstein, à Shakespeare, à Cervantès et à Joyce, à Piero della Francesca, à Brunelleschi, Picasso, Beethoven ou Stravinski, qui furent peut-être plus révolutionnaires que Washington ou Mirabeau.

Si nous restons sur le terrain de la politique, je suis persuadé que la Révolution française fut la plus aboutie, mais en gardant à l'esprit ce que disait Winston

1. Voir notamment John Womack, *Emiliano Zapata et la Révolution mexicaine*, trad. F. Illouz, Paris, Maspero, 1976; É. Jauffret, *Révolution et sacrifice au Mexique*, Paris, Éd. du Cerf, 1986. (N.d.T.)

Churchill de la démocratie : « C'est la pire forme de gouvernement, après toutes les autres. »

La Révolution nord-américaine fut une rébellion coloniale contre une puissance coloniale. La Révolution française fut une rébellion sociale, politique et économique contre le régime. Il ne s'agissait pas d'expulser une puissance étrangère, mais de détruire l'ordre intérieur soutenu, des siècles durant, par la tradition, la légitimité et l'union paradoxale de l'absolutisme royal et du privilège féodal. La Révolution française détruisit violemment les institutions de l'*Ancien Régime** et les remplaça par des formes nouvelles, peut-être improbables, d'autodétermination et de libre association civile.

Mais toutes deux furent des révolutions violentes. En France, la Terreur conduisit à la guillotine seize mille personnes – un total relativement peu élevé, note Michelet dans son *Histoire de la Révolution française*, si l'on songe aux exécutions ordonnées par la monarchie pendant tant de siècles. Et la Révolution nord-américaine fut également prodigue en exécutions sommaires des sujets restés « loyaux » à la Couronne britannique. La Révolution de Franklin et de Jefferson n'a pas échappé à sa propre « terreur ». Ainsi, les Comités de salut public de la Révolution française avaient eu des prédécesseurs dans les « Comités de sûreté et d'inspection » mis en place pour dénoncer et punir les ennemis de la Révolution nord-américaine. Ce fut le cas, par exemple, du Comité de surveillance des conspirations, instauré par le Congrès provincial de New York.

(À propos de « terreur », peut-être les populations indigènes d'Amérique du Nord ont-elles souffert davantage que l'aristocratie française.)

Les deux révolutions furent également synonymes de confiscation de la propriété privée. « Conspirateurs notoires », « absentéistes », « réfugiés » et « fugitifs » furent tous frappés d'expropriation dans les futurs États-Unis. De nos jours, ils seraient favorisés par une disposition britannique comme la loi Helms-Burton.

Les deux révolutions poussèrent un grand nombre de personnes à émigrer. Il y eut cependant, comparativement, beaucoup plus d'expatriés nord-américains que français. Les « bateliers » qui fuyaient les États-Unis pour se réfugier à Terre-Neuve, sous tutelle britannique, furent nombreux à périr noyés.

Et les deux révolutions furent marquées par le sceau infamant de l'inégalité. Elles proclamèrent les droits universels de l'homme, mais tout en excluant les femmes, auxquelles le droit de vote fut refusé, et en limitant le suffrage aux possédants. Mais, tandis que les États-Unis avaient vu se développer une classe moyenne de petits propriétaires, la France dut se montrer plus radicale dans la suppression des privilèges, la création d'une nouvelle classe de propriétaires et l'application de mesures politiques et juridiques qu'une telle révolution rendait indispensables.

Un fait réellement extraordinaire en France, comme l'a noté Michelet, fut l'action spontanée du peuple, qui prenait les devants sur les lois révolutionnaires. L'historien appelle cette initiative « l'organisation spontanée de la France », un événement unique, à une si grande échelle, dans l'histoire de l'humanité. (L'organisation spontanée des communautés rurales mexicaines de l'État de Morelos par les zapatistes en 1915, qui fut décrite par John Womack, pourrait constituer un autre exemple, quoique plus modeste.)

En 1789, en dépit de toutes les réserves mentionnées,

près de cinq millions de Français étaient devenus, pour la première fois, des électeurs, et, agissant pour leur compte, ils avaient formé des conseils municipaux dont la première mission était de remplacer les lois impénétrables de la monarchie par une législation révolutionnaire transparente. En 1791, le peuple de France, devançant toujours les autorités révolutionnaires de Paris, avait créé, du Nord au Sud et d'Est en Ouest, mille deux cents nouveaux postes de fonctionnaires municipaux et nommé cent mille magistrats pour rendre la justice. Ainsi, dès le printemps de l'an 1792, la France disposait d'un système politique et judiciaire entièrement refondé à travers des élections directes.

Grâce à cette révolution de fond en comble, la France instaura un nouveau système de propriété qui devint la base du capitalisme moderne. L'Église, l'aristocratie et les restes du système féodal furent soumis à la nouveauté du marché au fur et à mesure que tombaient les privilèges et les barrières au libre échange. Les corporations furent également démantelées. La liberté du marché ouvrit l'horizon économique européen d'une manière inconnue jusque-là. Mais la suppression de la liberté d'association corporative (par la loi Le Chapelier du 14 juin 1791) priva la classe ouvrière de tout pouvoir collectif, la livrant ainsi à l'exploitation impitoyable de la révolution industrielle.

Le capitalisme et la démocratie furent les fruits de la Révolution française, au-delà des épisodes de la Terreur et du paradoxe de l'intermède bonapartiste. Napoléon porta la Révolution aux quatre coins de l'Europe, mais avec une couronne en fer-blanc sur la tête. Ses armées furent vaincues en Russie et en Espagne par des patriotes qui préféraient leurs chaînes nationalistes [1] aux libertés révolutionnaires de la France. Et pourtant, Napoléon, en donnant à l'Europe sa nouvelle législation civile et commerciale, garantit le futur de cette bourgeoisie que le grand Corse illustra de façon héroïque et incomparable. En Allemagne, de surcroît, il supprima les ghettos, émancipa les Juifs.

La Révolution nord-américaine n'a pas aboli l'esclavage. Ce ne fut pas son moindre défaut. Il fallut une deuxième révolution, avec Lincoln à sa tête, pour libérer les esclaves, et une troisième, le Mouvement des droits civils, pour la compléter à notre époque. L'Amérique du Nord n'a pas eu de Napoléon. A la place, elle a défini une « Destinée manifeste », aux dépens du Mexique, de l'Atlantique au Pacifique. Aux États-Unis, une aristocratie coloniale éclairée s'est illustrée par des documents aussi admirables que la Constitution de Philadelphie, la Déclaration des droits ou les Papiers fédéralistes. En France, une masse énergique, enflammée, intuitive et fraternelle s'est levée et, paradoxalement, c'est elle qui a donné sa plus grande impulsion et ses lois les plus sûres au développement libéral et capitaliste moderne. Mais c'est là une froide évocation de l'enthousiasme avec lequel Wordsworth, par exemple, recevait des nouvelles de France en 1789 : « Que le monde est merveilleux quand la joie d'un seul fait le bonheur de millions de gens ! »

Peut-être le caractère laïque d'une révolution est-il garant de sa santé. La Russie communiste n'a jamais pu se débarrasser de l'héritage byzantin, et elle a imposé son système à des nations complètement étran-

---

1. Allusion au cri *Vivan las cadenas* (vivent nos chaînes !), repris par Buñuel dans *Le Fantôme de la liberté*, s'inspirant d'une peinture de Goya. (N.d.T.)

gères à la tradition césaropapiste : les pays d'Europe centrale. De son côté, la Révolution chinoise n'a pu secouer la rigidité légitimiste et bureaucratique de l'ancien Royaume du Milieu, et la Révolution cubaine est tombée dans le piège mortel de la droite latino-américaine : le culte du *líder máximo*, du chef providentiel.

La Révolution mexicaine fut riche en paradoxes. Elle prit naissance comme un mouvement politique démocratique, conduit par un homme bon et naïf, Francisco Madero. Peut-être son plus bel exploit fut-il de remuer un pays d'analphabètes avec un livre : *La Succession présidentielle en 1910*. Mais une fois au pouvoir, Madero commit l'erreur de laisser en place les piliers de la dictature – comme l'armée fédérale, ou les privilèges des grands propriétaires terriens – et dut supporter les injures, les obstructions, voire les trahisons d'une presse et d'un Congrès qui manquaient d'expérience démocratique. L'assassinat de Madero par le général Victoriano Huerta, secondé par l'ambassadeur des États-Unis, Henry Lane Wilson, précipita la véritable Révolution mexicaine : la révolution économique et sociale. C'est de la nuit du Mexique que surgissent les chefs révolutionnaires. Ils sont issus des ranchs et des villages reculés, de la classe moyenne de province et des montagnes indigènes, des haciendas en flammes et des villes assiégées. Et ils représentent clairement deux tendances : l'une, populaire ; l'autre, bourgeoise. Homme tissé de silence et de mystère, Emiliano Zapata semble un fantôme auquel fut concédée la grâce de s'incarner quelque temps pour exiger « Terre et Liberté », comme disait son cri de guerre. Francisco (ou Pancho) Villa : un visage antiquement cuivré au soleil de la Mongolie, de l'Andalousie et du Rif, parmi les tribus errantes d'Amérique du Nord, et qui maintenant se posait sur les épaules et sous le sombrero bordé d'or, taché de poussière et de sang, d'un homme de Chihuahua « rétrécissant son regard contre les assauts de la lumière, avec de vastes réserves d'intuition, de férocité et de générosité », écrivais-je dans *Le Vieux Gringo* [1]. L'un et l'autre incarnent une volonté tumultueuse de justice, vieille comme les siècles, mais, contrairement à eux, inaccomplie. Et la faction bourgeoise est dirigée par Venustiano Carranza, un ancien sénateur de la dictature toujours déguisé en lui-même : longue barbe blanche, le regard voilé par des lunettes violettes, le port altier, paternel, protecteur, lointain mais « qui assume ». Jamais il ne s'assoira le visage en plein soleil. À ses yeux, c'est la place d'un rival aveuglé ou d'un partisan qui cherche encore sa... place. Il ne s'assoira jamais en tournant le dos à une porte ou une fenêtre. C'est par là qu'entrent les meurtriers. Dans un roman exceptionnel, Fernando Benítez l'appelle « le vieux roi », et il raconte comment, malgré tout, ce vieux lion fut assassiné par des lionceaux impatients, Alvaro Obregón, jeune agriculteur de Huatabampo, et Plutarco Elías Calles, un jeune maître d'école du Sonora. Les yeux d'Obregón sourient : c'est un homme ingénieux, spirituel, sympathique. Les yeux de Calles vous pénètrent : c'est un tigre à l'affût, qui ne sourit jamais.

Au Mexique, la révolution bourgeoise de Carranza, Obregón et Calles triomphe de la révolution populaire conduite par Zapata et Villa. Mais la Constitution de

---

1. Carlos Fuentes, *Le Vieux Gringo*, trad. C. Zins, Paris, Gallimard, 1986 ; porté à l'écran par Luis Puenzo en 1989, avec, entre autres, Jane Fonda et Gregory Peck dans le rôle d'Ambrose Bierce. (N.d.T.)

1917 fait des concessions aux mouvements populaires. Le droit au travail et le partage des terres entrent dans la Charte nationale, au même titre que les garanties individuelles, y compris le droit à la propriété. La société et ses lois s'édifient sur les cadavres de la révolution : Saturne dévore ses propres enfants jusqu'à ce qu'un président extraordinaire, Lázaro Cárdenas, rassemble en un faisceau les axes de la révolution : éducation publique, infrastructures, communications, réforme agraire. En même temps, il libère les péons et travailleurs saisonniers des latifundia, leur offrant la possibilité d'émigrer vers les villes pour devenir la main-d'œuvre bon marché d'un processus d'industrialisation qui, grâce à la nationalisation des pétroles, pourra compter sur un combustible bon marché.

Tout cela fut doublé d'un pacte implicite : les « gouvernements qui émanent de la révolution » assurent au peuple l'éducation, le travail et la stabilité, mais ils ne lui donnent pas la démocratie. Tant que ce pacte s'est maintenu, le Mexique, entre 1938 et 1968, a été un modèle de stabilité en Amérique latine. L'armée restait consignée dans ses casernes, appuyant le nouveau président qui, tous les six ans, recevait la bénédiction du président sortant. Mais le pacte fut rompu en 1968, quand une jeunesse éduquée dans les écoles issues de la Révolution et dans les idéaux de justice et de liberté, les revendiqua dans la rue et reçut, en échange, les balles qui la massacrèrent la Nuit de Tlatelolco, le 2 octobre. Cette nuit mit fin à la révolution institutionnelle au Mexique et redonna toute sa force à quelque chose qui n'était jamais mort : le mouvement social des ouvriers, des paysans, des étudiants, de la classe moyenne... Il fallut attendre trois décennies encore pour que l'opposition triomphât aux élections. Ce fut le 2 juillet

2000, sans effusion de sang, sans controverse ni aucun doute pour personne. Ce jour-là, comme je l'écrivais, nous avons tous gagné. Le président sortant (Ernesto Zedillo, du PRI), parce qu'il appliqua rigoureusement la loi. Le nouveau président, Vicente Fox, parce que sa résolution inflexible amena, après plus d'un demi-siècle, l'opposition au pouvoir. Et, finalement, le peuple mexicain tout entier, car la lutte sociale et la lutte politique se sont tendu la main, et notre révolution, trahie, défigurée, corrompue, constructive, libératrice, contradictoire, a réussi là où d'autres révolutions du tiers-monde avaient échoué. Il arrive que la révolution soit la fidélité à l'impossible.

Ce n'est pas seulement la victoire contre l'injustice, mais contre la fatalité – un combat, parfois, plus âpre encore. Staline, par exemple, réunit l'injustice et la fatalité dans une sinistre farce perverse : pour lui, tous les communistes étaient des traîtres sauf un seul, justement celui qui détenait le pouvoir : Joseph Staline. Il serait vain de répéter les noms qui ont fait écho à cette macabre politique. En revanche, il faudra toujours révoquer, si magnifiques soient-elles, les prétentions totalisantes, poétiques ou politiques (Rimbaud : Il faut changer la vie, et Marx : Il faut transformer le monde), au bénéfice d'une révolution qui relativise les choses, pluralise le monde et renonce à l'illusion de la totalité, si proche du mot « totalitaire ». La révolution du XXIe siècle donnera voix à la différence : ethnique, politique, religieuse, sexuelle, culturelle...

Et alors le mot « révolution » apparaîtra dans toute l'auréole fulgurante que lui donnait María Zambrano : La Révolution c'est l'Annonciation.

Sexe

Et puis il y a les autres, qui ne sont jamais trop, et puis celles qui restent, et ne sont pas de reste. Les dames d'antan évoquées par François Villon avec une beauté mélancolique, comme renonçant pour toujours à la nouvelle rencontre avec la femme que nous aimions et qui *n'est plus là* : les autres dames, qui ne sont jamais de trop, demeurées pour toujours, le désir consommé, comme des fantômes inquiets, à la lisière de ce qui fut et de ce qui aurait pu advenir. « *Dites-moi où, n'en quel pays / Est Flora la belle Romaine...** ? »

L'éros premier ce furent des fillettes, deux petites camarades d'école à Washington avec lesquelles, peu à peu, je me découvris dans une adorable obscurité rendue propice par leurs soins, l'une aux boucles passées de mode à la Mary Pickford, l'autre aux taches de rousseur, audacieuse comme le seraient plus tard Bécassine ou Mafalda [1]. Ce furent donc les premières, dans la pénombre des appartements, quand les parents étaient absents, qui me révélèrent et se révélèrent, impudique innocence, quand nous avions neuf ans.

1. Célèbre bande dessinée argentine. (N.d.T.)

Pourquoi se crurent-elles obligées de découvrir notre délicieux secret ? Nous n'avions jamais été surpris. Mais elles durent se confesser, totalement désarmées, un peu comme si elles désiraient le châtiment. Qui, pour moi, fut de ne jamais les revoir. En revanche, à Santiago du Chili, à douze ans, j'eus le malheur de m'amouracher d'une voisine aux yeux sauvages. Nous fûmes surpris par son père, un haut gradé de l'armée de l'air chilienne, qui non seulement mit un terme à nos amours de lionceaux, mais força ma famille à déménager. Enfin, à Buenos Aires, à l'âge de quinze ans et alors que je refusais de fréquenter les écoles fascistes du ministre Hugo Wast, je fis la rencontre, à onze heures du matin, dans l'immeuble de notre appartement, au coin des rues Callao et Quintana, de ma voisine d'en haut, une splendide actrice, à la chevelure et aux yeux d'argent. Ma première stratégie sexuelle fut d'aller frapper à sa porte avec mon exemplaire de la revue de radio *Sintonía* et de lui demander tout à trac : « Quel rôle interprète aujourd'hui Eva Duarte dans votre série “Les Femmes célèbres de l'Histoire” ? Jeanne d'Arc ou Madame du Barry ? » Je n'oublierai jamais les yeux mi-clos de mon illusoire déesse d'argent quand elle me répondit : « Madame du Barry, qui est moins sainte, mais beaucoup plus amusante. Entre, s'il te plaît. »

Le Mexique des années quarante était un désert sexuel pour un adolescent. Les saintes petites fiancées vous accordaient leur petite main maculée de tortilla, guère plus. Mais les bordels mexicains étaient excitants, extravagants et de tout poil... La plupart des pensionnaires étaient de modestes jeunes filles venues de province ou recrutées dans les quartiers pauvres, mais à qui on apprenait à dire, invariablement, « Je suis de Guadalajara », comme si le simple fait de venir de la capitale de l'État de Jalisco était un certificat de qualité, ou donnait un *cachet** particulier au plus vieux métier du monde. Elles ne se laissaient pas embrasser sur la bouche. Elles recouvraient pieusement leur image fatidique de la Vierge de Guadalupe avant de pratiquer le coït. Et on rencontrait rarement une *Belle de jour**, la femme de trente ou quarante ans incapable de cacher deux choses : sa respectabilité innée et sa sexualité insatiable. Les nôtres nous maternaient et s'appliquaient à nous éduquer. « La Maison de la Femme Bandit » était la cathédrale des lupanars, gouvernée par une matrone qui composait des chants révolutionnaires et disait avoir été la maîtresse de Pancho Villa. « Les Insurgés » était un boxon de théâtre spécialisé dans les « shows » lesbiens. « Darwin » était le refuge des dames décentes en mal d'amour. « Le Centenaire » était le point de chute de femmes exotiques qui descendaient par des escaliers de marbre sous des lampadaires *fin-de-siècle**. Et « Meave », avec ses fenêtres ouvertes sur le marché aux poissons et sa confusion de senteurs, ses plumards de linoléum, sa tentation de crime latent... Avec quelle discipline austère les préposées nettoyaient les sofas en simili qui ne connaissaient pas les draps de lit.

Décrocher son diplôme (ou prendre du galon), sexuellement parlant, c'était avoir une maîtresse mariée et sans autres problèmes que l'ombre et la discrétion. Et les fiancées devenaient plus belles et plus indépendantes. Parfois, l'hypocrisie religieuse les freinait ou les précipitait vers des mariages plus conventionnels. D'autres fois, la distance fanait des amours avec quelque femme inoubliable, surgie d'une lagune tropicale avec le regard du crépuscule et de l'aube. Bien sûr, elle ressemblait à Vénus, l'étoile de deux heures. Puis vint une longue liste que je ne voudrais certes pas associer au catalogue de Don Juan, car je sens que je n'ai jamais abusé, j'ai toujours accompagné, toujours éprouvé – en couple, avec des droits et des devoirs semblables, avec aussi la même intensité – que nous recherchions, elle et moi, des sentiments durables, même quand nos unions furent passagères. Si je me souviens d'elles une par une, il y eut des cas de passivité, oui, voire de soumission érotique, voire d'abjection de part et d'autre, mais aussi de complicité. Il y eut des exaspérations subites et des gratitudes constantes. Parfois, la stimulation faisait naître de l'angoisse; ou bien le sentiment d'une plénitude à laquelle on ne pourra jamais renoncer. Après tout, connaître le sexe c'est connaître l'imminence des mots d'amour et ignorer ce qui suit, car l'imminence se suffit à elle-même, elle interrompt aussi bien qu'elle promet.

J'ai été bien souvent un passager du désir, l'acteur privilégié mais fugace d'un cercle de très belles femmes, d'actrices accoutumées à se choisir un compagnon présentable pour le temps d'un tournage. Elles m'ont donné beaucoup plus que je n'ai pu leur offrir. Je m'en souviens comme de merveilleux cadeaux de la vie, de ces femmes passionnées du fait même de cette loi transitoire, déesses d'une saison, ensorceleuses cruelles parfois, toujours magnifiques et magnanimes, parfois fragiles jusqu'à la mort. La fiancée morte. L'une d'elles me revient en mémoire : elle était particulièrement belle, chérie et choyée, toujours courtisée mais toujours insatisfaite, comme régnant sur une douloureuse absence que nul ne pouvait combler et qu'elle-même ne sut expliquer avant de mettre fin à ses jours. Je revois une autre, trompeuse et amusée par les artifices de ses pièges pourtant transparents, exposés comme des trophées de son indépendance. Elle savait exploiter son jeu sexuel. Partager et exciter. Tout le contraire de la femme tendre et délaissée, non soumise mais anxieuse de plaire et de faire plaisir, sachant l'abandon imminent et grandie par la façon d'accepter l'expérience et de me faire sentir que je ne donnais pas tant que je ne recevais d'elle dans les petits matins de Rome.

Il y a les relations sexuelles dont le souvenir me fait sourire. Les chantages au suicide. Les idéologues, celles qui confondent l'alcôve et la tribune. Les superficielles, pour qui le sexe est un jeu social. Mais aussi les intelligentes et les intellectuelles, qui exigent pareillement du cerveau que du sexe. Les moqueuses, qui écrivent de fausses lettres et les montrent à leurs copines. Celles qui partagent, compensent, anticipent la place de l'épouse, de la mère, de la fille, de la fiancée... Je les ai cherchées pour amantes. Je m'en souviens comme de fantômes.

Mais il y a celles qui s'incarnèrent avec une telle force qu'elles finirent par façonner, malgré elles, un désir qui allait au-delà d'elles-mêmes et qui devenait la quête d'une seule femme qui les contiendrait toutes, en demeurant singulière. Je l'ai rencontrée et j'ai passé auprès d'elle un quart de siècle. J'ai dû en finir avec les autres. Chacune évoquait tout ce qui jamais ne m'appartiendrait, car chaque femme met en marche dans ce monde trop de choses qui réclament leur propre loi, bien au-delà de la relation sexuelle. C'est le moment de s'en aller.

Et de convertir le sexe en littérature. Un corps de mots réclamant un rapprochement avec un autre corps de mots. Sont-ils réels ces mots, ou un mensonge? Nous nous risquons à aimer une femme (ou un homme) qui, comme l'Odette de Swann, n'est pas

« notre type », n'est pas faite pour nous, n'est que le prolongement spectral de notre libido... Il faut leur rendre grâces à toutes. Chacune ne représente pas seulement un moment, mais quelques mots. Ceux-ci, par exemple, de Lope de Vega : « Mais si du temps perdu je m'offense / tant me hâterai qu'une seule heure aimante / vaincra les années où j'aurai fait semblant. » Cette heure de plénitude passagère, mortelle, on s'en montre toujours reconnaissant, si fugace soit-elle et même si les atermoiements, les frustrations, les leurres dans les rapports sexuels nous poussent parfois à maudire Éros, à penser que les corbeaux qui volent au-dessus des « batailles d'amour, champs de plumes » (pour citer un autre classique), arracheront les yeux de ces ingrates, alors qu'en réalité il n'y a pas d'autres yeux à picorer que les nôtres. *More bestiarum*, à l'image des animaux, disait de la sexualité saint Augustin, qu'il avait tant appréciée dans sa jeunesse. Mais il vaut peut-être mieux changer de sujet, non seulement par la discrétion qu'un homme doit s'imposer dans pareil domaine, mais par une secrète ironie que les Anglais ont pratiquement transformée en proverbe : « Le plaisir est bref, le coût très élevé – et la posture est ridicule. » Et pourtant, qui serait prêt à renoncer – malgré la brièveté, le prix et la position – à ce centre irradiant du monde qu'est le lit de l'amour ? Et qui ne voudrait pas, en quittant discrètement l'alcôve de l'amante, laisser tracés sur l'oreiller les vers de Góngora : « Même en dépit des ténèbres, si belle / En dépit même des étoiles, si claire » ?

Shakespeare

« Adieu, adieu, souviens-toi de moi. » Cette phrase avec laquelle le fantôme du père de Hamlet apparaît et disparaît – presque simultanément – est le moment crucial – le doigt sur la détente – de la tragédie. Hamlet doute parce qu'il se souvient. Il agit parce qu'il se souvient. Et il représente parce qu'il se souvient. Hamlet est le souveneur. Quand tout le monde oublie ou voudrait oublier, c'est lui qui se charge de rappeler le devoir d'être ou de ne pas être. Sa position est anormale. Hamlet est prince et habite un palais hanté par des souvenirs dynastiques, Elseneur. Une monarchie vit de la tradition remémorée, car c'est en elle que réside sa légitimation. Et Hamlet, justement, se soulève contre le renversement de la légitimité par le roi Claudius, le frère assassin du père du héros. Mémoire, succession, légitimité, sont la véritable « lame nue » dont Hamlet se sert au prix de la « quiétude » mortelle.

Don Quichotte, en revanche, surgit d'un obscur village au fin fond d'une ténébreuse province d'Espagne. Si obscure, en vérité, que l'auteur – plus obscur encore – du roman ne veut (ou ne peut) se rappeler son nom. Le veut-il ou ne le peut-il, c'est tout comme : le lieu obscurcit, assombrit, dissimule. C'est la *Mancha* : la Tache. Et c'est précisément là, dans l'oubli de Cervantès, que commence le roman moderne, traçant un grand arc de cercle qui culmine avec l'obsession du narrateur de Proust, du temps perdu au temps retrouvé, ou celle des narrateurs de Faulkner, qui sont là pour que l'on n'oublie pas le poids de l'histoire, de la race, le crime des Sartoris, des Snopes, la tragédie du Sud...

Hamlet promet au fantôme de son père de débarrasser « la table de ma mémoire » de tout ce qui ne serait pas souvenir de lui. Nous vivons dans un monde de distractions, affirme le prince de Danemark, mais, tant que la Mémoire aura sa place sur la Table, toute « banale constance » en sera balayée. La mémoire est « le gardien de l'esprit », et c'est ainsi que veut la maintenir Hamlet, au fer rouge. À l'inverse, Macbeth veut oublier, transformer la mémoire en « fumée ». Hamlet veut garder un crime en mémoire; Macbeth voudrait l'effacer, arracher de la mémoire « un malheur enraciné », supprimer toutes les peines inscrites dans l'esprit, trouver le doux antidote qui soulage la poitrine de cette « redoutable matière », la mémoire, chagrin du cœur... Quel contraste avec Hamlet et son ardent désir que la mémoire soit « toujours verte », c'est-à-dire la plante pérenne de l'être.

La modernité aurorale de Shakespeare et de Cervantès révèle une tension analogue entre le souvenir et l'oubli, une semblable « mise en abyme » de la mémoire. Hamlet, Macbeth, le Quichotte sont les protagonistes d'une mémoire difficile, sélective. Hamlet veut se souvenir d'un crime; Macbeth veut l'oublier; Don Quichotte veut seulement se souvenir, au pluriel, de ses livres et finit par se rappeler, au singulier, son propre livre. Dans l'épopée traditionnelle, ce genre de dilemme n'existe pas. Le propre de la littérature épique, nous dit Eric Auerbach, est son omni-inclusivité. Tout tient, tout doit tenir dans l'épopée. Homère et Virgile n'oublient rien. En revanche, le colonel Chabert a été oublié par son épouse, ses amis, sa société. Chez Balzac, tout le monde croit que Chabert est mort à Eylau. À l'opposé, Pénélope sans fin tisse et détisse ; elle est certaine qu'Ulysse n'est pas mort – et ne sera pas oublié. Les personnages de l'Antiquité possèdent des épithètes et des attributs inoubliables, définis pour toujours : Ulysse est le prudent, Nestor est le dompteur, Achille est le léger (et le colérique). Loin de là, entre deux marches d'escalier, la servante de maison oublie le nom que Walter Shandy veut donner à son fils nouveau-né, Trismégiste, et, grâce à l'oubli d'une domestique, le « héros » du roman se voit affublé à tout jamais de ce nom indésirable entre tous : Tristram.

De la même façon, Gogol donne un tour grandiose à la relation entre mémoire et identité avec son *Revizor*, par exemple, dont tout le monde se souvient, certes, mais non pour ce qu'il est : pour ce qu'il n'est pas. Avec Kafka, nous revenons à la tradition cervantine : nul ne se souvient de l'arpenteur K. Et nous retrouvons ce motif dans le roman de Milan Kundera, *Le Livre du rire et de l'oubli*, où ceux qui se rappellent, perdent la mémoire. Écrivant à partir d'une société répressive et masquée, où rien n'est ce qu'il prétend ou paraît être, Kundera nous dit que l'oubli est l'unique mémoire de ceux qui ne peuvent – ou ne veulent – s'identifier à eux-mêmes ou aux autres.

Dans un conte magnifique, « Instructions pour Richard Howells », Cortázar nous livre une autre clé de la mémoire et de l'oubli. Le personnage de l'histoire, l'éponyme Richard Howells, assiste à une représentation théâtrale. Et la comédienne principale jette un regard de terreur, et murmure à Howells le spectateur : « Sauve-moi. On veut me tuer. » Que s'est-il donc passé ? Howells est-il devenu un personnage de la pièce, ou l'héroïne s'est-elle immiscée dans le monde quotidien de Howells ?

Ce que Cortázar propose est une circulation des genres littéraires, un blasphème que les Lumières – à commencer par Voltaire – reprochèrent à Shakespeare qui, à leurs yeux, offrait un vulgaire salmigondis de tragédie et de comédie, de caractères nobles et grotesques, de lyrisme et de relents nauséeux, le tout mélangé sans vergogne. Cervantès, lui aussi, brisa les chaînes des genres, mêlant la matière épique et picaresque, le roman pastoral et le roman d'amour, mais surtout, en introduisant des romans dans le roman. C'est là que Shakespeare et Cervantès se rencontrent : dans la circulation des genres, « l'impureté » qui offensait l'auteur de *Candide*.

L'Anglais et l'Espagnol se retrouvent dans cette libre circulation, acte de baptême de la création moderne. Et elle adopte une forme parallèle chez les deux auteurs : le roman dans le roman chez Cervantès, qui devient le théâtre dans le théâtre avec le retable de Maître Pierre, et le *play within the play* de Shakespeare, afin, nous dit Hamlet, de « capturer la conscience du roi ». Analysant ces deux formes de mise en abyme, Harry Levin suggère que, dans *Hamlet*, le roi Claudius interrompt la représentation parce que le théâtre commence à ressembler beaucoup trop à la réalité; tandis que, dans *Don Quichotte*, le Chevalier à la Triste Figure interrompt violemment une représentation parce qu'elle ressemble trop à l'imagination. Claudius voudrait que la réalité fût un mensonge caché, la mort du père de Hamlet ; Don Quichotte veut que la fantaisie soit réalité, une princesse prisonnière des Maures et sauvée grâce à lui, à son courage impétueux.

Claudius doit tuer le théâtre pour tuer la réalité. Le Quichotte doit tuer le théâtre pour donner vie à l'imagination. Le Quichotte est l'ambassadeur de la lecture ; Hamlet est l'ambassadeur de la mort. Pour forcer le monde à se souvenir, Hamlet, le héros du Nord, impose la mort aux autres et à soi-même, comme unique mesure de son énergie historique. Pour obliger le monde à imaginer, Don Quichotte, héros du Sud, impose l'art, un art absolu qui occupe la place d'une histoire morte. Hamlet est le héros du doute, et son scepticisme délirant déchaîne un torrent d'énergie mortelle. Hamlet lui offre, finalement, un sacrifice à la raison, la fille triomphante de son infirmité. Don Quichotte est le héros de la foi ; l'Hidalgo croit dans ce qu'il lit, et son sacrifice consiste à recouvrer la raison. Dès lors, il doit mourir. Quand Alonso Quijano devient raisonnable, Don Quichotte ne peut plus rien imaginer.

Il y a un autre trait commun entre Don Quichotte et Hamlet. Tous deux sont des figures novatrices, inimaginables avant leur mise en marche, leur façonnement dans la glaise de l'imaginaire cervantin et shakespearien. Les héros antiques naissent tout armés, comme Minerve de la tête de Zeus. Ils sont d'une seule pièce. Don Quichotte et Hamlet sont inconcevables avant d'avoir été décrits. Ils deviennent alors des archétypes éternels, moyennant la circulation contaminante des genres. C'est leur impureté qui les constitue. Claudio Guillén décrit le *Quichotte* comme un intense dialogue où les genres littéraires se rencontrent, se moquent d'eux-mêmes et, finalement, exigent quelque chose au-delà d'eux-mêmes. Et, dans *Hamlet*, le critique souligne la liberté souveraine de Shakespeare, le magnifique mélange des styles, le sublime et le vulgaire dans une même diastole. Cette simultanéité de la rhétorique du roi Henri V et des éructations du poltron Ancient Pistol, ne coïncide-t-elle pas avec la confrontation cervantine des styles ?

Sancho Pança donne à cette *démarche** – à ce pas, cette approche et cette démarcation – son sens le plus insensé quand il devient, lui, l'écuyer (incarnation du réalisme terre à terre), gouverneur illusoire de l'île Barataria (Baratina), et qu'il doit, comme son maître Don Quichotte mais avec moins de bonheur, agir dans une autre fiction au sein de la fiction.

De son côté, Shakespeare a son anti-Sancho, le pompeux Polonius, qui, de la façon la plus gratifiante, ânonne son manque de respect pour le genre (que Polonius, évidemment, respecte, car le bon genre est respectable et Polonius est le gardien de la respectabilité courtisane) quand il vante les talents de la troupe de théâtre qui vient d'arriver à Elseneur : « Les meilleurs acteurs du monde, qu'il s'agisse de tragédie, de comédie, de drame, d'histoire, de pastorale, de comédie pastorale, de comédie historique, tragico-historique, tragi-comico-historico-dramatique : scène indivisible et poème sans limite. »

Les mondes limités, fragmentaires, de Shakespeare et de Cervantès refusent l'unité de l'indivisible, la poésie de l'éternité. L'homme de la Manche et le cygne de l'Avon sont *ici et maintenant* : des esprits de la Renaissance. L'un est plus triste que l'autre parce que l'histoire d'Espagne est lasse, épuisée par la geste impériale qui a circumnavigué, sillonné la Terre entière, conquis le Nouveau Monde, et parce que l'intolérance et la persécution l'ont amputée de ses héritages arabe et juif. C'est pourquoi Cervantès adopte le masque de la comédie. Et l'autre est encore plus triste que lui, car il ne nourrit aucune illusion sur les comédiens qui se pavanent dans un décor en rappelant leur geste glorieuse à Rome ou en Égypte, en Angleterre ou en Écosse. C'est pourquoi, à l'heure du triomphe élisabéthain, Shakespeare adopte le masque de la tragédie.

Aucun des deux, me semble-t-il, ne croit en Dieu, mais ils ne peuvent l'exprimer et, si l'Anglais croit dans la tragédie de la volonté, tandis que l'Espagnol croit dans la comédie de l'imagination, ils savent l'un et l'autre combien il est difficile de nourrir l'imagination à volonté, sauf moyennant « *words, words, words* »...

Don Quichotte le bon et Macbeth le mauvais veulent oublier. Hamlet l'ambigu veut se remémorer. Mais le Quichotte est un personnage de roman; Hamlet et Macbeth, des figures de théâtre. Le Quichotte porte le masque de la comédie; Hamlet et Macbeth, ceux de la tragédie. Le Quichotte lit, et on le lit. Hamlet et Macbeth représentent, et on les voit. Borges se demandait pourquoi cela nous dérangeait tellement de savoir que le Quichotte est un lecteur de *Don Quichotte*, et Hamlet un spectateur de *Hamlet*. De telles inversions, commente l'écrivain argentin, suggèrent à leur tour que, si les personnages d'une fiction peuvent être lecteurs ou spectateurs, il se pourrait bien que nous, lecteurs comme spectateurs, nous soyons des fictions. Mais Shakespeare, lui, est théâtre, spectacle, espace public.

J'évoquais un jour avec Terenci Moix, à Barcelone, la gloire des vieux studios de cinéma londoniens Gainsborough, d'où sortirent de ces films où Margaret

Lockwood ne tenait pas dans ses décolletés alors même que, très prolifique, elle les dissimulait pour sortir le soir habillée en homme, et courir les routes en compagnie de James Mason, avant, sans doute, de récompenser son amant en lui découvrant des seins qui étaient presque des angines.

Aujourd'hui, les vieux studios vont devenir des condominiums. Mais, en guise d'ultime hommage artistique, un de leurs gigantesques plateaux s'est transformé, quatre mois durant, en scène de théâtre pour un double événement. Devant des salles pleines à craquer, Ralph Fiennes a interprété, en alternance, deux tragédies politiques de Shakespeare : *Richard II* et *Coriolan*. Le plus séduisant acteur de films comme *Le Patient anglais*, *La Liste de Schindler* ou *La Fin de l'aventure* est avant tout, comme on dit, une « bête de scène ». Déjà en 1995, son interprétation de *Hamlet* lui avait valu le « Tony » (l'Oscar du théâtre) à Broadway. Mais son *Richard II* et son *Coriolan* sont un prix sans égal que l'auteur s'est décerné lui-même.

Les deux pièces figurent parmi les rôles les plus difficiles du répertoire shakespearien, car elles sont, pour ainsi dire, des œuvres nues, totalement dépouillées. Dans *Othello*, *Roméo et Juliette* ou *Le Roi Lear*, les protagonistes ignorent leur destin, contrairement au public qui brûle d'envie de crier à Roméo : « Ne te suicide pas, Juliette est vivante », ou au Maure de Venise : « Iago te trompe, Desdémone t'est fidèle ». Dans *Richard II* et *Coriolan*, par contre, les personnages savent très bien qui ils sont, et le public aussi. En ce sens, il n'y a pas de surprises. Mais ce qu'il y a, en se fondant sur cette *publicité* voulue des deux œuvres, c'est la réflexion dramatique la plus intense sur la nature de la politique et l'exercice du pouvoir.

Composée en 1595, *Richard II* est une œuvre intermédiaire entre une pièce de « débutant », *Titus Andronicus*, et le premier grand succès de l'auteur, *Roméo et Juliette*. Le thème de *Richard II* est la façon dont on gagne et dont on perd le pouvoir. Il y a deux Richard. Dans la première partie, il se croit sacré par Dieu. Il incarne le droit divin des monarques et l'exerce au gré de son caprice. La cérémonie donne corps au pouvoir, et Fiennes donne un mouvement ritualisé au personnage, comme un dandy sacré. C'est un homme à deux corps, l'un divin, l'autre physique. L'imagination du souverain, en tentant de concilier l'homme et le roi, s'enferme en elle-même. Son obsession est d'être roi bien qu'il soit homme, ou, pour le dire autrement, d'anéantir l'homme pour être pleinement roi.

Un tel projet nécessite un recours démesuré à l'imagination et Richard, en s'imaginant, s'égare en lui-même – et perd le pouvoir. À ses yeux, la couronne n'est plus qu'un bijou décoratif. Le pouvoir est devenu une réalité intérieure, le pouvoir de l'imaginaire : une « lyrique métaphysique ». Victime de l'imagination au pouvoir, le roi perd la notion de l'exercice du pouvoir. Sa frivolité le conduit à l'arbitraire. L'arbitraire entraîne l'inimitié de tous ceux auxquels Richard a porté préjudice. Les offenses accumulées éclatent en sédition. Vaincu, Richard découvre que sa couronne est creuse et que le nom de sa cour est la Mort.

Ralph Fiennes passe admirablement du premier Richard, l'autocrate futile, au second, défait et douloureux. Et cette douleur ne reste pas enfermée en lui. Il l'épanche, la vide, en quelque sorte, avec une espèce de tendresse coupable. Sa grandeur est sa déroute : sa douleur, sa disgrâce. L'histoire ne lui offre pas d'autre issue que de « s'asseoir par terre et de relater les tristes nouvelles de la mort des rois ». Au monde, il dira : Tu peux bien abattre mon pouvoir et ma gloire, pas mon chagrin.

C'est une grande interprétation d'un rôle peu commode et dans une œuvre qui ne manque pas d'imperfections formelles. Et c'est une excellente idée de l'avoir jouée en alternance avec la plus parfaite des tragédies politiques de Shakespeare, *Coriolan*, écrite en 1607, entre *Macbeth* et *Antoine et Cléopâtre*, c'est-à-dire à la fin de la carrière du dramaturge.

Si la modulation de Ralph Fiennes dans *Richard II* est double, dans *Coriolan* elle est au moins quadruple. Ce personnage est en lutte avec sa patrie, Rome, avec les ennemis de Rome, avec sa mère et avec lui-même. Coriolan, champion des patriciens et détesté de la plèbe, revient en triomphateur des tribus qui menaçaient la cité. Nommé consul, il s'aliène le peuple, s'exile de Rome pour rejoindre ses anciens ennemis, se prépare à piller et à incendier sa ville, mais sa mère l'en dissuade, et finalement la clémence du héros lui coûte la vie. En un mot, Coriolan fait tout ce qu'il faut pour se brouiller avec tout le monde. Sauf avec sa mère. Mais ce bonheur-là est ce qui le détruit. Car aux yeux de la mère, Volumnie, Coriolan n'est pas un être de chair et de sang. C'est une figure du pouvoir, une création de l'imagination maternelle. Elle n'aime pas son fils, elle aime le conquérant militaire et politique. Elle ne le laisse pas devenir lui-même. Elle s'ingénie à lui faire croire qu'« un homme est l'auteur de soi-même et ne connaît pas d'autre parenté ».

Ce que la mère – dans une interprétation inégalable de Barbara Jefford – ne comprend pas, c'est que Coriolan ne peut devenir un politicien parce qu'il n'a pas saisi, de son côté, les règles de l'adaptabilité caméléonesque. C'est un homme de principes, sans vanité, sans « airs supérieurs », tous vices qu'un patricien dédaigne, car il n'a rien à briguer et ne tient pas à se faire remarquer. Il est, un point c'est tout. Mais l'intégrité de Coriolan met en danger la vanité et la vénalité de ceux qui l'entourent. Son destin est scellé : il incommode tout le monde; il restera tout seul. Et il le sait. Quoi qu'il fasse ou ne fasse pas, il sera défait.

Le génie de Shakespeare – et de Fiennes – est de donner à cet homme fatal et conscient de sa fatalité une extraordinaire *faille*. Surprenante réticence chez un auteur aussi disert, aussi discursif, voire aussi déclamatoire que Shakespeare. Cette fissure – cette crevasse – est le silence. Le personnage de l'épouse, Virgilia, invite Coriolan à un amour sans paroles. Dans ces instants silencieux avec la femme aimée, Coriolan nous montre qu'il est aussi conscient de ce qu'il perd : l'amour, victime de l'araignée politique qui transforme « la manne céleste en bile ».

Œuvre « engagée » envers l'action politique, sur les questions du Parti et de l'État, *Coriolan* s'est prêtée à toute sorte de confusions idéologiques. La droite française, en 1933, l'a ovationnée, et la gauche l'a mise à l'index. Les nazis l'ont glorifiée, et les troupes américaines d'occupation, en 1945, ont interdit la mise en scène allemande pendant huit ans. Quant à Brecht, il a converti la pièce en épopée communiste de la lutte des classes : la bonne plèbe contre le méchant patricien.

Loin de ces congestions idéologiques, *Coriolan*, œuvre majeure du répertoire shakespearien, est seulement l'histoire d'un homme abandonné par tous. Shakespeare donne un halo d'inachèvement à sa tragédie, tout comme le génie de Beethoven, dans son propre

Coriolan, installe une pénombre musicale en dernière note.

Mais il y a encore un autre Shakespeare, et il faut le voir dans la version cinématographique de *Titus Andronicus*, réalisée par celle qui mit en scène magistralement *The Lion King*, Julie Taymor. Celle-ci n'y va pas par quatre chemins pour nous montrer la fille de Titus mutilée, perdant sa langue comme son pucelage. Dans cette œuvre de jeunesse, Shakespeare avait décidé de surpasser Marlowe dans la surenchère des horreurs qui, vues de loin au théâtre, sont bien plus supportables que dans la proximité des caméras. Des hommes enterrés jusqu'au cou dans le sable, jusqu'à mourir de faim. Des hommes qui se laissent couper une main pour épargner la vie de leurs enfants, et qui la trouvent accrochée à côté des têtes coupées de leurs fils. Des hommes pendus par les pieds, égorgés pour que le sang s'écoule dans des cuvettes. Les fils de la proto-Lady Macbeth, Tamora (la furieuse Jessica Lange), servis à leur père comme des gâteaux de vengeance cuisinés par Titus Andronicus (le caméléonesque Anthony Hopkins)...

La liste est interminable et nous rappelle que, là encore, il n'y a rien de nouveau sous le soleil. Au chapitre de l'épouvante, *Titus Andronicus* l'emporte haut la main sur *American Psycho*, ou *Crash*, ou les livres de Stephen King. C'est sans doute ce qui poussa Voltaire à tordre le cou au Cygne de l'Avon, « un comble de férocité et d'horreur... un histrion barbare... dont les œuvres auraient mérité d'être exhibées sur les champs de foire de province il y a deux cents ans... ». En réalité, l'attentat de Shakespeare au « bon goût » et à la « mesure » est admirable et nous rappelle la férocité avec laquelle Octavio Paz répondait à la classification académique de la littérature mexicaine comme « fine et subtile » : « Attrape-les par la queue, qu'elles glapissent, les putes », disait-il à propos des mots [1].

Shakespeare fait crier les mots, il nous montre que la gamme de l'expression littéraire ne peut se limiter à des canons faméliques et constipés. L'abondance sauvage et farouche, lyrique et tragique, de William Shakespeare reste le meilleur exemple du fait qu'en littérature, il n'y a pas de règle inamovible. Et aussi, du fait que la critique peut se fourvoyer de façon tantôt risible, tantôt pitoyable.

1. Voir Octavio Paz, *Liberté sur parole*, trad. J.-Cl. Lambert, Paris, Gallimard, 1966. (N.d.T.)

Silvia

La première et la dernière, dit le merveilleux poème de Nerval, « Artémis » : *« Et c'est toujours la seule, – ou c'est le seul moment* »*... Si toutes les femmes que j'ai aimées se résument en une seule, la seule que j'aurai aimée pour toujours résume toutes les autres. Elles furent les étoiles ; Silvia est la galaxie. Elle réunit tout : la beauté ; le plaisir érotique, mais aussi le plaisir tout simple d'être ensemble, de nous asseoir pour manger, de dormir et de nous réveiller, de marcher, de voyager ensemble, de partager des amis, de soumettre des questions, de tracer des plans, de comprendre des défauts, de reconnaître l'erreur commise, de nous aimer dans cela même qui pourrait nous irriter ou nous fâcher dans nos personnalités et nos comportements. La joie d'avoir des enfants. Le chagrin de les perdre. La communion dans le souvenir. Le respect des trois temps. Les différences de goûts. La complémentarité des professions, des formes d'intelligence, des émotions : nous sommes distincts, et chacun donne à l'autre ce qui ne lui manque déjà plus, car ce qui est mien et ce qui est sien se répondent comme des vases communicants. La chaîne des généalogies, des amitiés, des villes préférées, la minutieuse splendeur des repas, des restaurants, notre goût partagé pour le cinéma, le théâtre, l'opéra. Tout ce qui nous unit, y compris ce qui pourrait nous séparer, transformé en point de rencontre, en interrogation et, finalement, en alliance.

Silvia est fine, délicate, blonde, avec des yeux sensuels qui passent du bleu au vert et au gris suivant les heures. Son aspect est européen, mais avec une peau mate, d'un bel éclat oriental. Son goût pour l'habillement est extrême et fait mes délices. Et je l'aime parce que je suis l'homme le plus ponctuel de la terre, et que, ponctuellement, elle est toujours en retard. Cela fait partie du charme : se faire attendre. Les Européens du XVIIe siècle, ai-je noté plus haut, espéraient que la mort leur viendrait d'Espagne, car elle serait en retard. Mais pour elle comme pour moi elle est arrivée bien trop tôt quand nous avons perdu Carlos. Sa mort nous a unis plus que jamais. Silvia sait maintenir la présence de Carlos à toute heure. Moi, moins sensible ou plus lâche, j'ai appris à recevoir mon fils, avec une force qui me surprend moi-même, à l'heure d'écrire. C'est là, près de moi, en partageant mon effort de travail quotidien, qu'il accomplit, de quelque façon, son destin si tôt interrompu. Ainsi tout se prolonge et s'incarne dans l'union d'un couple. Apollinaire disait qu'il y a ceux qui meurent pour être aimés. Dans notre cas, notre fils est vivant car l'amour qui nous unit tous les trois est indissociable de nos vies. Mais c'est elle, la femme, qui révèle la spécificité, la compréhension inclusive de l'amour. C'est elle, Silvia, qui couronne ma tentative vitale de prêter *attention* : sexuelle, érotique, politique, littéraire, fraternelle. Fais attention, ou tu n'auras pas le droit que je t'aime – ni celui de m'aimer. Tomás Eloy

Martínez, notre émouvant ami argentin, a perdu sa belle compagne Susana Rotcker. Le requiem qu'il lui a dédié se termine par ces mots : « J'aurais donné tout ce que je suis et tout ce que j'ai pour être à sa place. J'aurais voulu la voir vieillir. J'aurais voulu qu'elle me voie mourir. »

Un couple ne sait jamais qui survivra à l'autre, ou si tous deux mourront ensemble. Mais le survivant sera toujours le mandataire de la mort plus que celui qui en souffre. L'amour qui se délègue dans la mort s'appelle Éros. Après toutes les nuits, les journées, les années de proximité charnelle, l'absence ne trouve de palliatif que dans l'imagination érotique. « L'érotisme est l'acceptation de la vie jusque dans la mort », disait Georges Bataille à propos des *Hauts de Hurlevent*. La sexualité engage la mort, car se reproduire implique sa propre disparition. Le comprendre, c'est comprendre la vie érotique après la disparition du couple. Le comprendre, c'est rendre la relation la plus intense dans le présent pour que son érotisme déborde sur toutes les heures qui ne reviendront pas.

Mais n'y a-t-il pas, au sein même de l'amour le plus accompli, une anticipation de la perte qui intensifie encore la présence actuelle ? Parfois, quand je vois dormir Silvia, je voudrais lui voler son nom, son apparence, son expérience, et devenir le maître absolu de son existence, le gardien jaloux de ses secrets. Sans elle, je conçois seulement l'amour devant un miroir étamé par la mémoire. Alors, je me hâte de retourner près d'elle, inquiet et fébrile, comme affamé. Je veille sur son corps comme s'il était le mien. Avec Silvia, j'apprends à être, tout à la fois, passionné et respectueux du corps féminin uni au mien. Et j'en fais l'éloge au nom de la perfection que je lui accorde, même si elle ne la possède pas, cette perfection qu'elle m'offre même quand je ne la vois pas.

Toutes les nuits je laisse un petit mot invisible sur son oreiller ; il lui dit : « Tu me plais. »

Les femmes sont les passagères de l'aube. Chacune est porteuse d'un destin différent. Mon destin fut de rencontrer Silvia et de le fondre dans le sien.

Société civile

Un État moderne, où qu'il se trouve dans le monde, est aujourd'hui confronté à une économie globale qui passe par-dessus les lois et les frontières nationales.

Comment corriger les inégalités entraînées par la globalisation ?

Comment préparer les citoyens à cette nouvelle époque de concurrence, encore accrue, dans tous les domaines ?

Comment restructurer les programmes de bien-être social de telle sorte que les plus faibles ne succombent pas au darwinisme global ?

L'État latino-américain, en particulier, ne doit pas cesser de protéger l'inefficacité pour verser dans la protection de l'injustice.

Dans le monde de la globalisation, le gouvernement local doit jouer un rôle essentiel pour maintenir l'équilibre social au sein de chaque nation, ce qui est impossible si les dépenses publiques sont inférieures à 30 % du Produit Intérieur Brut. Il faut, pour cela, promouvoir l'épargne intérieure et sortir du cercle vicieux qui consiste à faire entrer du capital étranger avec de forts taux d'intérêt, au lieu d'encourager l'entrée du capital productif avec des taux d'épargne élevés. Pour réussir dans cette voie, il est nécessaire d'établir une relation complémentaire – au lieu d'un affrontement – entre le secteur public et le secteur privé.

Et c'est ici que le troisième secteur, la société civile, a une fonction fondamentale : jeter des ponts entre le public et le privé, aplanir les antagonismes stériles, affirmer les compatibilités d'intérêt général, et agir pour son propre compte dans les domaines que les deux autres secteurs sont incapables d'occuper, de cerner, voire d'imaginer.

Parfois, quand la bureaucratie est aveugle, la société civile comprend les besoins du développement de façon plus sûre et plus rapide : les problèmes du village oublié, du quartier reculé, de la femme qui travaille et qui est mère de famille.

D'autres fois, là où l'entreprise privée ne voit que l'absence de profit, le secteur social découvre ou invente la meilleure façon d'utiliser les ressources locales, de proposer des activités qui permettent aux plus démunis de s'aider eux-mêmes : garderies, coopératives, systèmes de crédit, partage des frais médicaux et des médicaments, nettoyage collectif, aide à l'école et, quand il n'y en a pas, alphabétisation de porte en porte s'il le faut.

Création de cercles de lecteurs, impulsion donnée au théâtre populaire. Caisses d'épargne, travaux publics, médecine familiale. Petites, souples, originales, novatrices, les organisations du troisième secteur sont les oiseaux de bon augure des initiatives du gouvernement ou du patronat. Elles remplissent une fonction indispensable, contribuent à définir l'ordre du jour, et rendent le pouvoir aux gens.

C'est particulièrement vrai de nos pays d'Amérique latine, qui ont tous un double aspect. *The Two Nations*, comme le disait Disraeli de l'Angleterre écartelée entre le développement industriel et le retard social au XIXe siècle. C'est ainsi que les Brésiliens, avec un humour sceptique, ont baptisé leur pays d'un mot-valise : « Belindia », un mixte de la Belgique et de l'Inde. En Amérique latine coexistent le gratte-ciel et le bidonville, le dernier modèle de Mercedes et le bourricot, le supermarché et le tas d'immondices, le baroque et la baraque, mais l'antenne de télévision est le nouveau clocher de la paroisse.

Le premier défi du troisième secteur en Amérique latine est de créer des ponts entre ces deux nations parallèles. Le développement économique ne peut se consolider sans un développement humain. Les problèmes globaux doivent d'abord se résoudre à l'échelle locale. Il faut songer en priorité aux villages et aux communautés isolées, aux migrations internes, aux corps de métiers, aux métayers, aux chemins vicinaux, à l'école rurale, à la formation professionnelle, à l'artisanat.

Il n'y aura pas de santé globale sans politique de santé locale.

Les jeunes démocraties latino-américaines seront mises au défi par leur capacité à unir l'idée même de liberté politique et celle de bien-être social.

La société civile a pour fonction de socialiser aussi bien le secteur public que le secteur privé. Mieux encore : elle doit les coloniser, mais tout en sachant qu'elle est constamment colonisée par l'État et par l'Entreprise.

Il ne s'agit donc pas de compartiments étanches. D'une certaine façon, la société civile est à l'image des partis politiques, qui ont un pied dans la société même, l'autre dans les institutions.

Il s'agit, à nouveau, de vases communicants : la société civile ne critique pas seulement les institutions publiques et privées ; elle les enrichit, déteint sur elles, propose des solutions alternatives pour une réelle prospérité.

Il s'agit d'ouvrir des horizons à un monde en mutation, afin de créer de nouvelles structures et de les doter de nouvelles institutions qui concilient le changement et la justice.

J'ai déjà insisté sur la nécessité d'augmenter notre niveau d'épargne, en Amérique latine, pour accroître nos niveaux de production et faire baisser notre dépendance envers le capital spéculatif, tout en attirant le capital productif.

C'est un problème colossal, mais dont certaines modalités sont tellement infimes qu'elles passent parfois inaperçues. Or, elles sont à la fois le fondement et le sens de ce que nous entendons par troisième secteur ou société civile.

Pour creuser des canaux entre l'épargne et l'investissement productif, il faut, bien sûr, des fonds de prévoyance sociale, des caisses d'épargne et des organismes de crédit, afin que l'accès au système financier couvre l'ensemble du territoire.

Cela implique la promotion et la multiplication des systèmes de microcrédit. Je n'en donnerai qu'un exemple, qui me semble très éclairant.

En Asie, diverses régions rurales sont en train de créer une démocratie du crédit. Depuis sa fondation il y a une vingtaine d'années, la Banque rurale du Bangladesh a accordé deux mille cinq cents millions de dollars à deux millions de clients, au taux d'intérêt habituel.

Sur une seule année, des habitants parmi les plus pauvres ont reçu cinq cents millions de dollars. L'emprunt moyen est de deux cents dollars. Le niveau de remboursement est de 98 %. Contrairement à ce que l'on observe dans certaines banques du Mexique, de Russie, des États-Unis ou d'Indonésie, les paiements sont ponctuels. Et les contribuables ne sont pas appelés à la rescousse. La majorité des bénéficiaires de mini-crédits sont des femmes, et elles utilisent 90 % de l'argent pour la santé et l'éducation de leurs enfants, c'est-à-dire pour la formation de nouveaux citoyens.

L'intérêt public n'est pas confié à un seul défenseur. La solidarité et la vocation à participer conduisent chaque jour davantage à la création, dans divers domaines, d'organisations non gouvernementales dont le rôle peut être aussi important que celui de l'État ou du secteur privé.

Voici deux autres exemples, éloignés mais complémentaires. L'architecte Jaime Lerner, maire de la ville brésilienne de Curitiba, a rassemblé les efforts de l'administration publique, du patronat et de la société civile pour combattre la pollution, étendre les espaces verts, recycler les déchets, réhabiliter le centre urbain et décentraliser la croissance, offrant ainsi une nouvelle qualité de vie à toute une cité de l'hémisphère Sud.

L'autre exemple, plus dramatique, est celui que nous a donné toute la société civile hongroise sous un régime dictatorial. Le grand romancier Giörgy Konrad nous montre comment, en pleine bureaucratie stalinienne et face aux chars soviétiques, les Hongrois ont survécu au jour le jour grâce à une chaîne ininterrompue de petits gestes d'amour, d'attention, de créativité, d'amitié.

Une école expérimentale, un projet de recherche, un nouvel orchestre, une occasion de publier clandestinement, un petit restaurant, une association de mathématiciens, une boutique sympa, une publication indépendante, un journal sous le manteau... Telles furent, dans la Hongrie soumise au Pacte de Varsovie, les manifestations modestes mais transcendantes de la société civile. Quand, comment, où ? Humblement, nous répond le romancier hongrois, de façon « retirée, retranchée », dans une société consciente des obstacles et des dangers, mais prête à patienter une ou deux générations pour parvenir à socialiser, à métamorphoser le système...

Si, rempli de courage et d'espérance, un membre actif d'une société civile clandestine dans un État totalitaire pouvait arriver à ce résultat, notre tâche à nous n'est-elle pas moins ardue, dans des régimes démocratiques de marché ? Ou bien, tout au contraire, la liberté nous a-t-elle endormis, sommes-nous en train de nous bercer d'illusions, affaiblis par notre complaisance ?

En Amérique latine, le paradoxe veut que nous ayons une culture forte et des institutions faibles. Traduire la continuité et la vigueur culturelles dans les institutions politiques et économiques, tel est le défi de nos pays, et il ne pourra pas être relevé sans l'action grandissante de la société civile [1]. Il n'y a pas d'autre choix, sinon le retour aux explosions sociales et aux régimes militaires, la longue tradition autoritaire et centraliste, secondée par un très ancien vice, la corruption, et par un nouveau : l'empire des drogues.

Pour éviter ces écueils, nous devons fortifier la socié-

1. C'est un des thèmes récurrents du livre d'essais de Carlos Fuentes, *Le Miroir enterré*, trad. J.-Cl. Masson, Paris, Gallimard, 1994. (N.d.T.)

té et la vie culturelle. Elles sont inséparables. Sans elles, notre économie serait fragilisée, notre politique menacée. Une démocratie indissociable du développement et de la justice, tel est le cri de ralliement des nations latino-américaines. Car nous avons déjà connu la démocratie sans développement et sans équité (la Colombie des alternances libérales et conservatrices) ; le développement sans démocratie ni justice (la Révolution mexicaine jusqu'en 1960) ; et la justice sans développement ni démocratie (les débuts de la Révolution cubaine). Je pourrais citer bien d'autres exemples, beaucoup d'autres variantes. Aujourd'hui, pour atteindre l'équilibre désiré, nous dépendons trop de facteurs externes, et trop peu d'une dynamique interne. Il appartient au troisième secteur – à la société civile – de multiplier les initiatives citoyennes pour rétablir un marché du travail qui respecte nos savoir-faire, un marché frappé de plein fouet par une modernisation hâtive et désordonnée.

Rendre le pouvoir aux gens. Créer les conditions nécessaires à une prospérité réelle, depuis la base, plutôt qu'une prospérité aux pieds d'argile qui, en dépit d'une indispensable discipline fiscale, ne résout pas les problèmes du chômage et de l'appauvrissement, et met l'accent sur le capital financier aux dépens du capital humain. Dans son livre fondamental, *Que faisons-nous avec les pauvres ?*, Julieta Campos, la romancière mexicaine d'origine cubaine, résume très bien la question : l'Amérique latine doit passer d'une modernisation « exclusive » à une modernisation « inclusive ». La logique du marché, laissée à elle-même, « accentue les dissymétries ». Ne pourrait-on créer un nouveau modèle de modernité, à partir de projets locaux, axé sur la participation des communautés, c'est-à-dire de la société civile ? « Sans renoncer à l'efficacité économique globale... Sans relâcher la discipline en matière de dépenses, ni rompre la stabilité des prix », nous devons « répondre aux priorités du développement humain ».

C'est la société civile qui, par son action, trouvera des réponses à ces questions. Mais elle ne vit pas de l'air du temps. Elle a besoin d'un toit qui l'abrite, la démocratie, ainsi que de la sève nourricière des racines culturelles.

Temps

Il y a longtemps, je voyageais dans l'État mexicain de Morelos avec le dramaturge américain Jack Gelber et sa compagne. Nous nous sommes perdus dans un labyrinthe de montagnes, de rizières et de plantations de canne à sucre. Nous nous sommes arrêtés pour demander à un vieux paysan le nom du hameau où nous étions.

— Eh! ça dépend, répondit l'homme. En temps de paix, c'est Santa María; en temps de guerre, on l'appelle Zapata.

Ce vieil homme savait quelque chose que « notre temps » semble avoir oublié : c'est qu'il y a plus d'un temps en ce monde. Il existe d'autres temps, au pluriel, à côté, au-dessus ou en dessous du temps linéaire des calendriers occidentaux.

Ce vieux paysan qui pouvait vivre, alternativement, au temps de Zapata ou de Santa María, était l'héritier bien vivant d'une culture complexe, aux multiples strates. Un tel homme est indispensable; il est notre compagnon oublié. Il nous rappelle qu'il a un frère en Inde pour lequel le passé n'est jamais passé, mais présent perpétuel, sans cesse enrichi par ce qui, en

Occident, s'appelle « passé » mort. J'imagine qu'il doit avoir son semblable en Chine, qui conçoit le temps comme une proposition purement dynastique et, peut-être, un neveu au Maroc pour lequel le temps, loin de s'écouler du passé au présent et au futur, est une conception verticale, une ascension parallèle de Dieu et de l'homme.

J'imagine même qu'il a un jeune petit-fils à Madagascar, parmi les Merinas qui refusent de bannir les temps anciens au bénéfice des nouveaux. Car les uns et les autres, au lieu de s'exiler mutuellement, se superposent dans une sorte de croissance permanente [1]. Tout est vivant; tout est là, présent. Les Merinas résument toute histoire possible suivant les deux canaux de la réalité : l'héritage de l'ouïe et la mémoire des lèvres. Et ce que nous disent la bouche et les oreilles, à l'orée du XXIe siècle, c'est que nous devons creuser pour le temps un lit beaucoup plus large, afin qu'y puissent tenir et survivre les multiples cultures d'un monde qui court le risque de l'uniformité globale, joint au péril de la dispersion locale. Cela requiert une critique du temps au sein du modèle occidental qui est le nôtre, qui implique à son tour une critique de l'histoire linéaire comme orientation vers un futur, une critique du progrès comme ascension inévitable vers la perfection et, finalement, une critique culturelle de l'hégémonie et de la servitude internationale qui caractérisent notre époque. Et par-dessus le marché le monde nous offre aujourd'hui la possibilité d'une fin des temps, si nous réussissons à tuer la nature en nous suicidant.

C'est pourquoi la défense du temps est celle de la

---

1. Cf. Carlos Fuentes, *Tiempo mexicano*, Mexico, Mortiz, 1971. (N.d.T.)

culture et des façons de la vivre dans l'histoire. Cette défense a son lieu, qui s'appelle présent, ici et maintenant. Car le passé se déroule maintenant, quand nous nous souvenons, et le futur se passe aussi maintenant, quand nous désirons.

Le présent ne peut être vivant si le passé est mort. Quand nous chassons le passé par la fenêtre, il ne tarde pas à revenir par la grande porte, sous les déguisements les plus étranges. Les guerres contre la mémoire sont toujours perdues par ceux qui les entreprennent. Nous devons rendre présent le passé si nous voulons comprendre la résurgence de cultures insatisfaites par la course écervelée vers un futur sans queue ni tête, ainsi que la tension interne, dans chaque culture, entre les exigences techniques et supranationales du village global, et l'affirmation des différences locales, des régionalismes, des microcultures et des rythmes temporels qui leur sont propres.

Toutes ces tensions supposent une ré-élaboration des concepts de temporalité et du rôle du langage et de l'imagination dans un nouveau dessin de la carte des civilisations, qui soit en accord avec des traditions plus profondes, moins éphémères que les nôtres. Ainsi, le Mexique est un pays essentiellement métis et hispanophone, mais c'est aussi une terre indienne. Et un répertoire de nombreuses possibilités que nous avons négligées, oubliées ou dédaignées, nous attend silencieusement dans le monde indigène, réserve de tout ce que nous avons perdu, la sagesse immémoriale, l'imagination mythique, la relation avec la mort, la façon de compter/conter le temps – somme et narration – non seulement comme calendrier solaire, mais comme calendrier du destin : le *tonopuhali*, aux cycles de vingt jours, chacun avec sa séquence particulière de treize jours, jusqu'à former un mandala où le temps est plus englobant, plus significatif que dans nos simples conceptions linéaires.

Le temps a toujours été un problème : depuis le début des temps. Un problème redondant, puisque la question du temps est le temps même. À la racine de ce problème, il y a deux conceptions antagoniques. Pour les uns, la réalité est un changement incessant. Le monde est en flammes. La loi des contraires est sanglante. Or, tout aspire à se convertir en son contraire, et c'est ce qui crée le changement. Ainsi, l'histoire est la chronique de la violence. Le temps est une lutte. Le devenir et le flux sont la seule réalité temporelle. La permanence est illusoire. Si le mouvement cesse, l'univers s'effondre et le temps prend fin.

Pour d'autres, seul ce qui dure et demeure est réel. Le flux, le mouvement et le changement ne sont qu'apparences. Platon concilie les deux courants, mais en privilégiant le second. Si le changement est réel, la permanence est irréelle – et vice versa. Le dualisme platonicien nous dit qu'il existe un monde de formes, réel et permanent, hors du temps et libéré du changement. Un monde éternel. Mais il est un autre monde d'objets sensoriels, fondé sur l'apparence et le changement, qui illustre par des exemples l'univers des formes dans un autre monde aux temps variables. Dans le *Timée*, le Créateur explique comment il transforma le Chaos originel en Ordre universel. L'immensité de Dieu ne dépend pas de l'espace; l'éternité de Dieu ne dépend pas du temps. Mais aussi longtemps que l'espace et le temps sont occupés par des choses et des événements, ces choses et ces événements coexistent dans l'espace et se succèdent dans le temps.

Lessing a classifié les arts en formes qui coexistent

dans l'espace (architecture, peinture et sculpture : les arts de l'impression totale et immédiate), et les arts qui se succèdent dans le temps (musique, danse, littérature). La grande question de la littérature moderne a été la suivante : Pourquoi l'écriture est-elle condamnée à la succession au lieu de la coexistence ? Car le langage est fait d'unités successives et discrètes, au sens linguistique. La révolution du roman moderne a consisté dans un refus radical de cette fatalité. Et la même chose s'est passée en musique, en poésie comme en physique. C'est l'aspiration impossible à la simultanéité qui, en se rebellant contre la succession, ne la met pas en déroute, mais la transforme : Picasso, Eliot et Pound, Apollinaire, Joyce, Faulkner, Virginia Woolf... La grandeur de cette révolution est dans son dessein, mais son génie est à la mesure de son échec même : la mesure du changement opéré par la rébellion... La littérature est le grand laboratoire du temps.

Accorder directement l'éternité à l'univers était impossible, nous dit Platon. Mais le Créateur « résolut de nous concéder une image de l'éternité en mouvement... et c'est ce que nous appelons le temps ». Le temps est l'image de l'éternité quand elle se meut. L'éternité en mouvement est le temps : je ne cesse de m'émerveiller devant cette idée qui est une image. Mais quelles que soient mon admiration, ma consolation ou mon inspiration à cette idée, elle ne me délivre pas de la relation conflictuelle avec le temps qui est la mienne – celle de nous tous –, car je continue à poursuivre le temps, à le griffer sans l'attraper. Né, grandi, aimé (encore aimé), désirant, vieillissant et, finalement, mourant dans le temps, je ne saurai jamais ce que j'étais quand je n'existais pas – le passé sans moi – ou ce que je serai quand je ne serai plus – le futur sans moi.

Mais nous avons beau rationaliser le temps, son royaume – originel, fatidique – est le mystère. Je me demande quelle peut être la sagesse commune du Diable et du bon Dieu, et je crois que c'est un rapport au temps. La Cabale affirme : Rien ne disparaît tout à fait, tout se transforme, ce que nous pensions mort a simplement changé de lieu. Et les lieux demeurent. Nous ne les voyons pas changer de place. Mais qu'est-ce que le temps sinon mesure, invention, imagination de notre part ? Tant qu'il est, il est pensé. Aussi longtemps qu'il est pensé, il est. Les temps changent d'espace, ils se réunissent ou se superposent, puis ils se séparent. Nous pouvons voyager d'un temps à l'autre sans changer de lieu. Mais celui qui voyage d'un temps à l'autre et ne revient pas à temps dans le présent, perd la mémoire du passé (s'il en provient) ou la mémoire du futur (si telle était son origine). Le présent le capte, le capture. Le présent est sa vie. Et tous, sans exception, nous revenons trop tard à notre présent. Le temps ne s'arrête pas pour nous attendre, pendant que nous voyageons dans le passé ou le futur. Nous arrivons toujours trop tard. D'une minute ou d'un siècle ; c'est pareil. Nous ne pouvons plus nous rappeler que notre vie est aussi en deçà ou au-delà du présent. Peut-être notre pacte avec le temps est-il de vivre dans le présent sans souvenir de notre passé ou de notre avenir, les plus lointains, non les plus proches, si nous débarquons de là-bas dans notre maintenant. Ainsi, parfois, nous croisons des regards incompréhensibles, dans une rue, un aéroport, un bateau, une boutique, un escalier, un ascenseur, une église, un théâtre, un cimetière, et qui semblent nous dire : Qui étais-tu, où vivais-tu auparavant, où es-tu mort ? Est-ce que l'on se connaît ?

Si je voulais soulager ma mémoire d'une chose atrocement triste, mon pacte avec Dieu ou avec le Diable serait : « Ôte-moi la mémoire, et je t'offre mon âme. » Mais Dieu lui-même ne peut défaire ce qui est fait. En revanche, le Diable prétend qu'il peut changer ce qui fut en ce qui ne fut pas. Ainsi défie-t-il et tente-t-il l'homme. Mais en oubliant un fait atroce, ne courons-nous pas le danger d'oublier aussi le meilleur de nos vies, le temps de l'amour de nos parents, de la beauté d'une femme, de la passion d'un homme, de la fierté d'un enfant, de la joie d'une amitié, de tout bien ? C'est la clause diabolique : oublier tout ou rien.

Je vois un gamin et je me dis que chaque homme qui naît réincarne peut-être chaque homme qui meurt. Si je veux connaître le visage que cet enfant aura dans quarante ans, il me suffit d'aller tout de suite là où il sera baptisé : nommé. Et là je le trouverai. Je verrai son futur visage. Et je me dirai que nul ne peut achever sa propre vie. Il n'est donné à personne de vivre complètement les virtualités du temps qui lui est imparti.

Alors, qui sont les immortels ? Il y a des êtres qui ne nous parlent pas, mais qui nous regardent. Qui ne nous voient pas, mais qui nous remémorent. Qui ne se souviennent pas de nous, mais qui nous imaginent. Qui sont les immortels ? Ceux qui ont vécu longtemps, qui réapparaissent de temps en temps, qui ont eu plus de vie que leur propre mort, mais moins de temps que leur propre vie.

Ubris urbis

Je crois dans les villes. La nature m'inquiète. Sa terreur me touche de trop près pour que je la croie proche de nous. Mais la beauté naturelle m'a séduit. Je peux passer des heures à voler, extasié, au-dessus des trônes blancs des Andes ou des Rocheuses. Je voudrais me perdre dans la délicate beauté infinie d'une forêt de bouleaux en Russie. Et la côte d'Irlande me coupe le souffle, avec cette cuirasse de mer agitée qui protège tout un continent. Et je m'enfoncerais bien pour toujours dans la clarté vert citron de la mer des Caraïbes, tombe transparente de toutes les mines d'or et d'argent des villes fantômes d'Amérique latine. Ou encore : y a-t-il quelque chose de plus serein, de plus ondoyant et doté d'éternité que les mouvements des champs de blé qui sont des vagues, une verte suivie d'une brune et celle-ci d'un frisson glauque, dans les vallées de l'Idaho ?

Mais j'entends aussitôt la voix sardonique de Schopenhauer : « Essaie donc pour une fois d'être entièrement nature », et je sors de mon rêve d'almanach, de mon extase coupable, de la compagnie peu fréquentable de ceux qui jouissent sans réserves des beautés naturelles. Quelle est donc la faute intérieure qui m'empêche de lui parler, à cette nature, avec tout l'amour désiré – et désirable ? Je l'admire, mais je la crains. Je l'envie. Tous les êtres, toutes les choses de la nature semblent être à leur place. Tandis que nous, les humains, nous changeons de place, nous voulons être autre chose, nous voulons être ailleurs, toujours insatisfaits, comme ne le seront jamais les gorges du Colorado ou les cataractes du Zambèze – ou les tigres du Bengale, s'il en reste encore. Même les espèces migratoires respectent des cycles d'éternel retour, comparables aux floraisons du cerisier. Oui, nous admirons l'ordre de la beauté naturelle. Mais nous savons que, derrière, il y a une catastrophe. Et nous craignons que le cataclysme suivant ne soit entraîné par la nature même, avec tous les tumultes sauvages qu'elle recèle, à moins que ce ne soit une apocalypse pire encore qu'un tremblement de terre ou un raz de marée : la vengeance finale de l'être humain contre la nature. Car, pour la première fois de l'histoire, nous sommes gagnés par le soupçon d'une mort générale et conjointe, de la nature avec nous-mêmes. Auparavant, quel que fût le défi, nous savions qu'elle nous survivrait, et c'était notre consolation. Aujourd'hui, nous pouvons déclencher cette catastrophe simultanée : Je meurs, et le monde avec moi. *Après nous, le néant**...

Je n'ai jamais cru dans un âge d'or bucolique auquel nous retournerions un jour pour recouvrer notre complétude originelle. L'âge d'or primitif, ce rêve d'Ovide que recueille, quasi *verbatim*, Don Quichotte en compagnie des gardiens de chèvres : « Heureux temps ! siècles bienheureux auxquels les Anciens donnèrent le nom de dorés, non parce que l'or – que l'on estime tant dans notre âge de fer – se trouvait alors avec bonheur, sans fatigue aucune, mais parce que l'on ignorait ces deux mots de *tien* et de *mien* ! En cet âge sacré toutes les choses étaient communes... Tout était pacifique alors, tout amitié, tout concorde... Il n'y avait ni fraude, ni tromperie, ni malice... »

C'est un rêve régressif, qui nous berce de l'illusion de ce qui n'a jamais été. Nous attribuons à la nature originelle des vertus que nous avons perdues et que nous voudrions rétablir. Et c'est un rêve révolutionnaire : retourner aux origines pour y trouver la promesse du futur. Celui-ci, finalement, devient l'incarnation de l'utopie. Et le retour à la nature est encore le rêve du Nouveau Monde. L'Amérique est inventée (désirée, découverte) par l'Europe pour que dans un *là-bas** idéal, un ailleurs, renaisse la société naturelle parfaite rêvée par la Renaissance : Thomas More, Campanella, Francis Bacon, Shakespeare, Cervantès. Mais la Renaissance elle-même, par d'autres aspects, en est la négation : la *realpolitik*, Machiavel, les Borgia et le pouvoir irresponsable ; les banquiers Fugger et les intérêts du capital ; Luther et les guerres nationalistes de Religion ; Isabelle, Ferdinand et l'intolérance raciale. Enfin, la terrible guerre de Trente Ans et ses Mère Courage traînant leurs haillons et mangeant les croûtons de leurs chimères dans la pièce de Brecht : dernière image de la Renaissance.

L'Amérique devient la contradiction de l'Europe, son Utopie. Mais *U-topos* est le lieu qui n'existe pas. Comment l'Amérique – qui existe bel et bien – peut-elle être le lieu de nulle part, sauf dans l'imagination ? Depuis Vespucci, Colomb et les Chroniques des Indes jusqu'à l'œuvre de Neruda, de Carpentier ou de García Márquez, nous apparaissons comme l'Utopie de l'Europe, du retour bienheureux à la terre des origines.

Neruda chante en général une idyllique Amérique préhispanique (mais à laquelle ces rustres de conquérants, tout en extorquant l'or des mines, ont laissé l'or du langage). Carpentier remonte dans le temps, en voyageant aux sources des civilisations, en amont de l'Orénoque [1]. Cepedant c'est García Márquez qui, après avoir décrit le paradis recouvré, ferme au cadenas les portes du retour. Les peuples qui ont vécu les *Cent ans de solitude* symboliques, n'auront pas une seconde chance sur la terre. Il n'y aura plus d'occasion de revenir à l'*u-topos*, même s'il reste une chance de bâtir une meilleure cité, une *civitas* latino-américaine. L'utopie retrouve alors son vrai visage : c'est un projet d'avenir.

Mais le rêve de l'âge d'or s'entête. Il doit y avoir eu un temps originel de concorde et de félicité naturelles. Même si nous vivons dans la disgrâce, nous avons dû naître dans la joie. Une mère très aimante, embrassant tous ses enfants sans préférence d'aucune sorte, a dû précéder ce maudit patriarcat imposant sa loi du plus fort, du droit d'aînesse, de l'héritage, de la propriété, des frontières et des guerres pour les défendre... Quand bien même cette thèse serait fondée, je ne pourrais m'empêcher de penser que matriarcat et patriarcat, comme œuvres humaines, sont parfaitement indifférents à la nature. Il se peut que nous souffrions des outrages que nous imposons à la nature, mais nous pouvons être sûrs que celle-ci se désintéresse souverainement de notre fragilité, de notre vulnérabilité, de notre disparition fatale... Le coucher de soleil ne sait pas qu'il est beau. Et le canyon du Colorado non plus.

1. Voir le roman d'Alejo Carpentier, *Le Partage des eaux*, trad. R. L.-F. Durand, Paris, Gallimard, 1955. (N.d.T.)

Je préfère battre le pavé des rues. J'aime mieux les villes, car elles ne se font pas plus d'illusions que moi sur notre permanence. Une cité est une tribu accidentelle, disait Dostoïevski. Soit, mais dans cette condition hasardeuse, dans cette circulation accidentée, je reconnais davantage ma condition mortelle, mon sort précaire, bien plus que dans une nature idéalisée jusqu'aux cimes de la félicité ou de l'immortalité, avant de se transformer en sommet de la plus affreuse barbarie. La beauté de la nature est trompeuse; la cité est hostile et ne le cache pas. La beauté naturelle peut être infidèle : le merveilleux masque d'un chaos primitif ou imminent. C'est pourquoi j'admire en la craignant cette ville comme réponse à la nature, lieu de turbulence et de jungle. Mais les villes ne tombent-elles pas facilement dans ce que nous craignons en milieu naturel : la *selva selvaggia*? Si. À ceci près que la jungle urbaine est *notre* créature.

Les villes sont en péril; les cités tombent à genoux, tombent malades, dépérissent. Notre siècle, comme aucun autre, a montré des capacités à éliminer des villes entières. Pas même Scipion, devant Numance ou Carthage, n'avait détruit avec autant de rage et d'efficacité que notre temps, de Sarajevo à Sarajevo, en passant par Verdun et Guernica, Stalingrad et Dresde, Hiroshima et Bagdad... L'histoire est urbanicide. Certains centres survivent; d'autres disparaissent à jamais. Il n'y a plus de Babylone. La capitale des Incas, Cuzco, est un spectre. La Tenochtitlán des Aztèques est un sous-sol tremblant sur lequel se dressent successivement les temples indigènes, le Mexico baroque, le néoclassique, le fer du XIXe siècle, puis la ville moderne. Et Rome ajoute peu à peu des couches quasi géologiques à la cité antique. Ce sont des villes en grande partie souterraines. Elles invitent à pénétrer leurs labyrinthes. On pourrait s'y perdre sans revoir jamais le soleil.

J'aime les villes qui, au lieu de s'enfoncer ou de se dissimuler, de se dérober, se montrent, s'étendent, se révèlent comme des joyaux sur du velours. En ce sens, Paris est la cité parfaite. Elle change, mais ne se cache pas. Elle s'étend, mais ne s'estompe pas. Nous, ses vieux amoureux, nous pouvons regretter la disparition de telle librairie, de tel café, de tel marché... Mais dans son essence Paris n'a pas changé. Les références littéraires et musicales sont toujours là. Un roman de Balzac est un roman de Proust est un roman de Mac Orlan. Un poème de Villon est un poème d'Apollinaire est un poème de Prévert. Et une chanson de Piaf, ou de Patachou, de Jean Sablon ou de Georges Brassens, de la merveilleuse Barbara, ne vieillit jamais. Les lieux sont cités et situés pour toujours au seul nom de Pigalle, de Montparnasse, de la rue Lepic, du pont Mirabeau ou de la place Dauphine où les feuilles mortes tombent à chaque instant.

Et comment cela ? Et pourquoi cela ? Est-ce une affaire d'histoire, de prestige, d'*esprit**, de continuité, d'évocations puissantes ? Non. C'est de la lumière. Dire « la Ville lumière » est un lieu commun que certains ingénus associent aux progrès de l'éclairage public. Ils ne voient pas qu'il s'agit plutôt d'un miracle. « Tous les après-midi, à Paris, une minute miraculeuse dissipe les accidents de la journée – pluie ou brume, neige ou canicule – pour laisser voir, comme dans un paysage de Corot, l'essence lumineuse de l'Ile-de-France », ai-je écrit dans *Une certaine parenté*.

Paul Morand, avec qui j'ai partagé la piscine de l'Automobile Club de France, place de la Concorde, me disait qu'il avait demandé, dans son testament, que sa peau fût utilisée comme valise... afin de voyager éternellement. Venise – ou les Venises – était une des villes préférées de celui qui s'appelait « le veuf de l'Europe [1] ». Pour l'écrivain français, plus qu'une cité, la résidence des Doges était la confidente de son âme taciturne, le portrait d'un homme dans mille villes différentes. J'ai vécu six mois en face de la Chiesa de San Bastian, décorée par Véronèse dans cette moitié des Venises qu'est le Dorsoduro, et je crois que cette ville a besoin de nos absences pour garder toute sa gloire, qui est celle de l'étonnement. Car nous, les humains, nous avons la constante capacité de transformer la merveille en routine. Quand je me suis rendu compte que je traversais Saint-Marc les yeux fixés sur la pointe de mes chaussures, j'ai déserté mon habitude, afin de retrouver l'étonnement et de me rappeler Venise et de l'écrire comme la ville où nulle trace de pas ne reste sur la pierre et sur l'eau. Dans ce lieu de mirages, il n'y a pas de place pour un autre fantôme que le temps, et ses foulées, ses empreintes sont insensibles. La lagune disparaîtrait sans la pierre à refléter – et la pierre sans l'eau où se refléter. Ils ne peuvent pas grand-chose, me disais-je, les corps passagers des hommes contre un tel enchantement. Peu importe que nous soyons solides ou fantomatiques. C'est égal. Car Venise tout entière est un spectre. Elle ne délivre pas de visas d'entrée à d'autres fantômes. Car nul, ici, ne les reconnaîtrait pour tels. Ils cesseraient donc de l'être. Aucun fantôme ne court un tel risque.

Après Venise et Paris, Prague et Cambridge sont

1. C'est ainsi que Paul Morand se définit dans *Venises*, Paris, Gallimard, 1971. (N.d.T.)

pour moi les plus belles villes d'Europe. Prague, la fiancée morte de l'Ultava. La ville abandonnée par ses écrivains : Rilke, Werfel, Kundera, les exilés partis pour rompre « le maléfice de Prague ». La ville des ghettos, des murailles de l'âme, des territoires interdits ; la ville des documents impersonnels, où le véritable langage est celui du passeport, de la carte d'identité, de la paperasse bureaucratique qui décide qui est une personne, qui ne l'est pas.

Je parle de la ville que j'ai visitée, au cours de l'hiver de 1968, avec Julio Cortázar et Gabriel García Márquez, pour soutenir notre ami Milan Kundera et l'impossible bataille pour le Printemps de Prague. Peut-être n'y a-t-il pas de ville plus admirable, ni plus triste, au centre de l'Europe. L'endroit le plus mélancolique est le vieux cimetière juif, un terrain exigu, resserré, assiégé par de vieux édifices noirâtres. Au lieu de s'étendre, ce cimetière se dresse : couche sur couche de cercueils, terre sur terre jetée. Un spectre géologique du monde hébreu de la Bohême. Feuilles mortes, terre noire, sombres tombes en désordre. Les sépultures de Prague sont à l'image d'un totem. Il faudrait creuser comme une taupe pour y trouver le dernier homme enterré. Il s'appelle Gregor Samsa. Suspendu au-dessus du vide de sa tombe qui est un précipice urbain, pieds et poings liés au-dessus du vide de Prague, la petite mère griffue, comme disait Kafka.

Mais, existe-t-il un autre espace urbain qui, avec une telle majesté, une telle harmonie, conserve dans toute sa pureté la physionomie de l'art, changeante et unique, qui va du haut Moyen Âge au baroque ?

Rien de plus différent de Prague que la beauté de Cambridge, dont les « épaules » *(the backs of Cambridge)* sont un collier de pierres précieuses, un défilé d'architectures sereines, pérennes, dont la louange s'égrène de St. Johns à Trinity, de King's College à Queen's et Peterhouse. Je ne crois pas qu'il existe un autre ensemble universitaire alliant tant de grâce, de tradition et de création. C'est l'université d'Érasme et de Samuel Pepys, de Wordsworth et de Byron. C'est là que se dresse l'arbre qui laissa tomber, gravement, la pomme de Newton. Mais si un artiste résume à mes yeux les secrètes symétries de Cambridge, c'est Christopher Wren. Et l'année la plus parfaite de ma vie, je l'ai passée à lire, à écrire et à regarder, depuis mon bureau, Trinity College sur le quadrilatère asymétrique de Neville's Court représenté par Wren. Je dis bien : une asymétrie qui, en rompant l'ordre apparent de Cambridge, ouvre la porte d'un mystère qui s'appelle architecture comme prophétie du passé... Cambridge assimile ses habitants – plutôt que ses visiteurs – à une vie de travail, de discipline et de plaisirs, tant dans la solitude que dans la compagnie. Jamais je n'ai vu d'étudiants mieux informés, plus éveillés que dans ces murs. Et la sérénité de l'architecture s'accompagne du ciel le plus vivace, le plus rapide que mes yeux aient contemplé. C'est un pur délice que de s'étendre dans l'herbe de Cambridge, les mains derrière la nuque, et de regarder passer ces promptes « nuées de gloire », disait Wordsworth dans le grand poème du romantisme anglais, *Le Prélude*, les comparant à « notre foyer » divin, avant que les ombres carcérales du monde ne commencent à nous encercler...

Grenade, Ronda, Cordoue, Salamanque, Saint-Jacques-de-Compostelle ; Oviedo, Avila, Cáceres. Mon rosaire de villes espagnoles va bien au-delà de la beauté architectonique ; c'est toute une conviction qui s'y joue. Et j'imagine la cité européenne idéale : architecture italienne ; cuisine française ; théâtre anglais ; musique allemande... et toute remplie d'Espagnols. Une ville se qualifie aussi par le nombre d'amis que nous y avons. Et, en dehors de l'Amérique latine, c'est en Espagne que j'en compte le plus. J'y suis chez moi, à Madrid, à Barcelone, à Majorque, à Séville...

Et je reviens toujours à Paris – une autre ville d'amis – car la vie et la beauté s'y fondent à merveille. Il n'est pas d'autre ville européenne où j'aie vécu avec plus d'intensité, au plan intellectuel, politique, amoureux. C'est là que naquit mon fils, c'est là que j'ai appris à aimer ma femme. Il y a des villes que je ne fais que visiter – celles du nord de l'Europe, ou des États-Unis ; et puis, il y a celles où je vis. Ainsi de Mexico : comme dans une sorte de masochisme amoureux, c'est la ville où j'ai le plus vécu. C'est mon clan, c'est mon histoire, mon supplice, mon asphyxie, mon épreuve, mon défi : revois-moi quand j'étais belle, jeune maîtresse de la Nouvelle-Espagne, ne me regarde pas à genoux, Vierge de Guadalupe, ou renversée comme une putain d'Orozco... Mexico :

« J'écoute les échos de timbales par-dessus le bruit des moteurs et des juke-boxes, au milieu du sédiment de reptiles couverts de joyaux. Les serpents, les animaux à histoire, sommeillent dans les urnes. Dans tes yeux brille la meute de soleils du haut tropique. Dans ton corps, un cercle d'épines. Ne te laisse pas aller, mon petit vieux ! Sors tes griffes, aiguise tes couteaux, ne cède pas, ne parle pas, ne t'attendris pas, ne regarde pas. Laisse émigrer toute ta nostalgie, tes petits tracas ; commence, tous les jours, à l'enfantement. Et reprends possession de la flamme au moment du grattement réprimé de guitare, imperceptible, au moment du piano mécanique de la rue, lorsqu'il semblerait que tous tes souvenirs deviennent plus clairs et s'ajustent. Reprends-en possession seul. Tes héros ne reviendront pas t'aider. Tu es venu à ma rencontre sans le savoir, à ce plateau de joyaux funèbres. C'est ici que nous vivons, dans les rues se croisent nos odeurs, de sueur et de patchouli, de brique fraîche et de gaz souterrain, nos chairs oisives et tendues, jamais nos regards. Jamais nous ne nous sommes agenouillés ensemble, toi et moi, pour recevoir la même hostie; déchirés ensemble, créés ensemble, nous mourons pour nous seuls, isolés. C'est ici que nous sommes tombés. Qu'y faire? Nous résigner, mon vieux. Voyons si quelque jour mes doigts touchent les tiens. Viens, laisse-toi tomber avec moi dans la cicatrice lunaire de notre ville, ville poignée de bouches d'égout, ville cristal d'effluves et givre minéral, ville présence de tous nos oublis, ville aux falaises carnivores, ville douleur immobile, ville de la brièveté immense, ville du soleil arrêté, des longues calcinations, ville à petit feu, ville dans l'eau jusqu'au cou, ville de la léthargie coquine, ville aux nerfs noirs, aux trois ombilics, ville du rire jaune et de la puanteur torve, ville raide entre l'air et les vers de terre, ville vieille dans la lumière, vieille ville dans son berceau d'oiseaux de mauvais augure, ville neuve près de la poussière sculptée, ville au bord du ciel géant, aux vernis obscurs, aux pierreries, ville sous la boue resplendissante, ville de viscères et de cordes, ville de la défaite violée (celle que nous n'avons pu nourrir à la lumière, la déroute secrète), ville du marché soumis, chair d'outre, ville reflet de la furie, ville de l'échec convoité, ville en tempête de coupoles, ville abreuvoir de la gueule rigide du frère trempé de soif et de croûtes, ville tissée dans l'amnésie, résurrection d'enfances, incarnation de plume, ville chienne, ville famélique, somptueuse cité, ville lèpre et colère enfouie, ville. Nopal incandescent. Aigle sans ailes. Serpent d'étoiles. C'est ici qu'il nous a été donné de naître. Que pouvons-nous y faire ? Dans la plus limpide région de l'air[1]. »

Londres me plaît et me convient : je peux y écrire en paix, car personne ne m'appelle, on ne me connaît pas. Je regarde par la fenêtre. Non, je ne sortirai pas dans la pluie opiniâtre. Voyage autour de mon bureau. Tropiques de papier. J'entends un téléphone insolite. Le répondeur se chargera de témoigner de mon absence. Je suis là. Je n'y suis pas. J'écris et récris. Tout ce que je dois entendre et comprendre, je l'apprends par la bouche de mes six ou sept amis anglais.

De toute façon, je ne peux quitter les villes qui m'ont vu grandir, qui m'ont marqué comme elles m'ont éduqué. Panama, qui se dit elle-même Cœur du Monde et Pont de l'Univers, alors qu'elle est seulement une balafre de mer sur un bras de forêt. Montevideo : je l'ai connue sans gratte-ciel, mais avec une grâce ancienne, parfaite capitale conçue par ses écrivains plutôt que pour eux : Felisberto Hernández, Juan Carlos Onetti, et le fantôme de Lautréamont... Quito et son doublon équatorial, où les habitants ne demandent qu'une chose : « Sur la terre, Quito, et dans le ciel une petite ouverture pour voir Quito. » Et puis la *ville des merveilles*, Rio de Janeiro où, je l'ai dit plus haut, j'ai appris la littérature sur les genoux d'Alfonso Reyes, car n'est-ce pas littérature que ce mensonge qui nous révèle la vérité dans une ville à deux faces, ce « fleuve

1. L'auteur reproduit ici un extrait du début de son premier roman, dont certaines phrases sont répétées textuellement à la fin. Voir *La Plus Limpide Région*, trad. R. Marrast, Paris, Gallimard, 1964. (N.d.T.)

de janvier, fleuve de janvier, qui fus fleuve et mer es devenu », que chantait Reyes ? Et puis Santiago du Chili, où pour moi ont fraternisé pour toujours poésie et liberté : Santiago du Front populaire, aux femmes aux regards de raisin mûr, aux collèges à la discipline britannique et où l'indiscipline du désir d'écrire devenait un ordre et une leçon de constance face à la contrainte accablante de démontrer tous les jours que Waterloo avait été gagnée sur les terrains de sport d'Eton... Et Buenos Aires où je suis devenu homme, où j'ai aimé, circulé librement, en lisant Borges ; où j'ai refusé de scander les consignes fascistes du régime et où j'ai compris pourquoi le tango « est une pensée triste qui se danse » et comment un homme pouvait tomber amoureux – jusqu'au déshonneur – de Mecha Ortiz ou de Tita Merello[1]. Près du fleuve couleur de lion, disait le poète Lugones, Buenos Aires fut fondée par deux fois. C'est la ville où se rencontrent l'Atlantique et la Pampa, aussi vastes l'un et l'autre, immenses visages sans traits, et qui donnent à Buenos Aires, cité privilégiée par l'éloignement, la distance, l'absence, la mélancolie d'être unique, le désir de ne ressembler à rien et de porter la croix de vouloir être une autre : Paris ou Babel. S'il n'est pas de ville plus solide, plus élaborée, plus « pensée » en Amérique latine, il n'y a pas non plus de cité plus évanouie dans la brume de son langage, de sa littérature, de sa musique vagabonde, il n'en est pas de plus blessée par ses promesses trahies, ses cruautés inconcevables, ses disparus, ses tortures, ses sévices que ne peuvent compenser la frayeur carnavalesque de ses dictateurs, ses saintes embaumées, ses danseuses présidentielles, ses sorciers dans les allées du

1. Deux actrices argentines.

pouvoir. Que Buenos Aires puisse endurer ces avanies et survivre malgré tout s'explique peut-être parce qu'elle est née par miracle, parce que les cannibales ne l'ont pas dévorée – et parce que les Portègnes sont de solides mangeurs de steaks. Construite à deux reprises, Buenos Aires pourrait renaître cent fois.

Washington fut la ville de mon enfance, avec des vacances d'été au Mexique – à la charge de mes formidables et vaillantes grand-mères. Et pourtant Washington est demeurée en moi comme un long été brûlant, faulknérien, avec une odeur de sueurs noires, de parcs décatis, de fleuves lents et lourds, de crèmes au parfum de framboise, de cinémas torrides où Hollywood cachait la misère de la Dépression derrière les ballets érotiques, enchanteurs, de Fred et de Ginger, ou la désopilante comédie anarchiste de Laurel et Hardy, la merveilleuse réinvention d'une Ève en version comique, accessible et ironique, sous les traits d'Irene Dunne ou de Carole Lombard, au lieu de l'inaccessible distance sexuelle des divas européennes, les Greta et les Marlene. Pourquoi ai-je tous ces souvenirs autour d'un été que j'ai à peine vécu là-bas, et non dans un long hiver où j'allais à l'école en traîneau et où je recevais chaque semaine, de la main de mon père, la récompense de deux inoubliables séances de ciné ?

Aujourd'hui, je déteste Washington. Tout ce qui était grand dans mon enfance est devenu comme un nain dans ma vieillesse : les parcs, les avenues, les maisons, la politique, les politiciens... Comparable à un grand cimetière de mausolées grecs, Washington, comme Buenos Aires, est une ville inventée de toutes pièces, sans préexistence. Mais si Buenos Aires conjugue la Pampa et l'Océan avec l'écriture de Cortázar, la musique de Discépolo et la voix de Goyeneche, Washington est juste un cimetière sur le grand néant de la route n° 1 qui va de l'Atlantique au Pacifique, de l'entrée européenne à la sortie asiatique, avec New York toujours plus répétitif, arrogant et grossier, mais aussi, paradoxalement, toujours plus amical, original et affable, mais enfin c'est toujours Gotham, la ville de l'insupportable énergie qui s'impose à nous, qui nous suce le sang, nous fait croire que sa vitalité est la nôtre, à nous passants passifs et abusés par le tourbillon de la Grande Pomme et de son cauchemar de cocktails où nul ne fait à personne l'aumône d'un regard ou de deux secondes de conversation, et où, pourtant, la projection d'un film comme *Hamlet* peut entraîner, à l'entracte, le débat le plus vif et pétillant d'esprit dans un public de jeunes gens...

Peut-être l'éloignement que j'éprouve aujourd'hui vis-à-vis de New York est-il dû à ma grande proximité d'autrefois. Le New York où j'ai vécu dans les années 1960 était comme un espace tribal de reconnaissance juvénile. Nous étions une bande d'amis : nous partagions les femmes, les lectures, les bars. La ferveur enthousiaste de l'époque nous cimentait. Tout comme la découverte mutuelle de la littérature latino-américaine par les Nord-Américains, et des lettres nord-américaines par les jeunes d'Amérique latine. Manhattan s'étendait jusqu'à la pointe de Long Island et sa tribu de jeunes dramaturges débordant de vitalité, jusque Martha's Vineyard, puis retour à la Deuxième Avenue pour atterrir dans le fief d'Elaine et de ses *habitués**, et les glorieuses filles qui étrennaient les minijupes, longs cheveux et corps ondulants au rythme du watusi entre les spots et la pénombre du Peppermint Lounge, avant l'aube mélancolique au son du génial Cannonball Adderley et de récompenser ce qui avait pu nous manquer comme nuit par de longs matins d'été dans des lits ombragés, laissant à peine passer une chaleur de juillet filtrée par les fraîches persiennes d'une jeunesse que nous pensions interminable... Comme je n'ai jamais retrouvé ce que je ne puis qu'évoquer, j'accuse injustement une ville que j'ai sentie tellement mienne et qui m'est devenue tellement étrangère. Qui joue aujourd'hui de la flûte africaine comme le mélancolique Frère Yusef Lateef, dans une cité livrée aux mondanités, à l'argent, au dédain darwinien ? Oh paradoxe : la première (et unique) puissance mondiale, si imbue d'elle-même, se paie le luxe de négliger l'information internationale. Les deux côtes exceptées – New York et Los Angeles –, c'est en vain que l'on chercherait des nouvelles du monde dans la presse ou à la télévision.

Et puis un jour terrible – le 11 septembre 2001 –, l'horreur s'éveille sur Manhattan, dissipe toutes ses liturgies égoïstes et ressuscite toutes les solidarités, tous les héroïsmes, toute la fraternité à l'heure du malheur. Pour combien de temps ? Je l'ignore. Mais ce que je sais, c'est que rien ne peut vaincre l'*énergie* de New York.

Il faut bien plus de temps pour voler de New York à Los Angeles que de Londres à New York. Mais Los Angeles est chaque fois plus perdu dans son enchevêtrement de routes et son indescriptible effroi : Comment est-ce possible ? C'est ici que finit l'Amérique, nous sommes au bout de la dernière frontière. Ici tout s'effondre dans la mer. Californie, *the slide area*. Et puis, au milieu du continent, brille une grande ville amoureuse, énamourée, une ville qui s'aime et se fait aimer du visiteur, Chicago, *That Toddlin' Town*, la ville « aux larges épaules », que célébrait Carl Sandburg[1], la ville des hommes qui font encore sortir et danser leur femme...

C'est l'espace nord-américain qui impose les généralisations de l'uniformité, le vide, l'immense plaine cafardeuse, l'ignorance, le manque d'information, le provincialisme. Mais c'est lui aussi qui pousse à chercher tout ce qui démentira le lieu commun, en célébrant la trouvaille d'une maison inconnue de Lloyd Wright dans les plaines du Middle West ; le merveilleux portrait de Pedro Romero, fondateur de la tauromachie moderne, signé par Goya, à Fort Worth ; la librairie la plus vaste et la plus complète du monde dans la baie majestueuse de Portland, Oregon ; Richard Ford dans une rue toute de simplicité, de souvenirs et d'élégances discrètes à La Nouvelle-Orléans, William Styron et son chien vagabondant sur les plages des vieilles îles baleinières du Massachusetts, le parfait martini servi à l'hôtel Plaza, Dorothea Straus conquérant chaque soir les rues de Manhattan de son pas d'amazone et en tenue de la *Belle Époque**, un bordel de tapettes chinoises à San Francisco, les manuscrits originaux des colonies de la couronne d'Espagne à la Bibliothèque Ann Arbor, les rires chantants et les seins brûlants des filles de Boulder, Colorado, le profil fier d'un étudiant d'origine mexicaine à San Antonio, Texas, l'odeur enivrante de l'encre, du bois, du cuir et du vernis à la Bibliothèque Widener de Harvard, l'ironique sagesse des grands démocrates, Arthur Schlessinger, John Kenneth Galbraith.

Une conclusion ? Les villes ne supportent pas d'être comparées. Et il y a bien des Amériques : c'est une

1. Voir *Chicago poems* (1916). (N.d.T.)

illusion d'uniformité qui cache des milliers de mystères mouvementés. Il y a l'« Amérique » qui se rêve à Hollywood comme Gene Kelly et Cyd Charisse : « Je danse, donc je suis. » Il y a l'« Amérique » qui s'affirme dans l'hégémonie pour découvrir la vanité du pouvoir *(Citizen Kane)*. Il y a l'« Amérique » qui pleure sans fin la perte de son innocence à Boston ou à Long Island (Henry James, Scott Fitzgerald). Il y a l'« Amérique » qui ne fut jamais innocente : la Natchez (Mississippi) de Richard Wright, le Harlem de James Baldwin. Et il y a l'« Amérique » qui fut toujours violente, corrompue et parfaitement indifférente aux idylles et aux rêves nationaux : le Los Angeles de Chandler, le Poisonville de Hammett.

Mais il y a encore une ville à laquelle je dois d'être passé de l'adolescence à l'âge adulte, d'avoir discipliné ma vie, ordonné mon esprit et organisé mon travail d'écrivain. Cette ville est Genève, ma mansarde incomparable sur la place du Bourg-du-Four, le *Forum Boarium* fondé par Jules César, avec en face le Café de la Clémence pour bavarder avec les amis, l'autre café avec vue sur le lac pour draguer des poules à la chevelure oxygénée et aux toutous de manchon, l'université pour rencontrer des filles parfumées de jeunesse et de surprise amoureuse, l'ambiance de discipline et d'*Ancien Régime** intellectuel de l'Institut des hautes études internationales et de sa Pléiade internationaliste (Brierly, Bourquin, Ropke, Scelle) qui m'ont accordé le privilège de leur enseignement, les librairies de la *Vieille Ville** pour acheter d'anciennes éditions des classiques français et pour les lire dans la paix de l'île de Jean-Jacques Rousseau, entre le Rhône et le Léman...

Villes de quiétude et de contemplation suprêmes. Séville, à l'équilibre maure, juif et chrétien. Oaxaca, couleur de jade, la seule ville au profil conjugal, indigène et espagnol. Berlin ressuscitée au milieu de rêves bercés par les cent lacs tout proches. Carthagène-des-Indes, cité parfaite des Caraïbes coloniales, fortifiée autrefois contre les flibustiers anglais, aujourd'hui contre les guérillas du narcotrafic : oasis miraculeuse d'un pays exsangue, un pays fantôme. Savannah, en Georgie, une ville sans doute inventée par Borges, avec des places d'où partent des rues qui vont vers d'autres places, d'où irradient d'autres rues encore, toujours plus nombreuses, dans un réseau géométrique infini, parfait, et finalement désolé comme un tableau métaphysique de Chirico.

Mais il n'est pas de ville sans climat. La température est la vengeance d'une nature qui, au bout du compte, ne peut être domestiquée ni par les toits ni par la rue, par les portes, la flamme de la cheminée ou la glace du congélateur. La nature environnante qui murmure : À toi de choisir. Nul n'échappe à ce dilemme : ou m'abandonner pour échapper à mon étreinte suffocante, quitte à devenir un orphelin errant, ou rester pour toujours dans ma selve sauvage et choyante, quitte à sacrifier les risques de la liberté...

Mexico : l'été arrivera dans un halètement de poussière épuisée. Londres : le printemps jaillira de deux seins juvéniles sous une gaze transparente. New York : l'automne portera une couronne d'or. Paris : l'hiver sera un quai de brumes.

Et là-bas, en dehors des villes, il y a des lacs et des voies fluviales, des forêts et des terres qui se meurent avec une rapidité sans précédent. En déséquilibrant la biosphère, nous pouvons condamner notre descendance à vivre et à mourir sans nature. « L'univers a besoin d'une éternité », écrivait Borges ; au ciel, ajoutait-il, les verbes *conserver* et *créer* sont synonymes. Aujourd'hui, sur terre, ils sont devenus antagoniques. *Conserver* et *créer* : les deux verbes ennemis du nouveau siècle qui s'avance.

Vélasquez

L'artiste interroge. La représentation peut adopter mille tournures différentes. Laquelle désirez-vous ? La figuration de ce qu'il fut, de ce qu'il est ou de ce qu'il sera ? Et quel sera le lieu : celui de son origine, de son destin ou de sa présence ? Quels seront les temps, quels seront les lieux ?

Dans l'art byzantin des icônes, symbole extrême, culminant de la peinture médiévale, la réponse à ces questions éternelles de l'art est univoque : le temps de la peinture est un seul et même temps, l'éternité propre à une seule figure, Dieu, le *Pantocrator*. Le regard du Créateur byzantin, à l'image de la circonférence de Pascal, est partout et nulle part. Il nous regarde et nous le regardons, mais une barrière – la divinité – nous sépare. Il est ici et en tout lieu. Demain, nous ne serons plus ici, mais lui restera toujours partout, pour les siècles des siècles.

Ils ont sans doute raison, ceux qui, comme Fernando Botero, voient dans l'œuvre de Giotto la grande révolution moderne de l'art. Au lieu de la distante vénération byzantine, Giotto donne à la peinture l'immédiate passion italienne et, faut-il le dire ? franciscaine. Car le choix personnel, passionnel, de saint François d'Assise est matière de religion et de vie, c'est le frère de l'*engagement** passionnel que Giotto introduit en peinture. Et celui qui vient consolider cette révolution s'appelle Piero Della Francesca. Les fresques d'Arezzo et de Sansepolcro arrachent définitivement la peinture à la paralysie divine et au regard frontal. Les figures de Piero, parfois, rêvent – elles se risquent à rêver, comme les gisants de Sansepolcro. Mais, surtout, elles ont l'audace du regard. Sur les murs d'Arezzo, les figures osent regarder hors du tableau, au-delà des limites formelles de l'œuvre, vers un horizon ou une personne que nous ne voyons pas. Mort en 1492, l'année même de la grande Découverte, peut-être Piero regarde-t-il aussi loin que le *Mundus Novus* auquel donnera son nom un autre Italien, Amerigo Vespucci. C'est comme si Piero nous disait : Je vais peindre une place à la profonde perspective, mouvante comme le temps où naissent, déambulent et disparaissent les êtres humains, et fuyante comme l'espace où vont s'accomplissant, par la main des hommes, les desseins de Dieu. Voici les maisons, les portes, les pierres, les arbres, les hommes en chair et en os, et non plus l'espace sans relief et le temps sans horloge du Dieu Créateur originel. Voici l'espace comme lieu et le temps comme cicatrice de la Création. À partir de Giotto et de Piero, le peintre peut dire : Regardez, aveugles que vous êtes, je peins pour regarder, je regarde ce que je peins et, en le peignant, ce que je peins me regarde et finit par vous regarder, vous qui me voyez regardant ma peinture. « Oui, dit Julián, le peintre de mon roman *Terra Nostra*, seul le circulaire est éternel et seul l'éternel est circulaire, mais dans ce cercle éternel tiennent tous les accidents, toutes les variétés de la liberté, qui n'est pas éternelle mais instantanée et fugitive. »

Le paradoxe veut que la liberté de la Renaissance trouve son apogée chez un peintre de cour espagnol, qui exécute des œuvres de commande et profite de la protection royale pour conduire aussi loin que possible la liberté de l'artiste et révolutionner l'art lui-même. Comme Cervantès avec le *Quichotte*, Vélasquez, dans *Les Ménines*, tire parti des restrictions de son temps et de son espace non seulement pour s'en moquer – une affaire commode –, mais pour créer, à côté de la vérité orthodoxe ou révélée, une autre réalité, fondée cette fois sur la liberté de l'imaginaire – un sujet beaucoup plus ardu. Si l'orthodoxie de la Contre-Réforme exige une position unique, Cervantès en littérature et Vélasquez en peinture multiplient les points de vue. En apprenant à Barcelone que leurs aventures ont été rendues publiques – ont été publiées –, Don Quichotte et Sancho se savent lus et vus par les autres. Les autres nous entourent. Nous lisons et sommes lus. Nous regardons, on nous regarde.

Dans *Les Ménines*, nous surprenons Vélasquez au travail. Il est en train de faire ce qu'il aime (et ce qu'il veut), ce qu'il sait (et ce qu'il peut) : peindre. Mais ce n'est pas un autoportrait d'un artiste peignant. C'est un portrait du peintre qui travaille et regarde ce qu'il peint, bien plus, qui sait qu'il est vu aussi bien par les personnages qu'il dessine, que par les spectateurs qui, de l'extérieur du tableau, le regardent peindre. Voilà la distance nécessaire, mais peu commode ou imparfaite, que Vélasquez a dessein de supprimer, en introduisant le spectateur dans le tableau et en projetant le tableau hors de son cadre, dans l'espace immédiat, présent, de nous qui le regardons.

Et d'abord, que peint-il, Vélasquez ? L'Infante, ses duègnes, la naine, le chien assoupi ? Ou est-ce le chevalier de noir vêtu qui apparaît à l'entrée de l'atelier – de la peinture – sur un seuil dans un rai de lumière ? Ou bien Vélasquez est-il en train de peindre les deux figures qui se reflètent, opaques, dans un trouble miroir perdu dans le coin le plus obscur de l'*atelier** : deux figures qui sont le père et la mère de l'Infante, les rois d'Espagne ? L'artiste nous donnerait ainsi, suivant la célèbre interprétation de Michel Foucault, « la place du roi ».

Nous pouvons croire, en tout cas, que Vélasquez est devant nous, le pinceau dans une main, la palette dans l'autre, peignant le tableau que nous avons sous les yeux, *Les Ménines*. Nous pouvons le croire – jusqu'à prendre conscience du fait que la majorité des figures, à l'exception du chien somnolent, nous regardent nous : toi et moi. Est-il possible que *nous* soyons les véritables protagonistes des *Ménines*, le tableau que Vélasquez, à l'instant même, est en train de peindre ? Car si Vélasquez et toute la Cour nous invitent à entrer dans la peinture, il ne fait aucun doute que, par la même occasion, le tableau fait un pas vers nous. Telle est la dynamique de ce chef-d'œuvre. Nous sommes libres de voir la peinture et, au-delà, le monde, de façon multiple, et non pas unique et dogmatique, orthodoxe. Et nous sommes conscients que la peinture et le peintre nous regardent. À l'image des commensaux du *Déjeuner sur l'herbe** de Manet, objet de scandale en son temps parce que deux hommes tout habillés et une femme toute nue *nous regardent*. Y aurait-il eu un scandale s'ils ne nous regardaient pas, s'ils tournaient les yeux vers le bois ou les abords de leur lieu de pique-nique ? La boucle est bouclée. L'icône regardait l'éternité, frontalement. Piero Della Francesca regarde sur le côté, au-delà des limites formelles de la peinture. Et Manet reporte les yeux sur nous, non pas du fond de l'éternité, mais dans la pure actualité. Braque et Picasso, enfin, multiplieront les regards dans toutes les directions, simultanément, aussi bien le regard du sujet traité sur la toile, que le nôtre, tourné vers ce sujet que nous découvrons sous tous ses angles.

C'est pourquoi Vélasquez se trouve au centre et au sommet, à la base et à l'horizon de la peinture moderne. Rappelons que ce tableau qu'il est en train de peindre, la peinture dans la peinture, nous tourne le dos et n'est pas terminé, que nous ne le voyons pas tant que nous prenons l'œuvre pour achevée. Mais, entre ces deux évidences centrales, s'ouvrent deux vastes espaces riches en surprises. Le premier est celui de la scène originelle du tableau. Vélasquez peint, l'Infante et ses duègnes sont surprises à nous regarder, le chevalier franchit le seuil éclairé, le roi et la reine se reflètent dans le miroir. Cette scène a-t-elle eu lieu ? Les figurants ont-ils posé ? Ou Vélasquez a-t-il imaginé tout ou partie de ses éléments ? Et le second espace est occupé par une autre question : le peintre a-t-il achevé sa peinture ? Non seulement celle qu'il est en train d'exécuter, devant nous, mais le tableau pré-vu. Le philosophe espagnol Ortega y Gasset nous rappelle que Vélasquez, en son temps, ne fut pas un artiste populaire [1]. On l'accusait de présenter des peintures inabouties. Quevedo l'accuse même de peindre de vagues « taches distantes ». Aujourd'hui, nous pouvons observer de plus près que le « réalisme » de l'artiste naît

1. Voir José Ortega y Gasset, *Vélasquez et Goya* (1943). (N.d.T.)

d'une multitude de coups de pinceau abstraits. Vus de près, ses tableaux se décomposent en splendide abstraction picturale, méticuleuse, libre et, dirais-je, autosuffisante. Je ne propose certes pas de découper en petits morceaux une toile de Vélasquez, mais de nous approcher d'elle avec le regard le plus attentionné, le plus curieux, microscopique. C'est alors que nous apprécierons la minutie, la liberté et la discipline de ce « peintre de la peinture », comme l'appelait Ortega, en précisant au passage que Vélasquez, plutôt qu'un réaliste, est un maître qui dé-réalise, et ces déréalisations sont innombrables, voire opposées. Mais dans tous les cas il y a une présentation qui est une visitation au sens donné par Henry James à ce terme : le pouvoir exercé par une présence intangible. Vélasquez – pour revenir à l'analyse d'Ortega, précurseur des théories de Foucault – nous rappelle qu'avant lui la peinture simulait un monde lointain, étranger, immunisé contre le temps, une « faune d'éternité ». Contrairement aux affirmations de l'Espagnol, cette « faune d'éternité, à mon sens, correspond à l'art antérieur à la Renaissance, non à l'auteur de *La Reddition de Breda*, mais je partage son opinion quand il écrit que “Vélasquez peint le temps même de l'instant qui est l'être dès lors qu'il est condamné à cesser d'exister, à être transitoire, à se corrompre” ».

Dans *Les Ménines*, Vélasquez établit un principe de l'art moderne. Le reproche qui lui fut adressé de son vivant – de peindre des œuvres inachevées – est aujourd'hui le signe même de son actualité et, ajouterais-je, de sa liberté. Vélasquez dépose l'œuvre dans le regard du spectateur. À lui non pas de la conclure, mais de la continuer... Mallarmé disait qu'un poème ne commence et ne se termine jamais; qu'il fait semblant.

Cette feinte ou fiction de l'œuvre ouverte à ce qui la précède et à ce qui la suit moyennant le regard de l'instant, est la grande, éternelle leçon du plus grand peintre espagnol de tous les temps.

Vélasquez ne finit pas ses œuvres. Il les ouvre à notre liberté. Mais il nous dit aussi, avec une force visuelle incomparable, qu'en ce monde rien n'est achevé, entièrement conclu. Pourquoi ? Parce que nous, les hommes et les femmes, nous n'avons pas bouclé le chapitre de notre histoire, si près que nous soyons des frontières de la finitude ou de la certitude. Inachevés jusque dans la mort, oubliés ou remémorés, aujourd'hui même nous contribuons à un passé que nos descendants devront garder vivant s'ils veulent avoir un futur.

L'éternelle ouverture de Vélasquez, dans sa nouveauté, répond à l'inquiétude contemporaine autour de la disparition des avant-gardes artistiques. Elles sont mortes parce qu'elles ont fini par penser que l'art « progressait », qu'il faisait partie d'un mouvement général de la modernité vers la liberté politique, le bien-être économique et social. Et quand, au XXe siècle, le progrès s'est arrêté tout net, assassiné par l'horreur idéologique ou la violence physique, les avant-gardes se sont évanouies. Mais la singularité des vraies œuvres d'art s'est imposée.

Un marxisme simpliste, à l'opposé de la complexité des opinions de Marx en matière esthétique, a répandu l'idée d'un art qui progressait. Or, pour commencer, l'auteur du *Capital* faisait remarquer « la relation inégale entre le développement de la production matérielle et celui de la production artistique ». L'art procure un plaisir qui transcende les formes de développement social dominantes au moment de sa création.

« Et comment le plaisir esthétique peut-il se maintenir, alors que l'œuvre, comme pur reflet d'une forme sociale depuis longtemps dépassée, ne devrait plus intéresser que l'historien ? » se demande l'auteur des *Grundrisse (Principes d'une critique de l'économie politique)*. Dans le même ouvrage, il nous rappelle que l'art grec est enraciné dans certaines formes de développement social. Mais il continue à nous donner du plaisir esthétique et à constituer, sous certains aspects, « une norme et un modèle inaccessible ». L'invention de la poudre à canon, commente Marx avec une ironie qui échappe à bien des marxistes carrés dans leurs convictions, ne rend pas obsolète un personnage comme Achille, pas plus que l'invention de l'imprimerie n'a condamné à mort l'*Iliade*. Les progrès industriels ne feront pas taire le chant de la muse épique, conclut-il.

Karel Kosik, éminent critique marxiste de l'ancienne Tchécoslovaquie, éclaira davantage encore la question. Au sein de son unité indivisible, chaque œuvre d'art présente un double caractère. Certes, elle est expression de la réalité, mais elle façonne aussi une réalité propre. Et, reprenant alors l'interrogation de Marx sur le plaisir esthétique indépendant des conditions sociales de l'apparition de l'œuvre, il note que Dante est bien plus qu'un poète qui participa aux luttes florentines entre guelfes et gibelins au XIIIe siècle. Kafka n'est pas seulement un Juif de Prague tyrannisé par son père. Le marxisme et le psychologisme élémentaires croient que la base sociale ou psychique, prédéterminée par la base économique ou familiale, détermine à son tour l'œuvre d'art. Kosik résout le dilemme : si l'œuvre survit à ses conditions originelles, c'est parce qu'elle exige toujours une nouvelle interprétation, porteuse de significations multiples.

(Kosik le marxiste fut traqué puis jeté en prison par la tyrannie soviétique qui envahit son pays en 1968. Tous ses manuscrits furent confisqués ; le philosophe dut les reconstituer de mémoire.)

Mieux que tout artiste, Vélasquez nous montre la façon dont une œuvre, qui est à l'origine un simple fait (le portrait des *Ménines* commandé en 1656, sous le règne de Philippe IV, dans une Espagne absolutiste et décadente), devient un événement : nous pouvons apprécier ce tableau comme notre contemporain, et il le sera encore pour son admirateur dans cent ans.

Si la politique, l'économie ou la société pouvaient épuiser la signification d'une œuvre, celle-ci, nous dit Yves Bertherat, deviendrait illisible (ou invisible) dès la génération suivante, « sauf pour les érudits du passé ». Car l'autre face de la monnaie consiste à croire que l'art « progresse » et que les avant-gardes sont le moteur de ce progrès. Aujourd'hui que les avant-gardes sont mortes et enterrées, que la notion de progrès comme condition inéluctable d'une ascension humaine dans la perfectibilité (Condorcet disait que le progrès ne pouvait s'arrêter, qu'il n'aurait pas d'autres limites que celles « de la durée de l'univers ») est morte également, la conscience de nos limites nous repose la question : Peut-il y avoir encore une nouvelle aventure, non pas au plan technique ou scientifique, mais comme promesse de bonheur dans l'histoire ?

Les catastrophes du XXe siècle ont conduit beaucoup d'entre nous à chercher refuge, à nouveau, dans une nature idéalisée. Même si certains l'ont évoquée à merveille, les grands artistes ne sont pas vraiment nostalgiques de la nature. Ainsi, la peinture est une forme de confinement, de *retraite* paradoxale du monde naturel. Comme la lumière des fenêtres de

Vermeer, venue de l'extérieur, certes, mais pour éclairer l'intérieur. Dans *Le Radeau de la Méduse**, Géricault mène ce double dépouillement jusqu'à son extrémité. L'esquif des naufragés est fouetté, menacé par une nature déchaînée, une mer dont les vagues sont comme des ogres liquides, prêts à dévorer cette minuscule et hallucinante *retraite* humaine, au milieu d'une vaste prison naturelle. C'est avec raison que Buñuel s'est inspiré de ce tableau dans un de ses plus grands films, ce démon de la réclusion qu'est *L'Ange exterminateur*. Nous vivons sur le fil du rasoir d'une nature et d'une culture contiguës, mais séparées, qui nous invitent constamment à nous unir dans les intempéries de l'une ou sous la protection de l'autre.

Rappelons le défi de Schopenhauer : « Essayez donc une seule fois d'être purement nature. » L'horreur éprouvée par le philosophe devant le monde naturel vient du fait que jamais celui-ci ne pose le regard sur nous. C'est un lieu de perpétuelle agitation tumultueuse. Mais c'est aussi, commente un autre philosophe allemand, Schelling, « la base incompréhensible de la réalité ».

Une de ces réalités est l'art, et celle qui s'éloigne le plus – et volontairement – de la nature est la peinture de Vélasquez, l'artifice extrême qui ose dire son nom.

« Regardez mes figures hors du tableau qui les fixe provisoirement, dit le moine peintre de cour dans *Terra Nostra*. Regardez au-delà des murs de ce palais, au-delà des plaines de Castille... plus loin que ce continent épuisé, que nous avons outragé avec nos crimes, nos invasions, des convoitises et des luxures sans nom, et sauvé, peut-être, avec quelques constructions harmonieuses et une poignée de mots impalpables. Et regardez au-delà de l'Europe, vers ce monde que nous méconnaissons, et qui nous ignore, mais qui n'en est pas moins réel... Et quand vous, mes figures, vous serez lasses, à votre tour, de regarder, cédez votre place à de nouvelles figures pour violenter la norme que vous aurez fini par consacrer. Disparaissez de ma toile, que d'autres portraits vous remplacent. »

Ces mots pourraient être ceux de Vélasquez, dans son dialogue éternel avec le passé comme avec le futur de la peinture. Nul mieux que lui n'a su que nous serons toujours aveugles sans le savoir, à quel point nous avons besoin de vision. C'est pourquoi, alors même qu'elle nous menace, la nature nous réconforte. Elle est là : nous la voyons. Et c'est aussi pourquoi l'art nous inquiète et nous provoque, parce qu'il n'est pas là. Il est ailleurs, nous devons l'imaginer. Le comprendre, c'est savoir pourquoi, dans mon credo, Diego de Silva y Vélasquez est au centre de l'art.

Wittgenstein

Je crois en Wittgenstein parce qu'il sème le doute dans toutes nos idées fixes, nos vérités toutes faites, parce qu'il nous oblige à tout repenser, y compris ce que nous n'aimons pas réinterroger, parce que cela fait partie de notre architecture mentale et de notre armature morale. C'est le philosophe du XXe siècle, que cela nous plaise ou non. Il va jusqu'au cœur du langage, donc de la littérature, parce qu'il peut admettre l'indicible.

L'emphase traditionnelle du philosophe a son siège dans la pensée et la perception des sens, transférées vers le trône de la raison. Wittgenstein, quant à lui, opère un déplacement vers le langage, dans lequel il distingue deux versants. Le langage comme représentation de faits et mesure de propositions. Ou le langage comme conducteur d'émotions. Distinguons bien, nous demande l'austère et monacal millionnaire juif viennois spolié, dans une pièce vide et sans un sou en poche. Distinguons, dit-il du fond de sa pauvreté offensive, de son inquiétant détachement, de sa vaniteuse humilité. Évitons de confondre. La sphère de la valeur et du sens ne dépend ni de faits ni de propositions qui font partie du discours rationnel. La valeur est le domaine du paradoxe et de la poésie. Séparons le discours rationnel du monde de l'éthique et de l'esthétique, et nous obtiendrons une claire démarcation, puisque, ce faisant, nous restituerons la rationalité objective à la science, sans illusions humanistes ou digressions métaphysiques, et nous comprendrons la subjectivité de l'éthique / esthétique, qui se communique seulement de façon indirecte, moyennant la poésie, la fable, le mythe. C'est pourquoi l'indicible seul a de la valeur, si nous entendons par « indicible » ce que jamais ne peut dire le discours propositionnel. Pour la pensée positiviste, si dominante, paradoxalement, sur un continent de mythes et de fables comme le Nouveau Monde, le silence est inconcevable. Seuls existent ce qui peut être dit et ce qui ne le peut pas. (Ou, politiquement parlant, ce qui doit se dire et ce qui ne le doit pas.) Mais cela se traduit par l'exil de ce qui compte vraiment, qui est précisément ce que nous ne pouvons *pas* dire rationnellement. Le silence de la raison n'engendre pas de monstres. Il nous indique simplement que l'indicible en termes philosophiques constitue le *dit* en termes esthétiques.

L'écrivain sait que Wittgenstein a raison. L'historien, l'économiste, le juriste, l'homme de science ne l'entendent pas de cette oreille. Pour eux, Napoléon a envahi la Russie en 1812, point final. Bien mal acquis ne profite jamais. Deux et deux font quatre. La cause est entendue. Mais, pour l'écrivain, Napoléon envahit la Russie autrement, chaque fois qu'un lecteur ouvre *Guerre et paix*. L'or, dans *Timon d'Athènes* de Shakespeare, est un « esclave jaune... qui élève les voleurs, leur donnant force titres, leur distribuant génuflexions et approbations ». La justice, comme le notait Francis

Bacon, peut n'être qu'une vengeance barbare. Et, pour Lewis Carroll, deux et deux ne sont *jamais* quatre. En littérature, tout est plurivoque. La poésie vit sous le signe multiple. Une rose est une rose est une rose... disait Gertrude Stein, avec un visage de joueuse de poker. Mais quand le poète mexicain Carlos Pellicer[1] déclare : « Ici n'arrivent pas de choses / plus importantes que les roses », la fleur se transfigure comme celle dont rêvait Coleridge et qu'il trouva, en s'éveillant, sur l'oreiller[2].

Ma lecture de Wittgenstein ne rend pas caduque celle d'autres philosophes ; elle la transfigure. Le style même de Nietzsche – ses fameux aphorismes – suppose le refus de créer un « système » philosophique qui requiert, pour se présenter tout armé devant le monde, d'indiscutables prémisses. Pour Nietzsche, les « systèmes » de pensée sont « délectables, mais erronés ». Ces grandes constructions ne sont pas capables de critiquer leurs propres présupposés ; elles s'effondreraient. Nietzsche se propose plutôt d'écrire des aphorismes qui, chaque fois, contiendraient la totalité ou pourraient l'éclairer. La concision même du genre aide à voir les choses sous un angle différent, à sortir des innombrables prisons où les systèmes philosophiques emprisonnent la pensée. Dans *Le Gai Savoir*, il affirme qu'il est « méprisable » de ne pas questionner. Dans un monde aux vertus épuisées, il est nécessaire de soumettre au bistouri tout ce qui passe pour vertueux. Il y a

1. Figure majeure de la poésie mexicaine du XXe siècle, Pellicer fut également le fondateur du parc archéologique de La Venta, haut lieu de l'art olmèque. (N.d.T.)

2. Allusion au texte de Borges, « Le rêve de Coleridge », dans *Œuvres complètes*, t. 1, Bibliothèque de la Pléiade, 1997. (N.d.T.)

plus d'idoles que de réalités en ce monde. Et les convictions sont souvent des prisons. Comme si l'univers entier se réduisait à l'une de ces geôles, splendides, certes, mais géométriques et profondément enfouies, que dessinait Piranèse. Sortir de prison : c'est peut-être ce que nous propose Nietzsche, en luttant contre les idées reçues, contre la complaisance, contre l'existence comme pur *accident* ou comme *négligence*.

La quête nietzschéenne est aussi ardue que la question qu'il se pose encore dans *Le Gai Savoir* : « Que te dit la conscience ? Que tu seras l'homme que tu es. » *L'homme que tu es*, révélé ou mis à nu par le passage de la négation à la différence, de la réaction à l'action, du ressentiment au sentiment. Bien sûr, cette conversion requiert don, sacrifice, éducation, valeurs. Mais aussi, chez Nietzsche, une forme de scepticisme, de désenchantement. « Il n'est point d'harmonie préétablie entre le développement de la vérité et le bien de l'humanité. » Croire que tout a un sens conduit à constater, finalement, le contraire. Il n'y a pas de relation causale entre le bonheur et l'histoire. L'histoire objective a pour habitude de se transformer en « furieuse subjectivité », car le héros montre à l'homme sa grandeur, mais l'homme n'est pas capable de la supporter – ni le héros de la maintenir. D'où la violence historique du héros, qui se sent incompris de ses concitoyens. Le héros tyrannise l'homme parce que l'homme ne peut comprendre – ni apprécier – le héros.

Avec Nietzsche, la dialectique hégélienne et marxiste cesse d'être optimiste aussi longtemps que l'histoire ne l'a pas vérifiée. Il existe peu d'autres penseurs (s'il en est) auxquels on ait prêté tant de choses qu'ils n'ont pas dites, ou que l'on ait dépossédés si souvent de propos qu'ils ont tenus. Nietzsche raciste ? « Là où les races se mêlent, fleurissent les grandes cultures. » Nietzsche chauvin ? « La Grèce est originale parce qu'elle ne se ferme pas à l'Orient. » Nietzsche germanophile ? « Les victoires militaires du Reich n'impliquent aucune supériorité de la culture allemande. Au contraire, la déification de la réussite germanique peut signifier la mort de l'esprit allemand » *(Considérations inactuelles)*. Nietzsche antisémite ? « Pour moi c'est une question d'honneur : il est absolument clair et net que je suis opposé à l'antisémitisme » (lettre 479 à Franz Overbeck). Et si Wagner affirme sans ambages que les métissages sont « ignobles », que l'Allemagne serait pure « si elle se libérait des Juifs », et que « la race juive est l'ennemie naturelle d'une humanité pure et noble », Nietzsche rompt avec le compositeur parce que, notamment, celui-ci « fut condescendant avec les Allemands et se transforma en impérialiste allemand » *(Ecce Homo)*.

Je pourrais continuer la liste des déformations imposées à la pensée de Nietzsche, surtout par sa sœur Elizabeth, à qui son frère a dû souhaiter qu'elle se perdît pour toujours au Paraguay – mais qui revint, plus assurée que jamais, pour censurer, interdire, déformer ou forger ce qui convenait à ses préjugés (ou à ses phobies), profitant de la réclusion et de la mort de l'auteur de *Zarathoustra*. « Je suis peut-être un mauvais Allemand, écrivait Nietzsche à Overbeck, mais en tout cas je suis un bon Européen. »

Un penseur aussi radical, aussi contradictoire à l'occasion, voire intolérant, devait forcément susciter le scandale, l'opposition, les manipulations. Je vois en lui non seulement le sceptique qui refuse les tentations faciles de l'histoire, mais l'être vital qui célèbre « la joie de l'affirmation » et qui, devançant à sa façon Wittgenstein, nous dit que, lorsque la logique épuise l'espérance, il apparaît une nouvelle forme de connaissance qui réclame « la vertu préventive de l'art ».

Suivant la classification de Nicolai Hartmann, Nietzsche est davantage un « philosophe à problèmes » qu'un « philosophe à systèmes ». En quoi il s'apparente à Platon, un autre philosophe que Wittgenstein m'aide à éclairer. À l'image du langage littéraire comme une conque marine où l'on écoute ce que la logique ne dit pas, selon Wittgenstein, ou à l'instar de la connaissance de l'art qui apparaît quand la logique s'épuise, chez Nietzsche, je songe au problème littéraire de la nomination dans l'œuvre de Platon. Le *Cratyle* est peut-être le premier ouvrage de critique littéraire, et son axe est une discussion sur la signification des vocables. Cratyle soutient que toutes les choses ont un nom juste, qui leur est donné par la nature ; autrement dit, le nom est inhérent à la chose, indépendant de toute convention. En revanche, Hermogène affirme que le nom est un pur produit de la convention : le nom donné à une chose peut être changé, il sera toujours considéré comme le mot juste. Mieux encore : une même chose peut être nommée de cette manière par une personne, et d'une manière différente par une autre. Rien n'est intrinsèque au nom. Tout est conventionnel.

Socrate, quant à lui, suppose qu'il existe un législateur des noms, qui les distribue en accord avec la nature des choses. Mais cette loi admet trop d'exceptions. Les qualités d'une personne peuvent être opposées au nom qu'elle porte. Et si ce sont les dieux qui nous baptisent, le fait est que nous ne savons pas comment ils s'appellent eux-mêmes, comment ils se nomment entre eux. Tout ce que nous savons, c'est que nous les appelons Zeus, Cronos ou Héra. Mais trop souvent, le nom est un masque, surtout quand celui qui le porte est messager d'un secret. Ainsi, Hermès apporte un message : il porte le pouvoir du langage et le fait circuler, mais ce langage peut être vrai ou faux. L'important est que le langage glisse, qu'il se meuve sans cesse, et que la sagesse (Sophia) touche cela même qui change sans arrêt, baptisant les choses prompte comme l'éclair. Le nom a donc l'intention de montrer la nature de la chose qu'il désigne. Mais le nom appartient plus encore au processus même du langage : la formation de lettres, de syllabes, de noms, de verbes, de phrases. Et cette nomination accompagnant le flux des choses, peut-elle échapper au flux du temps ? Pouvons-nous être certains que le nom correct dénote la nature du signifié ? Socrate nous prévient qu'il « est possible d'assigner des noms incorrectement », et de finir par créer de fausses propositions, de faux langages, un verbe tout entier masqué.

Cela étant posé, Socrate propose de chercher un autre principe plus sûr. Celui-ci, au bout du compte, ne consiste ni à connaître le nom « naturel » ou intrinsèque d'un monde en mouvement, ni à se livrer au caprice d'une pure convention nominale, mais, de façon plus lucide, plus humaine et plus authentique, à nommer les choses en accord avec la relation qui s'établit entre elles. Si Socrate refuse la formule d'Héraclite, immergée dans le flux interminable de toute chose, il rejette également la convention dérivée d'une essence que nous ignorons. Avec bien plus de liberté, de véracité – et d'actualité –, Socrate nous invite à veiller à *la relation entre les choses*, à la manière dont elles se reconnaissent et agissent entre elles. Tel est en vérité le nom des choses : ce qui les relie.

Un grand philosophe espagnol d'aujourd'hui, Emilio Lledó, voit dans les dialogues platoniciens une critique permanente du langage. J'ai évoqué ailleurs le paradoxe du langage comme expression du silence rompu d'abord par un son animal, le *mugissement* du troupeau qui, selon Erich Kahler, se retrouve dans l'étymologie du mot « mythe » : mugir, marmotter, murmurer, musarder – mais aussi mutisme. Le verbe grec *muein* (fermer, fermer les yeux, d'où proviennent « mystère » et « mystique ») a la même racine. Ainsi, le processus linguistique décrit par Kahler consiste à donner au mot une signification opposée. Le *mutus* latin, « muet », devient en français le *mot**, et l'onomatopée *meuh*, le son inarticulé, devient le grec *mythos*, c'est-à-dire la parole. Giambattista Vico, le philosophe du royaume espagnol de Naples et des Deux-Siciles, dans sa *Scienza nuova* de 1725 nous dit ceci : Nous ne connaissons que ce que nous créons, et ce que nous créons en premier lieu est le langage, base de toute connaissance humaine. La dynamique linguistique est un processus de tours et de détours *(corsi e recorsi)* qui permet de comprendre le devenir de l'histoire, en descendant d'abord aux tréfonds obscurs de ses propres tâtonnements, pour monter ensuite à la lumière de sa propre idée, qui est sa propre nécessité.

Lledó voit également dans le langage le lien actif, créateur, de la société, son *liant*, à partir de quatre stades d'évolution. Le lien primaire de la nécessité : chasse, cueillette et pêche, la communication nécessaire à la subsistance. La nécessité crée le langage, le langage forge des images et celles-ci peuvent être réactivées « par toute sorte de stimulations externes et internes » *(Langage et histoire)*. Ensuite, vient la ville, créatrice de symboles, et le langage s'engage dans la *paideia*, l'idéal éducatif de l'être humain, l'histoire à la fois personnelle et collective. Dans une troisième étape, le langage ne sert plus seulement à identifier : il met en relation, dialogue, révise... Et, finalement, de nos jours, l'homogénéisation d'un langage appauvri retourne à l'assimilation de l'individu et de la masse sociale, au risque de se perdre dans une forêt de symboles inutiles.

D'où, à nouveau, la « vertu préventive » de Wittgenstein, sa profonde tâche de décantation verbale, d'hygiène linguistique. Wittgenstein garde toujours à l'esprit le « risque » qu'impliquent la vie et, par suite, la pensée. Surtout en matière de religion, « le penseur honnête... est comme un équilibriste. Il semble marcher dans les airs. Son appui est le plus fragile que l'on puisse imaginer. Et pourtant il est possible d'avancer ».

Cette phrase fait écho à Pascal : quoi qu'ils fassent, les êtres humains sont comme des équilibristes, contraints d'assumer des risques. Que l'on coure les océans ou que l'on voyage autour de sa chambre. Comme Wittgenstein et comme Nietzsche, Pascal est un philosophe d'aphorismes et de fragments. Comme Wittgenstein dans le droit-fil de Platon, il questionne la nature du langage. Comme Kafka, il condamne au silence une partie de son œuvre, mais, contrairement au Pragois, il parie qu'on la retrouvera dans l'inventaire de ses pauvres biens : les *Pensées* avaient été cousues dans la doublure d'une vieille chemise.

Les mille fragments de Pascal sont peut-être, dans leur concision aphoristique, une réponse ironique à sa critique de la tradition philosophique. Montaigne avait écrit que rien ne préoccupe autant les philosophes que la définition du bien suprême pour les hommes. Pascal, qui médite et reconstruit constamment la pensée de Montaigne, répond que « pour les philosophes, il existe deux cent quatre-vingts types de bien suprême ». Le pessimisme pascalien à l'égard des systèmes philosophiques s'étend, *prima facie*, à l'être humain en général. L'homme est une triste énigme. La justice, en tranchant, est inique. Plus la vie de l'homme est agitée, plus elle est vide. La vanité – « le jeu, la chasse, les visites, les spectacles, la perpétuation de son nom » – est l'objet du plus grand dédain pascalien. « Quelle sorte de monstre que l'homme ! Combien il est novateur, chaotique, retors, paradoxal, prodigieux ! Juge de toute chose, misérable ver, dépositaire de la vérité, gloire et ordure de l'univers ! »

On sait que Blaise Pascal était un homme pratique. Sa renommée fut d'abord le fruit de ses inventions scientifiques et de son pragmatisme. Il invente le premier service de transports publics en France. Il invente la machine à calculer, la « pascaline », comme il invente le calcul des probabilités et donne son nom à l'unité de mesure de la pression atmosphérique. Il découvre les lois de l'équilibre hydrostatique. Mais Pascal est aussi un écrivain qui fait d'un organe corporel, physique – le cœur –, le siège de la connaissance et des émotions. Symbole de l'amour (et de toute position centrale, névralgique), le cœur, nous dit Pascal, a ses raisons que la raison ignore. Sceptique à l'égard de la raison et de l'organisation humaines, l'auteur des *Provinciales* s'adresse au cœur pour rendre compte d'une dimension de l'être que la raison ne saurait totalement expliquer. Il ajoute à la raison trois raisons qui, mises en perspective, pourraient être celles de Wittgenstein. Le cœur dit ce qui ne peut se dire rationnellement. Cette connaissance d'un autre ordre est source d'angoisse pour Pascal, car le jeune philosophe français croit qu'il y a là un vide, un abîme qui nous saisit (dans les deux sens). Et comme découvreur de lois scientifiques, Pascal le physicien connaît l'existence

– et l'étendue – du vide : « L'éternel silence de ces espaces infinis me remplit de terreur. »

Il transfère le vide physique au vide de l'âme pour se demander : Qu'est-ce qui la remplit, qu'est-ce qui l'équilibre ? Pascal est le penseur du passage précaire – toujours l'équilibriste – entre le vide et la plénitude. Sa pensée surgit du vide et s'installe dans la société, la religion et l'histoire. Son regard est on ne peut plus pessimiste. Dieu s'est dérobé. La nature est corrompue. « Le vol, l'inceste, l'infanticide, tout à un moment donné a été considéré comme action vertueuse... La justice est affaire de mode... L'opinion est la reine du monde, mais la force est son tyran. » En dernière analyse, « le pouvoir gouverne le monde, non l'opinion ». Et même quand l'opinion triomphe du pouvoir, elle s'installe par la force. La phrase la plus noire est celle-ci : le monde n'est pas « le foyer de la vérité. La vérité erre, sans être reconnue, parmi les hommes ».

Il ne fait aucun doute, note Pascal, que l'ordre politique se fonde sur des réalités matérielles, non spirituelles. Et c'est une vertu dans la mesure où ces réalités sont identifiables et justifient (légitiment) l'obéissance (et l'obédience). Il y a une tromperie implicite à toute vie politique. La majorité se soumet parce qu'elle estime que l'ordre légal est juste. Elle se révolterait si elle le jugeait arbitraire. C'est pourquoi le souci des gouvernements est de maintenir l'illusion – et même les fantaisies (« l'opium du peuple », d'une manière générale). Observateur sagace de la vie politique, Pascal craint « l'art de la subversion, de la révolution », et rejette l'idée prérousseauiste d'un retour possible « aux lois primitives et fondamentales de l'État, abolies par une coutume injuste ». Car si le peuple se soulève, le pouvoir en profitera pour l'écraser plus encore. « Parfois, il faut tromper les hommes pour leur propre bien. »

Je semble faire la critique du Pascal réactionnaire et réaliste en politique : Machiavel *after the fact*. À vrai dire, je résume les nombreux scepticismes pascaliens, ceux d'une pensée surgie du vide, ancrée dans la société et dans l'histoire. Cependant, après avoir fustigé tous les aspects négatifs de la multitude, du gouvernement, du pouvoir, de la révolution, de Dieu lui-même – *le Dieu caché** – et d'une nature corrompue, Pascal fonde et incarne toute sa pensée dans l'être humain, dans un système de vases communicants, entre les gains et les pertes. La qualité de cette assomption dépendra de la qualité de la conscience qui apprend – ou ignore – que « rien de ce qui s'offre à l'âme n'est simple » (univers, sujet, société, politique, histoire), mais que, dans le même temps, « l'âme jamais ne se prête avec simplicité à aucun objet ».

Dieu dérobé. Nature corrompue. Dieu nous laisse à notre aveuglement, à nos ténèbres – jusqu'à la venue du Christ. Toute la pensée de Pascal, tous ses doutes, son ironie, son esprit de négation convergent avec clarté dans une affirmation du Christ. Le double chemin de l'homme, sa double passion – passage et souffrance – sur la terre est ce qui, aux yeux de l'écrivain, nous assimile à la passion du Messie. Je suis persuadé que tout l'échafaudage dressé par Pascal pour notre profession de foi d'équilibristes est comme un pont jeté entre le *Dieu caché** qui abandonna Jésus tout comme l'humanité, et le Christ lui-même...

« Tu ne me chercherais pas si tu ne m'avais déjà trouvé », dit le Christ dans les *Pensées* décousues que je cite si souvent. Autrement dit : Pascal ne peut ni ne veut éluder la question de la foi, le questionnement de l'être humain qui croit. Non pour son affiliation à telle ou telle religion, mais parce qu'il cherche le bien le plus précieux qu'il porte déjà en lui (le cœur qui connaît ses raisons), et qu'il le cherche dans la conscience qu'il est parti d'une limite, la naissance, et s'achemine vers une autre, la mort. Ce n'est pas l'adhésion à une religion qui détermine la valeur de la vie, mais la foi dans son acception la plus large, la certitude que nous sommes porteurs de valeurs, et que nous voulons les enraciner dans ce monde justement parce que nous nous demandons : Qu'y a-t-il au-delà ?

Les idées reçues, les inerties de la vie pratique, voilà tout ce que rejette Pascal. C'est pourquoi, après tant d'autres, il exalte la figure du Christ comme un homme actif, non-conformiste, exigeant avec son temps, ce modèle que nous avons déjà rencontré sans le savoir, et que nous devons suivre pour prendre conscience, chacun, de ce que nous sommes, de ce que nous pouvons mener à bien, de ce à quoi il nous faut renoncer.

« Je crois parce que c'est absurde », disait Tertullien dans une phrase inégalable que nous citions plus haut. Il ne s'agit pas de la raison, mais des raisons du cœur. Wittgenstein, un Juif irrésistiblement attiré par le christianisme, admet lui aussi que le penseur religieux est un « équilibriste ». Lui-même en est un. D'une part, il nous dit que la foi est absurde, de l'autre il déclare qu'elle est ce dont le cœur et l'âme ont besoin, non ce que requiert « mon intelligence spéculative ». C'est pourquoi, peut-être, la contradiction n'est qu'apparente entre la foi et la pratique dans la pensée de Wittgenstein, dès lors que cette « âme » et ces « passions » qui sont les siennes soumettent la foi au défi pratique de vivre comme Jésus. « ... Seule la pratique chrétienne, une vie à l'image de celui qui mourut en croix, est chrétienne... et même aujourd'hui elle est possible, ajoute Wittgenstein, pour certains hommes, elle est même nécessaire : le christianisme authentique, primitif, sera toujours possible à tout moment. » Finalement, le christianisme apparaît à Wittgenstein comme une foi qui n'est pas seulement « un croire, mais un faire ». Le christianisme ne peut se borner à soutenir que ceci ou cela est vrai ou ne l'est pas. Le christianisme est une praxis, non une dogmatique.

L'immense intelligence de Ludwig Wittgenstein aboutit à cette conclusion qu'il n'y a pas de raison pour laquelle la foi religieuse n'appartiendrait pas à l'héritage culturel « qui me permet de distinguer le vrai du faux ». Seul un homme de cette intégrité philosophique et morale pouvait mourir en disant : « Dieu m'a dit : Je te juge pour ce qui est sorti de tes lèvres. Tes propres actions t'ont fait trembler de dégoût quand tu les as vu répéter par d'autres. » Car « c'est mon âme et ses passions, non mon intelligence abstraite, que j'ai besoin de sauver ».

Je ne connais pas de déclaration philosophique plus courageuse et définitive.

Xénophobie

Nous sommes soumis à l'épreuve de l'autre. Nous regardons, mais nous sommes aussi regardés. Nous vivons dans une constante rencontre avec ce que nous ne sommes pas, avec le différent. Nous découvrons que seule une identité morte est une identité figée. Nous sommes tous en perpétuel devenir. Rien ne nous fait mieux comprendre – ou rejeter – cette réalité majeure que le mouvement qui se propagera davantage encore au XXIe siècle : les migrations massives du Sud vers le Nord et d'Est en Ouest. Rien ne mettra plus sérieusement à l'épreuve notre capacité à donner et à recevoir, de même que nos préjugés et notre générosité.

Nous assistons au renouveau des fascismes, des exclusions et des pogromes, de l'antisémitisme, de l'anti-islamisme, de l'anti-latino-américanisme, de toutes ces formes virulentes de xénophobie, de haine ou d'hostilité à l'égard de l'étranger, et, plus généralement, de tout ce qui diffère. Misogynie, homophobie, racisme. Et au nom de quoi ? De la pureté supposée d'une race supérieure, d'une identité nationale intouchable, d'une culture parthénogénétique qui se serait conçue toute seule, sans contaminations extérieures. Peut-on parler de pureté nationale, par exemple, dans une France gauloise, latine, germanique et aussi juive que Chagall, aussi espagnole que Picasso, italienne avec Modigliani, tchèque avec Kundera, arabe avec Kateb Yacine, roumaine avec Ionesco, argentine avec Cortázar, allemande avec Max Ernst ou russe avec Diaghilev ? Peut-on parler de pureté nationale dans une Espagne celtibère, phénicienne, grecque, romaine, musulmane, juive, chrétienne et wisigothe ? De puretés exclusives dans une Amérique latine indienne, européenne, africaine, métisse et mulâtre ?

Une culture isolée ne tarde pas à dépérir. Elle peut se transformer en folklore, en marotte ou en petit théâtre spéculaire. Elle peut s'affaiblir de manière irréparable, par manque d'émulation et de points de comparaison. Et surtout, elle peut nous dégrader quand nous nions l'identité d'autrui et que nous atteignons les dimensions de l'horreur, avec l'univers concentrationnaire ou l'Holocauste.

Et pourtant, rien ne concentre davantage les risques de xénophobie que les flux migratoires de travailleurs.

Nous célébrons la prétendue mondialisation parce qu'elle facilite, de façon extraordinaire, la circulation des biens, des services et des valeurs. Les choses sont libres de circuler ; les hommes, non.

John Kenneth Galbraith, professeur émérite à Harvard, nous a rappelé que les migrations sont bénéfiques aux pays desquels on émigre et aux pays dans lesquels on immigre.

Entre 1846 et 1906, cinquante-deux millions d'émigrants ont abandonné le continent européen. La Suède, une des nations les plus pauvres au XIXe siècle, est devenue un des pays les plus prospères grâce à l'émigration massive de ses citoyens les plus démunis vers l'Amérique du Nord.

L'émigration irlandaise à la suite de la fameuse *potato famine* – qui tua la moitié de la population en 1845 – fut profitable aussi bien aux États-Unis qu'à l'Irlande, aujourd'hui république florissante, passée de l'économie agraire à l'ère de la technologie et des services, et qui a elle-même besoin de travailleurs étrangers pour continuer son développement.

De nos jours, le mouvement va presque toujours du Sud vers le Nord. Mais les raisons sont toujours identiques : échapper à la misère locale, rompre le cercle de la résignation.

Hier comme aujourd'hui, l'émigrant obéit au *pull factor*, à l'offre et à la demande d'une économie développée qui requiert une force de travail dans des secteurs où la main-d'œuvre nationale ne veut plus s'engager, soit parce qu'elle vieillit, soit qu'elle est entrée dans d'autres sphères d'occupation, plus confortables ou techniquement avancées.

Une autre raison est, bien sûr, l'aimant de la prospérité projetée par les écrans de télévision, les magazines, la publicité et le cinéma des sociétés du Nord. Quand les *boat people* albanais ont échoué sur les côtes italiennes il y a une douzaine d'années, beaucoup d'émigrants ont aussitôt demandé aux autorités : « Montrez-nous le chemin de Dallas. »

Mais le travailleur migrant n'arrive jamais à Dallas – ni à Disneyland. Et il est de plus en plus victime de la violence raciale. Le travailleur turc en Allemagne, algérien en France, mexicain en Arizona, africain en Italie ou maghrébin en Espagne. Aucune politique de développement (dans la justice), aucun projet de mondialisation (dans la loi) ne pourra se mener à bien sans protéger le travailleur migrant, dans le statut qui est le sien : travailleur, non criminel.

Au cours des cinq cents dernières années, l'Occident a voyagé au Sud comme en Orient, en imposant sa volonté politique et économique aux cultures de la périphérie, sans demander la permission à personne.

Maintenant, ces cultures exploitées reviennent en Occident et mettent à l'épreuve les valeurs que celui-ci a proposées sur un mode universel : liberté de mouvement, liberté de marché fondée non seulement sur l'offre et la demande, mais sur la mobilité de la main-d'œuvre, et respect des droits de l'homme, à commencer par le droit du travail.

On ne peut, répétons-le, instaurer d'interaction et de communication globale instantanées, indépendamment de flux migratoires à l'échelle du globe.

Un des grands romans de langue espagnole au XXe siècle a prédit cette question et l'a traitée avec une intensité dramatique. Il s'agit de *Paysages après la bataille* [1], l'admirable livre publié par Juan Goytisolo en 1982. L'auteur y transpose une des plus vénérables traditions du roman – le thème du déplacement – à la ville moderne, avec ses immigrés indésirés et son défi à toute notion de pureté linguistique, sexuelle, culinaire ou onirique. Juan Goytisolo imagine l'espace de la nouvelle cité métisse, occidentale et orientale, méridionale et septentrionale, en donnant voix au chapitre à chacun de ses habitants.

Que cela nous plaise ou non, la ville polyculturelle est déjà là : nous y sommes. L'énergie des cités les plus hispaniques aux États-Unis – Los Angeles, Miami, Chicago – est indissociable de leur métissage. Los

1. Trad. A. Schulman, Paris, Fayard, 1985. (N.d.T.)

Angeles – qui n'est pas seulement une mégapole hispanique, mais coréenne, vietnamienne, japonaise et chinoise – sera la Byzance du XXIe siècle, étendue depuis la frontière du Mexique (qui est celle de toute l'Amérique latine) jusqu'à l'immense communauté de l'axe Pacifique, vers Vladivostok, Tokyo, Shanghai, Hanoi...

Je crois dans les questions qui sont celles d'un pacte fraternel entouré d'abîmes : Est-il possible qu'il n'existe pas d'autre voix qui ne soit également la mienne ? Est-il possible qu'il n'y ait pas un autre temps que je puisse toucher et qui puisse me toucher ? N'existe-t-il pas d'autres croyances, d'autres histoires, d'autres rêves, et ne sont-ils pas aussi les miens ?

Les cultures s'influencent réciproquement. Elles s'anémient dans l'isolement, et prospèrent dans la communication. En tant que citoyens, hommes et femmes des deux villages – le global et le local –, il nous incombe de défier les préjugés, de faire reculer nos limites, d'accroître notre capacité à donner et à recevoir, ainsi que l'intelligence de ce qui nous est étranger. Rappelons-nous, au seuil de ce nouveau siècle, que l'histoire n'est pas terminée. L'histoire est toujours inaboutie. Et la leçon de notre humanité inachevée est que, chaque fois que nous excluons, nous nous appauvrissons ; chaque fois que nous incluons, nous nous enrichissons. Aurons-nous le temps de découvrir, de toucher, de nommer tous ces semblables que nos bras peuvent enserrer ? Nul ne trouvera sa propre humanité s'il ne la reconnaît, d'abord, dans les autres.

Yo – Je – Ich

Le moi est haïssable... disait Rimbaud, un homme qui savait se faire aimer ou détester d'égale façon, et qui s'aima et se détesta lui-même d'une façon peut-être encore plus marquée. Cette exclamation d'un ego exécrable va à contre-courant de l'amour que nous éprouvons chacun à l'égard de notre petit moi, choyé, admiré, imbu et affecté, ce miroir intérieur que nous aimerions presque tous arborer, comme le font superbement les Italiens, dans leur culte et leur assurance de *la bella figura*. Mais on comprend que de nombreuses personnes ne puissent – ni ne veuillent, à moins qu'elles ne l'osent – se risquer à cette vanité des vanités, car ici-bas la laideur et l'imperfection sont aussi voyantes que l'humilité se fait rare.

Le « moi » commun – l'ego, ce petit Argentin qui sommeille en chacun d'entre nous, pour citer l'injuste boutade que l'on répète en Amérique latine – peut devenir un grave défaut moral. Un état psychique où le « moi, je » est une fin en soi, excluant non seulement tous les autres, mais rendant la personne elle-même étrangère à toute vertu. Le moi vaniteux est le pygmée de l'être. Il peut représenter cette part de nous-mêmes dans laquelle nous entreposons, sans nous en rendre compte, ce que nous détestons le plus chez les autres. Le moi se tourne facilement contre lui-même. Et le nain égoïste prend des allures de géant, jusqu'à se convertir en monstre vengeur de notre moi haïssable.

Le moi peut s'égarer en croyant qu'il vit tout seul, dans un parfait isolement égolâtre. Il se berce alors de l'illusion d'être sans avoir besoin de tout ce qui était déjà bien avant lui. Le « connais-toi toi-même » socratique n'est pas seulement un commandement adressé à l'intériorité. C'est un appel destiné à l'intelligence de cet être intérieur que nous perdons parfois dans l'autosatisfaction, miroir de la vanité. C'est aussi une critique du moi qui n'a pas le courage de reconnaître ses défauts, ni de cultiver les qualités qui ne peuvent fleurir qu'en lui. Car, même si le monde nous précède et nous survit, ce qui existe hors de nous *passe* par nous. Le moi filtre le monde, il le résume, le reflète et y ajoute sa propre touche, mais uniquement dans la mesure où ce monde existe, si détestable soit-il. Il est *là*.

Le moi est le cadre, non pas de toute la réalité, mais d'une part indispensable, sans laquelle celle-ci n'aurait pas de scène pour agir. Peut-être le « je » n'est-il pas le pronom le plus honorable. Mais il n'est pas de « tu » qui ne provienne d'un « je » ou qui ne s'adresse à lui; et, finalement, ni le « moi » ni le « toi » ne peuvent se soustraire au « nous ». Inversement, peut-il y avoir un « nous » qui bannisse de sa communauté les redoutables « je » et « tu » sans se transformer, à son tour, en dangereuse abstraction politique ?

Le moi fut défini par les stoïciens et par Rousseau comme la citadelle de l'âme. « Ne te laisse conquérir par rien d'autre que par ton âme », disait Sénèque, le

Cordouan. Et, pour paraphraser l'exclamation du citoyen de Genève : « Oh vertu ! Ne suffit-il pas, pour apprendre tes lois, de revenir à notre moi ? » Poussée à son extrémité, la protection de la valeur intrinsèque du moi nous conduirait tout droit dans le fauteuil de Pascal, pour qui tous les malheurs du monde naissaient de notre incapacité à rester assis, tranquillement, chez nous. Peut-être que, du haut de la citadelle stoïque ou depuis la chaise pascalienne, le moi peut montrer beaucoup de ses mérites. Il peut, par exemple, engranger, thésauriser ce qui reste des moissons de l'enfance. Il peut aussi nourrir son imagination, donner libre cours à sa créativité.

Écrire, peindre, composer, penser sont des activités solitaires du moi. Seule une dictature – à l'image de Staline poursuivant Anna Akhmatova – peut taxer d'égoïsme et de trahison de la communauté la solitude nécessaire pour écrire un poème. C'est dans le moi que se manifestent les désirs, que se cultivent les vertus et se corrigent les erreurs. Une part de la force vitale y a donc ses racines, et le moi l'utilise pour sa propre conservation. C'est la part indispensable d'égoïsme. Renoncer à sa propre conservation, c'est sacrifier le moi sur l'autel de la patrie, de la conviction politique, de l'amour, de la justice. Notre espoir est que le sacrifice, loin d'anéantir le moi, le rende plus fort. Et quand il est fortifié de la sorte, n'entre-t-il pas dans une autre catégorie, dépouillée de tous les oripeaux de l'égolâtrie ? Le moi ne devient-il pas alors une *personne* ?

Je sais que l'étymologie de *persona* désignait d'abord le masque. Toutefois, le masque du théâtre antique ne fut pas inventé pour cacher, mais pour « résonner », *per sonare*, c'est-à-dire pour faire entendre. Le moi devenu une personne est conscient de soi parce qu'il est conscient du monde. Le moi narcissique s'étouffe dans son miroir. La personne échappe à l'agonie du je en protégeant et en montrant les réserves que méconnaît le moi égolâtre. Connais-toi toi-même. Le moi solitaire devient une personne décrivant la manière dont se sont formés son cœur et son esprit, la façon dont se nourrissent son imagination et sa passion. Vue sous cet angle, la solitude du créateur est une illusion. Celui qui écrit, peint, compose, crée, imagine ou dispose les choses est déjà un moi personnel, un moi avec ses attributs. Le *Je suis* devient inséparable du *Pour quoi* et du *Pourquoi je suis*.

Dès lors, se connaître soi-même ne signifie plus s'aimer soi-même.

Cadre de la création, le moi personnel peut se montrer héroïque dans sa capacité à donner libre cours à l'imagination la plus puissante. Mais il est également troublé par une tradition, puissante elle aussi : le désordre romantique (Byron) ou postromantique (Burroughs) comme condition de la création, « le dérèglement raisonné de tous les sens », pour revenir à Rimbaud. Cela dit, il est rare que le mirage d'une création par combustion – nourrie d'alcool, de sexe, de drogue, d'excès en tout genre – ait laissé des fruits durables. Flaubert, écoutant le conseil de Pascal, ne sortit plus de chez lui, comme Vélasquez ne quitta plus la Cour, ni Beethoven son village. Et Kant ne modifia jamais les horaires ni l'itinéraire de sa promenade quotidienne. La vitalité de Balzac n'avait pas besoin d'autres vices que la gourmandise, les femmes et les cinquante mille tasses de café qui le tuèrent. Modèle d'ironie domptée, Cervantès passa son temps en prison et dans des tâches bureaucratiques qui n'avaient rien d'héroïque. Et Sade, modèle de tous les désordres, également enfermé en prison ou à l'asile, se vit aussi contraint d'imaginer plus qu'il ne pouvait faire. Shakespeare était trop occupé à se démener, notamment dans l'administration de ses théâtres, pour accorder à son moi plus de temps (et de respiration) qu'il n'en faut pour l'écriture. Et rien, pas même l'agitation politique d'une ville comme Florence, ne put éloigner Dante d'une *Commedia* qui ne se passe ni au ciel ni en enfer, mais au milieu du chemin de la vie, dans l'obscure forêt du moi... Il n'y a donc pas de règle stricte en la matière. Wordsworth était la normalité incarnée, et son ami Coleridge, le désordre même. Baudelaire fut une discipline et un désordre. Victor Hugo parvint à écrire comme on pratique l'art d'être grand-père. À son corps défendant, Dickens fut un être domestique, tandis que Wilde, peut-être, transgressa l'ordre domestique bien malgré lui. La liste des contrastes serait interminable, mais une chose est sûre : elle s'appelle discipline. Savoir rester seul. Encadrer le moi dans une projection qui le transfigure en personne.

La personnalité créative nous dit que le pire des péchés, pour le moi, est de se disperser dans des occupations insignifiantes. Et, en allant un peu plus loin : de travailler à ce qui ne nous plaît pas. Le moi vraiment malheureux est celui qui gaspille son temps à des tâches qu'il déteste et qui, comme un cauchemar, se transforment inconsciemment en habitudes et, finalement, en fatalité. Cette gamme va depuis le jeune serveur de restaurant qui ne cache pas son insatisfaction, jusqu'au vieux qui s'est résigné à son destin. Entre les deux, le garçon joyeux, fier de son travail, capable de donner de la valeur et du sens à la chance – non au malheur – de contribuer au bien-être des autres. Le grognon et le résigné se rencontrent surtout dans le monde anglo-saxon, où les insatisfactions et les aigreurs sont plus visibles. L'autre cas se rencontrera plus souvent dans le monde latin et méditerranéen. Mais la situation sociale n'est pas le facteur le plus déterminant. L'aristocrate, rancunier s'il est pauvre, *fainéant** s'il est riche, mais hautain dans tous les cas, a été destitué et dépassé, dans le monde entier ou presque, par le cadre dynamique, qui peut être simple et généreux, ou pingre et sophistiqué, mais qui sera toujours... énergique.

Je parle depuis notre tradition faustienne ; je ne me sens pas concerné (du fait de mon ignorance) par la spiritualité orientale que beaucoup de mes amis comprennent et vivent au quotidien. Mais peut-être partageons-nous tous la conviction que « se connaître soi-même », loin d'équivaloir à s'adorer soi-même ou à posséder la vérité absolue, signifie l'aptitude à vivre en accord avec des normes élémentaires de discipline, de projets de travail et d'être au monde, seul ou dans l'amour et l'amitié. Pour le reste, autant en emporte le vent. Les jeunes premiers romantiques vieillissent. Les plus belles femmes se rident. Et le moi peut se perdre en croyant qu'il *est* sans avoir le souci de ce qu'il *doit être*.

Le moi établit ses hiérarchies, et le monde les siennes. Le défi est de savoir dans quelle mesure l'ordre extérieur se justifie aux yeux du moi, et dans quelle mesure le moi est capable d'accepter, de changer, de réordonner le monde. Le mystique peut y atteindre sans quitter le fauteuil de Pascal. Mais tous les autres, forcés de sortir dans le monde, nous sommes obligés de réfléchir sur notre rapport avec ce qui *est* hors de nous. Je crois me connaître parce que j'habite ma peau, mais quand je sors de moi, je crois devenir inconnu à moi-même en éprouvant le sentiment que le monde me méconnaît. Comment me faire connaître du monde sans perdre la connaissance de moi ? Comment enrichir le monde extérieur en enrichissant le moi ? Sortir de soi-même c'est se transformer en découvrant autre chose qui, depuis toujours, nous habitait. L'amour, l'amitié, l'expérience. Et les concepts qui président à ce livre expliquent comment nous passons du moi à la personne et de celle-ci au monde, aux autres, à la société.

Le chemin n'est pas facile. Nous avons quelquefois la nette impression que, sans verser dans l'égolâtrie, plus nous sommes seuls et isolés, plus nous sommes unis à cela qui, appartenant à tous, nous paraissait notre bien le plus unique. La parole, le rêve, la mémoire, le désir, le soleil, la plage que nous parcourons pieds nus, sont-ils seulement à nous ? Ou sont-ils à tout le monde *parce qu*'ils sont tellement nôtres ? Le moi primaire peut avoir l'impression de régner sur un monde invisible à tous, excepté lui-même.

Le moi se satisfait parfois de se savoir différent d'autrui, voire détaché de l'heure présente. Mais cette qualité du moi ne peut s'éprouver que s'il est visité par une réalité extérieure. Certes, nous pouvons célébrer la plasticité de l'être originel, l'illusion d'une solitude qui s'identifie à la création première. Le monde ne nous a pas encore subjugués. Nous échappons aux vérités reçues, aux valeurs consacrées. L'âme jeune ne se laisse pas intimider par cette singularité qui se confond avec sa liberté. Le moi sent qu'il vit son grand moment stellaire. Mais s'il s'installe dans ce glorieux instant de la jeunesse, il court le risque de se voir bientôt envahi par l'indésirable et l'imprévu. Il court le danger de troquer son jeune courage contre une crainte immature et de se voir enfin ruiné, dans la vieillesse, par ce qu'il avait tant aimé dans sa jeunesse...

Le moi doit apprendre dès que possible qu'il n'a pas de pire ennemi que lui-même. Que le pire fantôme est celui qui vit dans notre miroir. Comme le notait le romancier mexicain Salvador Elizondo [1], nul n'a de pire déguisement que soi-même. La jeunesse peut devenir un terrible pléonasme si elle n'a pas l'audace de sortir d'elle-même, de s'exposer à la chute, ne sachant pas si la porte s'ouvre sur le précipice. Et pourtant, ceux-là mêmes qui, comme moi, sont entrés dans l'âge testamentaire conservent tel un trésor les purs moments de la jeunesse qui ne cessent de nourrir notre moi tout au long des années. Arrêtons-nous un instant et demandons-nous : Qu'est-ce qui alimente le moi ? Qu'est-ce qui reste en moi pour toujours ? Eh bien, paradoxalement, la réponse viendra le plus souvent de ce qui est venu du dehors, du moment consacré par l'amour, l'amitié, la créativité partagée.

Le moi croit dans le plaisir, le rire, le sexe, la bonne chère. Il croit en lui. Parfois, il se sent plein d'orgueil, d'autres fois il a honte. Qui ne porte pas la tache d'un *faux pas**, d'un sentiment d'indignité, d'une occasion manquée et qui, à peine évoquée, nous guérit de cette menaçante *ubris* qui nous ferait accroire que nous sommes le meilleur, la crème des crèmes... ou le dur des durs.

Kierkegaard disait qu'il ne pouvait jamais s'oublier lui-même, fût-ce en dormant : « Je peux m'abstraire de tout sauf de moi. » Défaut ou qualité ? Ou encore, à

---

1. En traduction française, voir Salvador Elizondo, *Farabeuf* (trad. R.L.-F. Durand), Paris, Gallimard, 1969 ; *L'Hypogée secret* (trad. R.L.-F. Durand), Paris, Gallimard, 1971 ; « L'Homme qui pleure » et « Les Indiens verts » (trad. J.-Cl. Masson), *L'Alphée*, n° 7, 1982. (N.d.T.)

partir de cette pure manifestation philosophique, invitation à transcender le moi, à le rendre plus fort, à le cultiver pour le faire grandir au contact des autres ? Le moi n'atteint la plénitude qu'en sortant de lui-même et en inventant sa vie, en même temps qu'il l'habite. Le moi dans le monde est comme une maison dans laquelle on ne vit que tant qu'elle se construit. Et la tâche est interminable. Par chance, nous pouvons lui donner une valeur partagée. Ma subjectivité n'a de valeur que liée à l'objectivité du monde extérieur, moyennant une subjectivité collective que nous appelons civilisation, société, culture, travail.

Mais une fois parvenus là-bas, au centre de cette étoile incandescente qui nous donne le sentiment de la plénitude – moi, le monde et ma subjectivité enrichie par la société et la culture que mon travail enrichit –, tous, à nouveau, nous jetons un regard dans le miroir du je, nous y voyons la vanité blessée, l'égoïsme détestable, le reflet en nous de ce que nous haïssons le plus dans les autres... Et nous nous sentons coupables si nous fermons les yeux, et nous voudrions nous soulager du commandement socratique par un péremptoire « ignore-toi toi-même », et nous ouvrons de nouveau les yeux, pour nous voir nus dans le miroir et reconnaître, finalement, ce qui nous identifie avec le plus d'angoisse : chacun avec sa solitude, chacun dans la communion avec nos semblables.

C'est une hostie amère. Et il n'y a pas de réponse. Nous ne savons pas ce qu'est le corps. Nous ignorons ce qu'est l'âme. Et rien ne nous définit mieux que l'ignorance de ce que nous sommes. « La manière dont le corps s'unit à l'âme ne peut être comprise par l'homme, et pourtant c'est elle qui fait l'homme » (saint Augustin).

Zèbre

José Ortega y Gasset dit quelque part (je le cite de mémoire) que, pour Aristote, le centaure était une possibilité; pour nous, ce n'est plus vrai, la biologie le récuse.

En dépit de sa présence tangible parmi nous, le zèbre nous donne toujours un sentiment d'étrangeté. Nous l'identifions à ses rayures blanches et noires : ses *zébrures*, justement. Sans cette marque, ce serait un cheval. Mais, grâce à la singularité de son dessin, il a donné son nom à un papillon et à une plante (la *zébrine*, commune au Mexique et au Guatemala). Le simple fait que le nom d'un *equus* rayé se reflète dans des choses aussi différentes qu'un papillon se reproduisant plusieurs fois par an, ou une plante qui se traîne comme un serpent et porte un nom générique d'araignée, nous donne à penser que le zèbre, un beau jour, comme le centaure d'Ortega, sera seulement acceptable par l'imagination. Il était une fois – nous racontent les zoologistes – des zèbres dont les rayures se limitaient à la tête, à l'encolure et au poitrail. Y aura-t-il un jour des zèbres qui n'existeront plus que dans notre fantaisie, pour justifier par exemple, comme ici, de commencer avec eux la lettre Z (au lieu de Zanzibar, Zeus, Zacatecas, Zapata, Zorro, Zazie, zut, zygomatique ou zazou) : la lettre la plus difficile de mon abécédaire personnel ?

Zoologie fantastique. La nouveauté du continent américain n'est pas étrangère à son *imagination*. Les chroniques des Indes occidentales abondent aussi en visions fantastiques de faune inédite, indispensables à l'idée même de la Découverte.

Si le fantastique est un duel avec la peur (comme l'a défini Roger Caillois), l'imagination est le premier exorciste de la terreur sécrétée par l'inconnu. Dans la fantaisie européenne, l'Amérique apparaît au milieu d'un fabuleux bestiaire, où la mer des Caraïbes et le golfe du Mexique sont l'*habitat** de sirènes aperçues par Colomb lui-même le 9 janvier 1493 : « ... elles sortirent bien haut de la mer » ; mais l'amiral précise aussitôt qu'elles « n'étaient pas aussi belles qu'on les peint, et que de quelque façon leur visage avait forme d'homme. »

En revanche, Gil González, explorateur de l'isthme de Panama, tombe soudain, dans une ouverture des flots obscurs, sur « des poissons qui chantent avec harmonie, comme on le dit des sirènes, et qui bercent de la même façon ». Quant à Diego de Rosales, il vit « une bête qui, se détachant sur les eaux, montrait par-devant une tête, un visage et des seins de femme, de belle apparence, et une longue crinière, blonde et dénouée. Elle tenait un enfant dans les bras. Et au moment de plonger, ils notèrent qu'elle avait un dos et une queue de poisson... ».

Peut-être l'imagination fébrile des navigateurs dans ces contrées n'a-t-elle pas vu des sirènes, mais des baleines, car ils leur attribuaient, comme l'écrit Fernández de Oviedo, « deux tétins sur les seins » (encore heureux), et ainsi « pouvaient-elles mettre bas et allaiter les petits ».

Je trouve plus problématique encore la configuration du requin censé fréquenter ces parages, et dont voici la description précise par Fernández de Oviedo : « Beaucoup des requins que j'ai vus, écrit-il dans son *Sommaire de l'Histoire naturelle des Indes*, ont le membre viril ou génital doublé ; je veux dire que chaque requin a deux verges... chacune aussi longue que l'espace depuis le coude d'un homme de grande taille jusqu'au bout du doigt de la main appelé majeur. »

« Je ne sais, admet avec réserve le chroniqueur, s'il en exerce l'usage conjointement... ou de chacune séparément, à des moments différents... »

Pour ma part, j'ignore s'il faut envier ou plaindre ces requins du Golfe et des Caraïbes, mais je me rappelle, avec le chroniqueur Pedro Gutiérrez de Santa Clara, que, par bonheur, ces animaux n'accouchent qu'une seule fois dans leur vie, ce qui présente un sérieux contrepoint à l'aspect de l'organe mâle et à sa fonction !

Les lettres de Pedro Mártir de Anglería sur les fabuleux bestiaires maritimes du Nouveau Monde furent objet de risée dans la Rome pontificale, jusqu'au jour où l'archevêque de Cosenza et nonce apostolique en Espagne, qui portait le nom – vous n'en reviendrez pas, une fois de plus – de Juan Rulfo, agrandit encore la carte du « réel merveilleux » des Caraïbes en ajoutant le poisson « guitare », capable de couler un navire d'un seul coup de manche, ou le *cocuyo* [1], ce pyrophore à la

1. Allusion au titre original d'un roman de Severo Sarduy ; en version française : *Pour que personne ne sache que j'ai peur*, trad. A. Schulman, Paris, Gallimard, 1991. (N.d.T.)

clarté duquel les naturels « filent, tissent, cousent, peignent, dansent et font d'autres choses la nuit... Ce sont les lanternes de la côte ».

Les pélicans qui couvrent le ciel, en quête de sardines. Les urubus ou *zopilotes* (variété de vautour), que Colomb découvrit sur la côte de Veragua, « oiseaux puants et abominables », qui se précipitent sur les soldats tués et sont un « tourment intolérable ». C'est la nuit de l'iguane[1]... dont on ne sait, dit Cieza de León, « s'il est chair ou poisson », mais qui, jeune, traverse les eaux, léger, en surface, alors que, devenu vieux, il évolue lentement au fond des lagunes.

Et les merveilles se succèdent. Tortues à la carapace si grosse qu'elles pourraient couvrir une maison. Tortues de mer déposant dans le sable de nos côtes des couvées de mille œufs. Plages de perles « noires comme le jais, ou léonines, ou encore jaunes et resplendissantes comme l'or », note Fernández de Oviedo. Et la mythique salamandre, brûlante à l'intérieur mais à la peau tellement froide, note Covarrubias dans son *Tesoro de la lengua castellana* (1611), que « passant sur des braises, elle les éteint comme si elle était de la glace pure ».

Ces perles de la mer et des rives du Nouveau Monde n'allaient pas tarder à couvrir le corps des indigènes dans les descriptions enthousiastes, émerveillées, de Bernal Díaz del Castillo qui entra, à la suite de Cortès, dans la capitale aztèque, Mexico-Tenochtitlán[2].

---

1. Double allusion : l'œuvre de Tennessee Williams, *La Nuit de l'iguane* (adaptée au cinéma par John Huston en 1964) est un clin d'œil à l'épopée de l'Amérique vue par Neruda : « C'était le crépuscule de l'iguane » (*Chant général*, I, 2). (N.d.T.)

2. La Chronique de Bernal (1492-1581) fut traduite par Hérédia ; Cieza de León (1518-1554) fut le chroniqueur de la Conquête du Pérou. (N.d.T.)

La vision de Bernal semble renvoyer à un autre genre littéraire, à une autre branche de l'imagination : la science-fiction. Son plus brillant représentant de nos jours, l'Américaine Ursula K. Le Guin, observe que la science-fiction est presque toujours une histoire du futur, bien que, dans les *psycho-mythes*, tout se déroule en général hors du temps, « dans la région la plus vive de l'esprit où, une fois écartée toute tentation d'immortalité, on dirait qu'il n'y a plus aucune limite, ni temporelle ni spatiale ». Ce qui permet d'inventer, après Lovecraft, des mondes non dépourvus d'espace-temps, mais qui maîtrisent des temps et des espaces probables ou, peut-être, mémorables. Ce que réussit l'écrivain polonais Stanislaw Lem dans sa merveilleuse histoire « Une minute humaine » : rendre compte de chacun et de tous les habitants de la planète pendant soixante secondes.

Comme la liste « moderne » de ces écrivains intemporels s'étend depuis Voltaire *(Candide)* et Beckford *(Vathek)* au XVIIIe siècle, jusqu'à Ray Bradbury, Arthur Clarke ou Isaac Asimov au XXe, et comme, par ailleurs, ses thèmes vont de l'évocation du plus lointain passé (Frazer ou Frobenius) au futur le plus imminent (Verne ou Wells), ma propre sélection me conduit depuis les confins de l'imagination fantastique des découvreurs de l'Amérique, jusqu'à la forme la plus atroce de réplique à la nature : la création artificielle d'un être humain dans un laboratoire combinant la science, les progrès mécaniques et la substitution à Dieu. Je veux parler de Mary Shelley et de *Frankenstein*.

Mary Shelley imagine l'horreur d'un antiaccouchement : la naissance d'une créature façonnée avec des lambeaux de mort. Victor Frankenstein est le nom du père qui voudrait être mère, et donne le jour à une monstruosité anonyme qui ressemble toujours plus à son créateur, sauvage, cruel, né sans aucun passé. Mais c'est un anti-Dieu, car Dieu n'est pas curieux, Dieu n'est pas la mère Ève qui mange la pomme du désir de connaissance, Dieu n'est pas Pandore qui éparpille les secrets d'une boîte remplissant tous les maux, Dieu n'ambitionne aucune identité, pas de nom ni de perception : il est, il sait tout; *le nommer c'est le réduire*.

Le monstre de Frankenstein est doublement monstrueux : ce n'est pas un homme, comme son créateur le voudrait; et ce n'est pas Dieu, comme son créateur voudrait l'être. Le Prométhée moderne de Mary Shelley ne dérobe pas le feu divin : il part à sa recherche, mais ce feu est une illusion. C'est le feu follet de la lumière polaire, c'est le bûcher funéraire qui attend le créateur et la créature : le grand feu glacé de la science quand ce n'est pas l'homme qui la crée, quand c'est la science qui crée ou détruit l'homme. Le moderne Prométhée de Mary ne façonne pas un être humain, mais un être *anonyme*. C'est peut-être pourquoi la veuve de Shelley ne signa pas son livre. Où donc apposer le nom d'un monstre né de la copulation d'un homme fouineur et d'une mort muette ?

Par une nuit orageuse de l'été 1816, dans une villa louée sur les bords du lac de Genève, le locataire, Lord Byron, ses amis Percy et Mary Shelley, l'insupportable docteur Polidori et un certain nombre de femmes liées aux nombreuses paternités, aux incestes et aux amours de Byron, se trouvent réunis. Ils décident de raconter de terribles histoires pour faire passer le (mauvais) temps. Byron invente le vampire; Mary Shelley, le monstre. Dracula et Frankenstein sont nés cette nuit-là, dans la Villa Diodati que l'on visite aujourd'hui. La vue n'a guère changé, mais il y a maintenant des caméras vidéo, des téléviseurs et des tables de ping-pong. Je préfère la vision de James Whale dans son film *La Fiancée de Frankenstein*, parce que l'actrice Elsa Lanchester incarne Mary Shelley en 1816 et nous raconte une histoire qui se passe en 1935, où la comédienne interprète le rôle de la femme monstrueuse créée par le docteur Frankenstein... pour donner une compagne à son premier monstre, joué par Boris Karloff. La superposition des temps est fascinante; ce qui l'est plus encore, c'est que ces monstres, auxquels la littérature n'a pas voulu, ou n'a pas pu donner de nom – par la sagesse géniale de Mary Shelley –, portent maintenant celui de leur image photographique.

Le monstre porte un nom grâce à la photographie. Et ce nom est celui de son créateur. Le public donne le patronyme Frankenstein au monstre fabriqué par ses soins. C'est comme appeler Dieu chacune de ses créatures. Mais, si nous en croyons Borges, le genre fantastique n'est-il pas un grand tronc dont une des branches est la théologie ?

Dans la littérature fantastique, Dieu n'a pas de pire ennemi que Dracula, l'homme-vampire qui triomphe de toutes les lois divines et humaines. Il fornique sans amour, boit sans soif, ne désire rien ni personne, excepté son immortalité. Il vainc même la mort et ne se reflète dans aucun miroir. Il dort le jour. Il tue la nuit. Et il voyage pour fuir sa propre légende et fortifier sa source de vie et de jouissance : le sang.

Roland Barthes a montré comment, dans l'univers de Sade, on voyage dans un seul but : s'enfermer. S'isoler, protéger la luxure. Mais aussi pour éprouver l'enfermement comme une qualité de l'existence : une volupté de l'être. Dracula fait-il autre chose, quand il quitte sa tanière transylvaine et se fait transporter, sur le vaisseau de la mort, dans un cercueil rempli de terre natale, jusqu'au cœur de la métropole impériale et bourgeoise, Londres ? Tous les êtres d'une identité extrême, du roman gothique au cinéma surréaliste, effectuent ce voyage d'une claustration à l'autre : ils épuisent l'origine, se transportent dans le futur – ou le futurible.

Dracula cherche le sang qui le sustente. Mais cette métaphore de l'horreur cache une réalité de l'amour. Dracula veut être reconnu, fût-ce au prix de transformer en mort la vie dont il a besoin et qu'il aime. Et ses victimes, ces femmes attirées vers lui, ces femmes qui oublient toujours de fermer leur fenêtre la nuit, de dormir sous un crucifix ou de porter un collier d'ail, n'invoquent-elles pas la présence de cet autre qui, en s'identifiant à elles, leur permet de s'identifier à lui ? Les fiancées de Dracula rechercheraient-elles le désir inédit que seul le monstre, sans autre désir que sa propre immortalité, leur apporte aux confins du rêve et du cauchemar ?

Dracula et Frankenstein sont des zèbres littéraires qui bénéficient d'un habitat très ancien : châteaux en ruine, massifs des Alpes et de Transylvanie, laboratoires de la foi dans le progrès nichés dans des hameaux qui sont le sanctuaire de la tradition millénaire... De la légende populaire à la mémoire du lignage, l'Europe dispose de tout un décor pour sa littérature fantastique. L'Amérique, non. Je veux dire l'Amérique anglo-saxonne, protestante et puritaine, l'Amérique du Nord. Hawthorne se plaignait déjà de l'absence de mystère dans un pays sans autre chose qu'une « prospérité commune et courante », dans un pays « sans ombre et sans antiquité ». Comme il doit s'ingénier, ce grand écrivain, pour trouver du mystère dans ce monde ordinaire et tellement florissant. Les vieilles filles confites dans une perpétuelle pénombre, les maisons peintes couleur sang, les murs qui murmurent, et la mère de Hawthorne elle-même, veuve cloîtrée dont le repas refroidit à la porte de sa chambre, sœur spectrale qui ne se laisse voir qu'entre chien et loup, à la nuit tombante...

Mais celui qui découvre la terreur du fantastique nord-américain s'appelle Edgar Allan Poe. Et sa découverte est que le fantastique advient, non pas dans les châteaux du Rhin ou dans les cachots de Rome, mais dans la tête et le cœur des êtres humains. « Le cœur dénonciateur » pourrait qualifier l'œuvre entière de Poe, un auteur qui nie le projet de bonheur et de progrès nord-américain (« Je ne crois pas dans la perfectibilité humaine ») et qui nous montre le revers de l'optimisme nord-américain. Ses histoires ne se déroulent pas sous le méridien solaire des États-Unis, mais dans le trouble matin du monde. Dans une aube qui n'est pas encore sortie de la nuit, surgissent des formes difficilement supportables. Les morts écoutent. Les tombes s'entrouvrent. Les fantômes touchent de leur main froide l'entrée des sépulcres. On n'avait pas tort en disant que Poe était né dans un cercueil, et qu'il y avait grandi. Henry James conduit cette terreur imaginaire à son point le plus élevé : le duel avec le monde ne se passe que dans la tête des personnages. Il n'y a pas de décor extérieur, comme dans *Frankenstein* ou *Dracula*. Londres, Boston, les fins de semaine anglaises, le standing aristocratique, les maisons de campagne bien entretenues. Non : la terreur est dans l'imagination, dans le tour d'écrou...

Paradoxalement, Edgar Poe, l'auteur préféré de Staline – le pouvoir fasciné par la torture et la terreur –, pourrait être aussi l'écrivain favori du plus logique des cartésiens. La logique déductive du « Scarabée d'or » ou de « La lettre volée » préfigure un grand fabuliste latino-américain, Jorge Luis Borges, pervers néoplatonicien qui postule d'abord une totalité, pour ensuite prouver son impossibilité. Borges ouvre beaucoup de ses contes sur une prémisse ironique de totalité hermétique. Il évoque l'antique nostalgie de l'unité originelle. Mais, au second acte, il trahit cet élan idyllique (écho de l'utopie fondatrice du Nouveau Monde) moyennant un incident comique, ou par le biais d'un accident. Ainsi, Funes « le souveneur » se rappelle toute chose (prémisse fantastique). Mais, pour vivre, il a besoin de réduire, de sélectionner, de se limiter à un nombre maniable de souvenirs (conclusion ironique ou comique).

Dans l'univers de Tlön [1], le temps est nié. Le présent est infini. Le futur n'a pas plus de réalité que l'espérance actuelle. Le passé n'a pas plus de réalité que la mémoire présente. Et il ne manque pas quelqu'un, bien sûr, pour déclarer dans Tlön que tous les temps sont déjà passés et que nos vies sont juste le souvenir falsifié, mutilé, crépusculaire d'un processus irrécupérable. Et Borges rappelle, dans une note en bas de page, la théorie de Bertrand Russell : l'univers fut créé il y a seulement quelques minutes, et pourvu aussitôt d'une humanité qui se rappelle un passé qui n'a jamais eu lieu.

La littérature fantastique postule que la réalité est sur l'autre versant, l'autre figure des choses, dans l'au-delà des sens, dans une invisible anfractuosité parce

1. Voir J. L. Borges, « Tlön Uqbar Orbis Tertius », dans *Fictions* (Paris, Gallimard, 1957) et *Manuel de zoologie fantastique* (Paris, Julliard, 1965). (N.d.T.)

que nous n'avons pas su tendre la main à temps pour toucher leur présence fugitive. C'est pourquoi Julio Cortázar avait de si grands yeux. Ils regardaient la réalité parallèle, là, au coin de la rue, ce vaste univers latent avec ses patients trésors, la contiguïté des êtres, l'imminence des formes qui attendent d'être convoquées par un mot, un coup de pinceau, un geste de la main, une mélodie fredonnée, un songe...

Imagination : médiation entre sensation et raison, mais seulement dans le but ultérieur de dissiper toute relation logique entre cause et effet. Ce qui nous astreint à tout recréer, libérés de la convention dominante, de cette normalité quotidienne qui désespérait Hawthorne.

Gregor Samsa se réveille métamorphosé en insecte. Et Odradek flâne parmi les tombes de Prague, le plus mystérieux de tous les messagers de Kafka, dans une œuvre peuplée de tant d'Hermès invalides. Odradek a la forme d'une étoile fabriquée avec des bouts de ficelle multicolores. Odradek, qui est traité comme un enfant, qui a l'air absurde sous son apparence immédiate, mais qui est une totalité en soi, un spécimen complet dans son genre. Odradek, dont on pourrait penser qu'il fut un jour utile, mais qu'il ne l'est plus – et ce « serait une grave erreur », ajoute Kafka. Odradek, qui se cache dans les escaliers, les corridors ; dans les passages : la communication. Odradek, qui disparaît de longs mois, puis revient, invisible mais fidèle. Odradek, le génie tutélaire, le fantôme de la maison de Kafka. Odradek, qui est un mythe, à moitié vivant et à moitié mort, à mi-chemin du sujet et de l'objet, oublié mais présent, sans origine, sans avenir et sans mesure.

La littérature fantastique n'est-elle pas le fantôme qui vient réparer tous les oublis des vivants ?

Zurich

Au début de l'année 1950, je venais d'avoir vingt et un ans quand je suis arrivé en Suisse afin de poursuivre mes études, d'une part à l'université de Genève, de l'autre à l'Institut des hautes études internationales. Je travaillais à la délégation du Mexique auprès de l'Organisation internationale du travail (OIT), et je faisais office de secrétaire du représentant mexicain de la Commission de droit international de L'ONU, l'ambassadeur Roberto Córdova. Tout cela donnait à mon arrivée en Suisse une tournure on ne peut plus formelle. Mais Genève, comme toujours, était une ville très cosmopolite ; je m'y suis bientôt fait des amis parmi les étudiants étrangers, les diplomates et les journalistes. J'ai rencontré une ravissante étudiante suisse dont je suis tombé amoureux, mais nos rendez-vous clandestins ont été interrompus par un fâcheux concours de circonstances.

D'abord, j'ai été expulsé de la très stricte pension où je demeurais, rue Émile-Jung, en vertu de la susdite clandestinité. Ensuite, les parents de ma petite amie lui ont interdit de fréquenter un jeune homme en provenance d'un obscur pays à l'écart de toute civilisation et dont les habitants, disait-on, mangeaient de la chair humaine.

Le jour où ma petite amie m'a donné congé, je me suis consolé dans un cinéma de la rue Mollard, où l'on projetait le célèbre film de Carol Reed, *Le Troisième Homme*, la plus grande attraction cinématographique de l'heure. On pouvait y admirer une des plus belles comédiennes qui aient défilé sur les écrans, Alida Valli (qui fut plus tard ma voisine à San Angel Inn, quartier de Mexico). Dans *Le Troisième Homme*, elle portait un masque parfait de sensualité glacée, et ses yeux clairs étincelaient, vengeurs ou résignés.

Le plus important, cependant, tenait dans le rôle d'Orson Welles, dont j'avais vu *Citizen Kane* à New York, dans mon adolescence, et qui m'avait beaucoup impressionné – c'est encore vrai aujourd'hui : je le répète, à mes yeux c'est le plus grand film (parlant) jamais réalisé à Hollywood. Sa beauté formelle, l'audace de ses éclairages, les angles de la caméra, l'attention au détail, tout concourait à narrer la Grande Histoire Nord-Américaine. L'argent : comment le gagner et le gaspiller ; le bonheur : comment le chercher sans jamais le trouver ; le pouvoir : comment le prendre, comment le perdre. *Citizen Kane* est à la fois le rêve américain et son revers : le « cauchemar climatisé ».

Et maintenant, au cinéma Mollard, je voyais Welles émerger de l'ombre des égouts de Vienne comme le cynique négociant du crime, Harry Lime, qui justifiait ses activités suspectes par une phrase devenue des plus fameuses et qui affectait, directement, la Suisse.

L'Italie, déclare Harry Lime (Orson Welles), la terre des Borgia, de la corruption et de l'assassinat politique, avait produit Michel-Ange ; la Suisse, pays de la paix, de l'ordre et des vaches laitières, n'avait jamais produit que la pendule à coucou.

J'ai oublié comment cette affirmation fut reçue par le public genevois. En tout cas, j'avais quitté ma pension puritaine pour une mansarde bohème de la place du Bourg-du-Four. Avec un condisciple hollandais, je me suis mis à explorer la face cachée du pays des coucous, la vie nocturne à Genève. On y voyait grouiller des sous-Harry Lime dans des cabarets mal famés, des gourgandines oxygénées, éternellement assises avec leurs petits chiens *poodle* au café du Lac. On y voyait aussi une paire de jolies danseuses qui sont bientôt devenues nos amies intimes. Mon bonheur fut un peu terni, cependant, le jour où, sollicitant un rendez-vous dominical à mon petit rat de l'opéra, la réponse a été : « Non, dimanche, c'est le jour de mon mari. »

Ah, le spectre de Calvin. Est-ce que même les danseuses de cabaret étaient des pendules à coucou animées ? Harry Lime avait-il raison ?

J'avais lu le roman de Conrad, *Sous les yeux d'Occident*, avant mon départ pour Genève. Le livre évoquait pour moi une ville d'intrigues politiques, fourmillante d'exilés russes et de redoutables anarchistes. Mais, dans l'atmosphère de serre chaude et tragique décrite par Conrad, il y avait encore une similitude avec la terre à coucous : en effet, Nathalie déclare au traître Razumov : « N'oublie jamais, Razumov, que les femmes, les enfants et les révolutionnaires détestent l'ironie. »

Aurait-elle pu ajouter « comme les Suisses » ? En tant que Mexicain, je n'aimais pas les généralisations hâtives sur mon pays ni sur les autres (sauf les États-Unis, puisque je suis mexicain). En songeant à Conrad à Genève, je ne pouvais que répéter avec lui : « Certains fantômes sont vivants comme d'autres sont morts. »

Et c'est alors, au cours de l'été 1950, que j'ai reçu une invitation d'une vieille famille d'amis germano-mexicains, les Wagenecht : ils me proposaient de leur rendre visite à Zurich. Je n'y étais jamais allé. J'en avais l'idée préconçue du couronnement de la prospérité suisse, qui contrastait si violemment avec l'autre Europe, convalescente d'une terrible guerre, avec Londres encore soumise au rationnement, Vienne occupée par les quatre puissances, Cologne bombardée, l'Italie sans chauffage, avec ses trains de troisième classe bondés d'hommes aux pantalons râpés, chargeant des valises mal fermées avec de la corde, les enfants ramassant des mégots dans les rues de Gênes, de Naples, de Milan...

C'était une belle ville, Zurich. Les douces journées de juin laissaient échapper le souffle défaillant de mai et annonçaient la chaleur imminente de juillet. Il n'était pas facile de distinguer le lac du ciel, comme si les flots s'étaient transformés en air pur, et le firmament en miroir du lac. Il était impossible de résister au sentiment de tranquillité, de dignité et de réserve qui donnait d'autant plus de relief à la beauté naturelle du site. Et je me demandais : Où sont les nains des banques helvétiques, où ont-ils planqué l'or ? Dans cette ville où l'on croyait que se promenaient les Nibelungen, portant le frac et le haut-de-forme, comme dans les caricatures de George Grosz ?

Je dois reconnaître que mon ironie potentielle, que je croyais bien fondée sur les rives du lac Léman, s'est effondrée un soir où mes amis m'ont invité à dîner à l'hôtel Baur-au-Lac. Le restaurant était une terrasse flottante. Une passerelle y conduisait. Les lieux étaient éclairés par des lanternes chinoises et des chandelles tremblantes. J'ai déplié ma raide serviette blanche dans le tintement tranquille de l'argent et du cristal, j'ai levé les yeux et j'ai vu le groupe assis à la table voisine.

Trois dames dînaient avec un homme d'âge mûr, de plus de soixante-dix ans. Aussi droit, aussi élégant que les serviettes amidonnées, il portait un veston blanc croisé, avec une chemise et une cravate immaculées. Ses longs doigts délicats découpaient un faisan froid avec une minutieuse courtoisie. En mangeant même il gardait une rigidité militaire. Son visage dénotait « une lassitude croissante ». Mais l'orgueil figé à ses lèvres, dans ses mâchoires, tentait désespérément de cacher sa fatigue. Ses yeux brillaient de « l'éclat fougueux du caprice ».

Pendant que les lumières de carnaval de cette nuit d'été à Zurich jouaient avec les miroitements singuliers des traits de ce visage que j'ai finalement reconnu, la figure de Thomas Mann était comme un théâtre d'émotions discrètes, implicites. Il mangeait et laissait parler les dames; sous mon regard aimanté, il était le créateur de temps et d'espaces où la solitude est la mère d'une « beauté peu familière et dangereuse », ainsi que l'âme du pervers et de l'interdit.

Je n'ai pas su mesurer la vérité de mon intuition, ce soir de rencontre juvénile et distante avec un auteur qui avait formé, littéralement, les écrivains de ma génération. Depuis *Les Buddenbrooks* jusqu'aux grands romans comme *La Montagne magique*, Thomas Mann avait représenté pour nous l'ancrage le plus solide de notre attirance littéraire vers l'Europe. Car, si Joyce symbolisait l'Irlande et l'anglais, si Proust incarnait la France et le français, les frères Mann étaient plus que l'Allemagne et que la langue allemande. Comme les autres lecteurs de Broch, de Musil, de Schnitzler, de Joseph Roth, de Kafka ou de Lernet-Hollenia, nous savions que « l'allemand » était bien plus que « l'Allemagne » ; c'était la langue de Vienne, de Prague et de Zurich, voire de Trieste ou de Venise. Mais c'était Thomas Mann qui les réunissait toutes, comme langage européen forgé par l'imagination de l'Europe, un tout supérieur à ses diverses parties. À nos jeunes yeux latino-américains, cet homme illustrait ce que Derrida, plus tard, devait appeler l'Europe qui est ce qui a été promis en son nom. Et tandis que je regardais Mann dînant à Zurich, en moi se sont fondus pour toujours les deux espaces de l'esprit : l'Europe et Zurich. Grâce à cette rencontre-sans rencontre, ce soir-là j'ai couronné Zurich comme la véritable capitale de l'Europe.

J'étais curieux. J'étais impertinent. Oserais-je m'approcher de Thomas Mann, moi, un étudiant mexicain de vingt et un ans, qui avait déjà dévoré pas mal de bouquins, certes, mais dont la maladresse était à mille lieues d'un tel raffinement social et artistique ? Dans un essai mémorable, Susan Sontag a raconté comment elle aussi, encore plus jeune que moi, avait pénétré dans le saint des saints de la maison de Thomas Mann à Los Angeles, dans les années quarante, et qu'elle avait bien peu de chose à dire, mais beaucoup à observer. Moi, je n'avais rien à dire, mais j'avais tout à regarder.

Et il était là, le lendemain matin, à l'hôtel Dolder où il était descendu, tout de blanc vêtu, digne mais sans raideur, juste un degré en dessous, les yeux beaucoup plus attentifs, plus souvent levés que la veille. De nombreux jeunes hommes jouaient sur les courts de tennis, mais lui n'avait d'yeux que pour un seul, l'Élu, l'Apollon du sport en blanc. Et en effet, c'était un très beau jeune homme, qui ne devait pas dépasser la vingtaine, qui avait plus ou moins mon âge. Mann ne pouvait quitter ce garçon des yeux, et moi je ne pouvais détourner mon regard de l'écrivain. En fait, j'assistais à une scène de *La Mort à Venise*, mais trente-huit ans plus tard, quand Mann n'avait plus trente-six ans (son âge lorsqu'il composa ce chef-d'œuvre sur le désir sexuel), mais soixante-quinze. Il était encore plus âgé que le malheureux Aschenbach s'éprenant de loin du jeune Tadzio sur la plage du Lido – où j'allais, vingt ans plus tard, en compagnie de Carlos Monsiváis, voir Visconti tourner *Mort à Venise*, avec une comédienne qui assumait toutes les beautés, tous les désirs, y compris ceux de l'androgynie : Silvana Mangano.

À Zurich, ce matin-là, la situation se répétait : fameuse, étonnante, douloureuse. Le prudent homme de lettres, prix Nobel de littérature, Thomas Mann le septuagénaire ne pouvait dissimuler, à moi ni à personne, son désir passionné pour un garçon de vingt ans qui jouait sur un court de tennis de l'hôtel Dolder, par une journée radieuse de juin d'une année lointaine. Alors, une jeune femme est arrivée près du vieux monsieur. Elle semblait le gronder tendrement. Elle l'a détourné du jeune homme, l'a poussé, lentement, à rejoindre avec elle la vie de tous les jours, non seulement la routine d'un hôtel, mais d'un auteur immensément discipliné, dont les impulsions dionysiaques étaient toujours contrôlées par une volonté apollinienne de jouir de la vie à condition de lui donner forme.

Pour Thomas Mann – c'est alors que je l'ai compris –, la forme artistique précédait la chair interdite. La beauté se trouvait dans l'art, non dans le cadavre prématuré de nos désirs informes, fugitifs, finalement corrompus. Ce fut pour moi un moment dramatique et inoubliable : un commentaire vivant de l'œuvre et de la vie de Thomas Mann, l'arrivée de sa fille Erika, visiblement moqueuse devant les faiblesses érotiques de son père, et le ramenant doucement, non pas à l'ordre de Cuculand, mais à celui de l'esprit, de la littérature, de la mesure artistique, là où l'écrivain pouvait « faire les quatre cents coups » en étant le maître, non le jouet, de ses émotions.

Avec mes amis germano-mexicains, je me suis assis pour déjeuner au restaurant du Dolder. Le garçon qui nous servait était justement celui qu'admirait Thomas Mann. Ce serveur n'avait pas eu le temps de prendre un bain et exhalait une légère odeur salutairement sportive. Le maître d'hôtel ne tarda pas à se précipiter vers lui, « Franz! », et le garçon s'en fut à une autre table.

Ainsi donc, il planait un mystère sur Zurich, il y avait bien plus que les pendules à coucou. Il y avait de l'ironie. Et de la révolte. Il y avait eu le Café Voltaire et la naissance de Dada, au milieu de la plus terrible saignée parmi les guerres européennes. Il y avait eu Tristan Tzara faisant la nique au rationalisme : « La pensée est ce qui sort par la bouche », et Picabia faisant de l'art avec des écrous. Zurich disant à un monde hypocrite, décadent et taché du sang des tranchées au nom d'une raison supérieure : « Tout ce que nous voyons est faux. » C'est d'une telle prémisse, aussi claire et aussi nette, murmurée par l'impertinent Tzara et son monocle, qu'était née la révolution de la vue et du son et de l'humour et du songe et du scepticisme qui, finalement, allait enterrer l'autosatisfaction de l'Europe du XIXe, mais qui n'empêcherait pas la barbarie du XXe. Alors, n'était-ce pas encore l'Europe, ne serait-ce donc jamais l'Europe cela même qui avait été promis en son nom ? N'y avait-il que l'Europe de « nuit et brouillard », de Treblinka et de Dachau ? Oui, si nous ne comprenons pas que ce qui était né à Zurich – Duchamp et le surréalisme, Hans Richter et Luis Buñuel, Picasso et Max Ernst, Arp, Chirico, Magritte ou Man Ray – était la véritable promesse de l'Europe. C'était l'avertissement que se donnait le Vieux Monde contre son arrogance, sa complaisance et la terrible surprise qui l'attendait quand allaient pleuvoir les coups de l'adversité. C'était la mise en garde adressée par les artistes de Zurich en 1916. Cela devrait encore servir de leçon, aujourd'hui que les fantômes du racisme, de la xénophobie, de l'antisémitisme et de l'anti-islamisme redressent la tête et nous rappellent les mots de Conrad dans *Sous les yeux d'Occident* : il y a des fantômes de vivants comme il y a des fantômes de morts.

Qui avait vu ces spectres ? Qui les avait peints, leur donnant corps dans toute leur monstruosité ? Un autre citoyen de Zurich, Füssli, le plus grand artiste préromantique, qui avait illustré, dès le XVIIIe siècle, tous les thèmes de la nuit tels que les décrira Mario Praz dans *La Chair, la Mort et le Diable dans la littérature romantique* [1]. Füssli et *La Belle Dame sans Merci**, Füssli et la Beauté de la Méduse, les Métamorphoses de Satan, Füssli et l'avertissement d'André Gide : ne pas croire au diable, c'est lui donner toutes les chances de nous surprendre. Les fonts baptismaux du romantisme – la beauté de l'horrible – sont dans l'œuvre de Füssli, le Zurichois. Les ténèbres dissipées par une clarté inaccessible. Le plaisir du crime chez l'anticoucou

1. En version française : Mario Praz, *La Chair, la Mort et le Diable dans la littérature du* XIXe *siècle. Le romantisme noir*, trad. C.T. Pasquali, Paris, Denoël, 1977. (N.d.T.)

Harry Lime imaginé par Graham Greene. L'Homme fatal et la Femme fatale qui ont hanté nos impossibles rêves, de Lord Byron à Sean Connery, et de Salomé à Greta Garbo...

Voir dans Zurich l'urne des archétypes du monde moderne ? Et pourquoi pas, en prenant de la hauteur ? Joyce y chantait des chansons colorées au Café Terrasse, jouant avec les mots dans la jouissance prémonitoire d'*Ulysse*, son *work in progress*. Lénine fréquentait assidûment le Café Odéon, avant de repartir pour la Russie dans le fameux wagon plombé. Les deux hommes se sont-ils rencontrés dans l'œuvre de Tom Stoppard – ou dans la mémoire de Samuel Beckett ? Tous ces fantômes ne courent-ils pas sur les eaux du lac de Zurich ?

Et pourtant, à mes yeux, si éblouissante soit la peinture de Füssli, si stupéfiantes les farces dadaïstes, si puissamment opposées la vie coutumière à Zurich et celle de Joyce ou de Lénine, c'est toujours Thomas Mann, le bon Européen, l'Européen contradictoire, l'Européen critique, qui revient dans mon émotion et dans mes souvenirs aussitôt que je pense à cette ville.

Combien de fois s'y est-il rendu ? Comment séparer Mann de Zurich ? Il y a fait de si longs séjours, allant et venant depuis sa villa de Küsnacht vers ses résidences d'Erlenbach et de Kilchberg ; les endroits de repos – et les lieux de travail. Zurich apparaît aussi aux divers moments forts de sa vie. La visite en 1921, quand l'auteur ose augmenter de mille marks les honoraires de sa conférence. La lecture à des étudiants, en 1926, de longs passages de *Désordre et douleur précoce*. La célébration festive de ses soixante ans, en 1936, quand l'écrivain choisit Zurich non pas comme une ville étrangère, mais comme « patrie pour un Allemand de ma condition ». Zurich comme « antique siège de la culture germanique », où « le germain se fond avec l'européen ». L'inquiétant séjour en 1937, tout au bout des ténèbres nazies, alors qu'il prépare *Charlotte à Weimar* dans une tentative désespérée d'un nouvel *Aufklärung*, en dépit des dénégations de Gerhardt Hauptmann, qui ne voyait pas venir des « temps meilleurs ». Ou encore, Mann essayant de sauver son fils Klaus du monde de la drogue, où, écrivait-il, « l'effort moral... ne reçoit aucune gratitude ».

Et puis il y a Thomas Mann de retour à Zurich après guerre, quand il déploie une activité intense, comme si l'âge et la fatigue ne comptaient pas. La chambre d'hôtel de Baur-au-Lac, constamment envahie par le courrier, les demandes d'interviews, les semelles de plomb de la gloire sous les bottes de l'écrivain, jusqu'à l'entraver de manière insupportable. Mais aussi le repos devant la beauté d'un garçon désiré, l'attente d'« un seul mot du jeune homme » et la conviction que rien, absolument rien en ce monde, ne peut rendre le pouvoir de l'amour à un vieil homme...

Et quand, le 15 août 1955, « le trône est resté vide », j'ai regardé en arrière, vers cette rencontre fortuite à Zurich, au printemps 1950, et j'ai écrit : « À partir de sa solitude, Thomas Mann était parvenu à trouver ce point de convergence, tant recherché, de l'affinité entre le destin personnel de l'auteur et celui de ses contemporains. » À travers lui, j'imaginais que les fruits de cette solitude et de cette affinité s'appelaient l'art (créé par un seul) et la civilisation (créée par tous). Il a si bien parlé, dans *La Mort à Venise*, des tâches que lui imposaient son propre ego et l'âme européenne, que moi, hypnotisé par l'admiration, je le voyais de loin, là-bas, à Zurich, sans pouvoir imaginer une affinité comparable dans notre culture latino-américaine, où les exigences extrêmes d'un continent extrême et pillé de la cave au grenier, ou passé sous silence, étouffent parfois les voix de l'être et transforment en monstre politique vide la voix d'une société, jusqu'à la tuer parfois, ou jusqu'à en faire un nabot sentimental et pitoyable.

Et pourtant, quand je me rappelais ma lecture passionnée de tout ce que Mann a écrit, depuis *Le Sang des Walsung* jusqu'au *Docteur Faustus*, je pressentais malgré tout, en dépit de toutes leurs différences, dans nos deux cultures – l'Europe et l'Amérique latine, Mexico et Zurich – que la littérature s'affirmait dans une relation entre les mondes visibles et invisibles de la fiction, entre la nation et la narration. Un roman, disait Thomas Mann, devrait rassembler les fils de nombreuses destinées humaines dans la trame d'une seule idée. Le Je, le Tu et le Nous ne sont sèchement séparés que par notre manque d'imagination. C'est en comprenant ces paroles de Mann que j'ai pu réunir les trois personnes et composer, des années plus tard, *La Mort d'Artemio Cruz*.

Et puis les années cinquante se sont perdues dans les années soixante, et nous avons fait connaissance avec un autre citoyen de Zurich, Max Frisch et *Don Juan, ou l'Amour de la géométrie*. Nous avons découvert Friedrich Dürrenmatt et sa *Visite de la vieille dame*. Nous avons même appris que Jean-Luc Godard était suisse, et que le coucou proverbial était mort et enterré, comme le canard anglo-saxon ou le coq gaulois. Harry Lime est de nouveau sorti des égouts, mais il était devenu énorme et complaisant, annonçant *wine before its time*. Car Orson Welles lui-même avait subi le destin de Kane, indulgent mais tragique. Peut-être a-t-il laissé des traits de son immense talent aux mains de ces durs, tragiques et implacables écrivains suisses, qui n'ont vraiment rien d'une horloge de salon.

Je peux écrire deux fins pour cette histoire de Zurich. La première est très proche de ma génération et de ma culture. C'est l'image de l'écrivain espagnol Jorge Semprun, jeune républicain et jeune communiste, déporté à quinze ans au camp de concentration de Buchenwald [1], et qui, libéré par les troupes alliées en 1945, fut incapable de se reconnaître dans les traits émaciés que lui tendait le miroir, arraché à la mort. Et il n'est parvenu à évoquer sa douloureuse expérience que le jour où son visage lui a dit : « Tu peux de nouveau parler. »

Ce que fait Semprun dans un livre remarquable, *L'Écriture ou la Vie* (1994), c'est attendre patiemment qu'une vie pleine lui soit restituée, cela dût-il prendre des décennies (comme ce fut le cas), pour pouvoir évoquer l'horreur des camps. Alors, un jour, à Zurich, il se risque à entrer dans une librairie pour la première fois depuis sa libération, des années plus tôt, et il surprend son regard dans la vitrine du magasin. Zurich lui a rendu son visage. Ce n'est pas la peine de recouvrer l'horreur. Récupérer son visage aura suffi pour qu'il nous conte toute l'histoire. La vie de Zurich l'enveloppe.

L'autre fin de ce chapitre est plus proche de mes propres souvenirs. Elle se passe un soir de 1950, quand, à son insu, j'ai laissé Thomas Mann savourant sa *demi-tasse**, alors que minuit s'approchait du restaurant flottant de Baur-au-Lac, de la terrasse qui oscillait lentement tandis que s'éteignaient, une à une, les lanternes chinoises.

---

1. Voir *Le Grand Voyage*, Paris, Gallimard, 1963. (N.d.T.)

Ce que je crois

Je serai toujours redevable à cette nuit de Zurich de m'avoir enseigné, en silence, qu'en littérature nous ne savons que ce que nous imaginons.

TABLE

DU MÊME AUTEUR

Aux Éditions Gallimard

LA PLUS LIMPIDE RÉGION (1964), trad. de l'espagnol par Robert Marrast. Préface de Miguel Angel Asturias. Collection Du monde entier, roman. Collection Folio (1982).

LA MORT D'ARTEMIO CRUZ (1966), trad. de l'espagnol par Robert Marrast. Collection Du monde entier, roman. Collection Folio (1977).

CHANT DES AVEUGLES (1968), trad. de l'espagnol par Jean-Claude Andro. Préface d'Octavio Paz. Collection Du monde entier, nouvelles.

ZONE SACRÉE (1968), trad. de l'espagnol par Jean-Claude Andro, Collection Du monde entier, roman.

LE BORGNE EST ROI (1971), trad. de l'espagnol par Céline Zins. Collection Théâtre du monde entier.

PEAU NEUVE (1971), trad. de l'espagnol par Céline Zins. Collection Du monde entier, roman.

CÉRÉMONIES DE L'AUBE (1975), trad. de l'espagnol par Céline Zins. Collection Théâtre du monde entier.

LA TÊTE DE L'HYDRE (1978), trad. de l'espagnol par Jean-Francis Reille. Hors série Littérature, roman.

TERRA NOSTRA (1979), trad. de l'espagnol par Céline Zins. Collection Du monde entier, roman. Collection Folio (1989, 2 tomes).

UNE CERTAINE PARENTÉ (1981), trad. de l'espagnol par Céline Zins. Collection Du monde entier, roman. Collection Folio (1988).

LES EAUX BRÛLÉES. Quatuor narratif (1983), trad. de l'espagnol par Céline Zins. Collection Du monde entier, nouvelles.

LE VIEUX GRINGO (1986), trad. de l'espagnol par Céline Zins. Collection Du monde entier, roman. Collection Folio (1990).

CHRISTOPHE ET SON ŒUF (1990), trad. de l'espagnol par Céline Zins. Collection Du monde entier, roman. Collection Folio (1993).

CONSTANCIA ET AUTRES HISTOIRES POUR VIERGES (1992), trad. de l'espagnol par Céline Zins. Collection Du monde entier, nouvelles.

LE SOURIRE D'ÉRASME. Épopée, utopie et mythe dans le roman hispano-américain (1992), trad. de l'espagnol par Ève-Marie et Claude Fell. Collection Le Messager, essai.

LA CAMPAGNE D'AMÉRIQUE (1994), trad. de l'espagnol par Ève-Marie et Claude Fell, Collection Du monde entier, roman.

LE MIROIR ENTERRÉ, réflexions sur l'Espagne et le Nouveau Monde (1994), trad. de l'anglais par Jean-Claude Masson. Hors série Littérature.

L'ORANGER (1995), trad. de l'espagnol par Céline Zins. Collection Du monde entier, roman. Collection Folio (1997).

DIANE OU LA CHASSERESSE SOLITAIRE (1996), trad. de l'espagnol par Céline Zins. Collection Du monde entier, roman. Collection Folio (1999).

GÉOGRAPHIE DU ROMAN (1997), trad. de l'espagnol par Céline Zins. Collection Arcades, essai.

UN TEMPS NOUVEAU POUR LE MEXIQUE (1998), trad. de l'anglais par Nadia Akrouf. Hors série Littérature, essai.

LA FRONTIÈRE DE VERRE, roman en neuf récits (1999), trad. de l'espagnol par Céline Zins. Collection Du monde entier.

LES ANNÉES AVEC LAURA DIAZ (2001), trad. de l'espagnol par Céline Zins. Avec la collaboration de José M. Ruiz-Funes. Collection Du monde entier, roman.

LES FILS DU CONQUISTADOR / LOS HIJOS DEL CONQUISTADOR (2001), trad. de l'espagnol. Préface et notes de Céline Zins. Collection Folio bilingue, nouvelles.

Cet ouvrage a été imprimé par

FIRMIN DIDOT

GROUPE CPI

Mesnil-sur-l'Estrée

pour le compte des Éditions Grasset
en décembre 2002

Imprimé en France
Dépôt légal : décembre 2002
N° d'édition : 12658 – N° d'impression : 62164
ISBN : 2-246-44741-0